集体林区改革试验20年

三明试验区办公室　主编

中 国 林 业 出 版 社

图书在版编目(CIP)数据

集体林区改革试验20年/三明试验区办公室　主编．—北京：中国林业出版社，2008.10

ISBN 978-7-5038-5334-0

Ⅰ．集…　Ⅱ．三…　Ⅲ．林业经济－经济建设－三明市　Ⅳ．F326.275.73

中国版本图书馆CIP数据核字（2008）第152733号

中国林业出版社·环境景观与园林园艺图书出版中心

策划、责任编辑：吴金友　于界芬

电话：66176967　66189512

出　版　中国林业出版社（100009　北京西城区德内大街刘海胡同7号）

网　址　www.cfph.com.cn

E-mail　cfphz@public.bta.net.cn　　电话：（010）66184477

发　行　新华书店北京发行所

印　刷　北京中科印刷有限公司

版　次　2008年10月第1版

印　次　2008年10月第1次

开　本　787mm×1092mm　1/16

印　张　13.75

字　数　235千字

印　数　1～3000册

定　价　70.00元

编写委员会

主　编　王怀毅

副主编　潘子凡

编　委　（按姓氏笔画为序）

王乃炜　王怀毅　刘国初　李家华
杨式金　连华萍　陈先中　林剑峰
林春彪　林镇斌　庞闽志　周财荣
徐开枝　高岗峰　黄　芳　黄　琦
黄伟明　傅瑞青　温国良　谢锦斌
蔡丽丽　廖国华　潘子凡

国务院《关于福建省建立三明市农村改革试验区报告的批复》

国函［1988］65号

福建省人民政府：

同意你省提出的将三明市集体林区列入全国农村改革试验区。

（中华人民共和国国务院印章）

1988年4月22日

主题词：农村　改革

抄送：中央办公厅、中央农研室、国家计委、财政部、经贸部、农业部、林业部、水利部、交通部、国家物资部、农业银行、国务院法制局、国务院农研中心。

目　录

第一章　综　述

第一节　三明试验区创建过程

三明市集体林区改革试验区的建立，既是20世纪80年代深化农村改革的产物，也是顺应林区群众要求变革林业生产关系的结果。

一、起因

改革开放初期，随着农村家庭联产承包责任制改革浪潮的兴起，全国开展林业“三定”（稳定山权林权、划定自留山、确定林业生产责任制）工作，南方集体林区的许多地方直接参照农业改革方法实行分山分林到户。三明市经过调查研究和试点探索，对集体山林采取“分股不分山、分利不分林，折股联营、经营承包”的办法，组建村林业股东会，重构了集体林区基层林业经营主体，对于保护森林资源、发展林业生产、增加林农收入起到了重要的作用，在全国产生了很大的影响，曾被中共中央办公厅编辑出版的《中国农民的伟大实践》一书中列为典型之一。在此基础上，三明市进一步提出了建设1000万亩*商品用材林基地的思路，并通过规划认真加以组织实施，探索工程造林、集约经营的途径，对集体林区传统林业经营模式进行变革，取得了积极成效。但林业是一个大的系统工程，在探索解决一些旧的矛盾和问题的同时，也引发了一些新的深层次矛盾与问题，按照原来的工作方式方法，难有大的进展和新的突破。只有加大力度，深化层次，实行某些特殊政策，进行综合配套改革，才是唯一的出路。

二、研讨

1986年3月，六届全国人大代表、中共三明市委原书记邓超在六届全国人大四次会议上提出“建立林业经济特区”的建议，3月31日《人民日

---

* 1公顷=15亩。

报》作了报道。7月，三明市人民政府邀请中国林业科学研究院和福建省经济研究中心等单位的专家学者，共同研讨三明林业改革与发展的思路。研讨认为，三明林业工作基础较好，改革起步较早，既是福建省的重点林区，又是我国南方有代表性的集体林区。全市土地总面积2.29万平方千米，其中林地面积占81.9%；森林覆盖率63.3%，是全国少数几个活立木蓄积量超1亿立方米的设区市之一；全市木竹及林产品产量均占全省的1/3，大林业产值约占全市工农业总产值的1/4，林业已成为三明市的支柱产业。与此同时，三明还是我国最靠近东部沿海的林区之一，又处在“特殊政策、灵活措施”的省份，对于吸收和借鉴经济特区的某些做法，引进现代先进的技术和管理方法改造传统的林业经营管理方式，有着十分有利的条件。为此，提出了参照沿海经济特区的模式，创办“三明林业经济特区”的具体设想和建议，为试验区的建立做了前期探索和舆论准备。

三、申请

为把农村改革进一步引向深入，1987年中共中央5号文件做出了有计划地建立农村改革试验区的决定，提出“要把政策意见引入实际，在实际中操作试验，通过理论与实践结合，来探索深化改革的难点和解决这些难点的办法。”对此，福建省委、省政府和林业部非常重视，福建省人民政府及时向国务院上报了《关于要求设立三明试验区的请示》，请求将三明市集体林区列入全国农村改革试验区序列。时任林业部部长高德占亲自给时任中共中央书记处农村政策研究室主任、国务院农村经济发展研究中心主任杜润生写信，认为“就林业改革的总体安排来看，在南方集体林区办一个试验区是非常必要的”，“建议将三明市办成林业综合改革试验区，列入全国农村改革试验区的序列”。

四、批复

1988年4月22日，国务院《关于福建省建立三明市农村改革试验区报告的批复》（国函［1988］65号），同意将三明市集体林区列入全国农村改革试验区。时任林业部部长高德占亲临三明林区调研，指导如何办好试验区，要求“通过改革，探索南方集体林区在有计划商品经济形势下，林业发展的路子”。“通过试点，既对长远改革探索政策，又对当前林业工作树立样板；既作试验区，又作示范点”。三明市立即组织力量，先后七易其稿，制订了《三明集体林区改革试验的总体方案》，报经省政府批准实施，明确了改革试验的方向和任务。力图通过试验区的改革探索，在局部范围内率先突破现行的某些政策和体制，以分散林区改革的困难和风险，为重要政策的制定和出台提供决策依据，为推进面上改革出经验、探路子，发挥试验区“验证、探索、示范、储备”的功能。

第二节 改革试验的主要历程

三明市集体林区改革试验区建立20年来，始终坚持改革的实践探索，走过了艰难曲折的历程。

一、全面探索阶段（1988~1992年）

按照福建省政府批复同意的《三明集体林区改革试验的总体方案》（闽政［1988］综226号）要求，主要围绕林业的资源、资产、资金、体制等4个方面展开探索。

1. 资源，就是探索森林资源培育和保护的新制度

先后开展了“速生丰产用材林基地建设制度”、“杉木马尾松大径材培育制度”和“林木抚育间伐配套政策措施”等项目的探索。三明市于1989年底在全省率先基本消灭宜林荒山的基础上，把造林营林工作重点转向提高森林资源培育质量上来，加大中幼林抚育间伐和低产林改造力度，加快树种结构调整，大力建设速生丰产用材林基地，全市累计建成速生丰产用材林基地545万亩，其中大径材培育基地121万亩。同时，还先后开展了“农村普及改燃改灶节柴”、“森林防火体系和制度建设”、“森林病虫害防治体系和制度建设”和“森林资源和林政管理制度建设”等项目的探索，有效地预防或减少森林火灾、森林病虫害、盗砍滥伐和乱捕乱猎等破坏森林资源现象的发生及蔓延，三明市先后被确定为全国森林资源和林政管理示范点，全国生物防火林带工程建设示范区，国家级森林病虫害预测预报中心。

2. 资产，就是探索森林资源资产流转的方式方法

先后开展了“林木资产建账制度建设”、“林木资产评估实践探索”、“培育完善森林市场”和“推进林纸林板结合”等项目的探索。在全省率先建立森林资源资产管理制度，促进了森林市场的培育和发展，并为福建省人民代表大会及其常务委员会（以下简称“人大常委会”）制定颁布《福建省森林资源转让条例》提供了实证依据。与此同时，通过森林资源资产转让，逐步形成既能促进纸板企业发展，又能调动林业生产经营者积极性的合作方式，有力地推进了三明市的林纸林板结合，不断壮大林业产业经济。

3. 资金，就是探索林业资金征收使用管理新制度

先后开展了“林业基金使用制度改革”、“源头预征木材规费改革”和“按面积分地类源头征收笋竹规费改革”等项目的探索。全市木材规费由过去按木材生产经营单位的实际销售量计征，改为依据伐区调查设计的出材量预征；笋竹规费由过去按竹材实际销售的径级和数量、鲜笋或笋干的产量计征，改为依据面积和地类计征，确保了林业建设资金的正常来源。同时，规范育林基金的使用和管理，努力增加育林基金的生产性支出比重，提高育林基金使用效益。

4. 体制，就是探索建立林业生产经营管理新体制

先后开展了“建立竹业管理新体制”、“建立林科教结合新机制”和“建立现代林业企业制度”等项目的探索。三明市在全省率先理顺竹业管理体制，把竹资源的培育、保护和利用纳入林业管理的范畴，促进笋竹产业的大发展。全市组建市、县、乡、村四级林业科技推广网络，并抓住林科教结合的关键环节，依托三明林业学校创办三明市林业技术管理培训中心，为林农培训林业实用技术。在全国创立首家以经营森林资源为主要对象的上市公司——福建省永安林业（集团）股份有限公司，为县级林业经营管理体制改革和建立现代林业企业制度提供了有益经验。

【链接】福建省人民政府《关于同意三明集体林区改革试验的总体方案的批复》（闽政［1988］综226号，1988年8月21日）

三明市人民政府：

明政［1988］综241号文悉。经研究，原则同意《三明集体林区改革试验的总体方案》，请认真组织实施。

三明集体林区改革试验的总体方案

明政［1988］综241号

福建省人民政府：

福建省三明市集体林区于1988年4月22日经国务院正式批复福建省人民政府，同意列入全国农村改革试验区。三明林区改革的主题是：实行综合改革试验。

根据中共中央［1987］5号文件精神和中央农村政策研究室、林业部、福建省人民政府最近提出的意见，经反复研究，制定了三明集体林区改革试验的总体方案如下：

一

位于福建省西北部的三明集体林区，有九县、一市、二区，共辖26个建制镇，114个乡，1718个村，总人口227万人（其中农业人口179万人），土地总面积3452万亩，其中林业用地2826万亩，占81.9%，山与田的比例是11:1。在现有山林中，占山权的88.5%，占林权的81.2%是属于集体所有，乡村集体林业占有重要位置。

三明林区自然条件优越，森林资源丰富，林木生长迅速，开发潜力很大，杉木15~20年，马尾松20~25年，泡桐10年，就能成材利用，年平均生产量达0.8立方米/亩。现有森林面积2178万亩，立木蓄积量1.17亿立方米，覆盖率达63%。有9个县被列为南方集体林区的林业重点县，占了近五分之一。

三明林区经过30多年的开发和建设，林业经济已有一定基础，林业工业初具规模，林业已成为三明经济的支柱产业。1987年，全市“大林业”（包括林业、森工、造纸、茶果及乡村集体林业工业等）产值，按1980年不变价算共达8.12亿元，占三明市工农业总产值39.1亿元的21%，如按现行价计算，“大林业”产值在国民经济中的比重，约在30%以上。

党的十一届三中全会以来，三明市认真贯彻执行党的路线、方针、政策，不断探索具有中国特色的、适合集体林区实际的发展林业的新型路子，并把发展“大林业”作为振兴三明经济的战略重点来抓。在林业一些领域成功的改革试验，有力地促进了林业生产力的发展。

现在面临的问题是，林业是一个大的系统工程，一些改革试验，如不配套，很难充分发挥成效，也很难于巩固；随着改革的深入，触及到林业深层结构，出现了一些新矛盾、新问题。现在，亟需巩固、完善已经取得的改革成果，亟需在新的领域、深层结构进行改革试验，在改革和发展的结合上，下功夫搞好组织建设、制度建设。

根据调查分析，三明集体林区当前改革的态势（包括进展、成就、问题等），主要有如下4个特点：

（1）早在贯彻党的十二大精神时，三明市经反复研究，正式提出建设1000万亩商品性用材林基地的设想，从零星造林、粗放营林转向集约经营、科学管理、注重实效的现代化规模经营。近几年，在总结实践经验的基础上，对基地建设进一步提出更高要求，实行定向培育、工程造林、速生丰产。到今年止，全市已营造速生丰产林240多万亩，这是对集体林区传统林业模式的一次巨大变革。但是，由于林业的产业政策、金融政策、资产政策、市场政策等尚未配套完善，基地建设难以做到高投入、高产出，快投入、快产出，影响了林业模式转换的进展和质量。

（2）在推行农村第一步改革时，三明市用了极大力量确定、稳定山权、林权，在这基础上进行折股联营，联户承包，分股不分山，分利不分林的基层林业经营体制的试验，全市1304个有林的村子都建立了村林业股东会（或林业合作社、林业股份公司、林业股份合作林场）。几年实践表明，这种重建的新型林业合作经济组织是成功的。但是，这种重建的基层经营体制当时是在缺乏理论指导和没有实践经验的情况下搞起来的，现在亟需在总结经验基础上，尊重自然规律、尊重经济规律，使股东制的制度和组织规范化、完善化。

（3）从1985年中央1号文件提出进一步放宽山区、林区政策之后，三明市集体林区一直坚持木材市场开放，按价值规律办事，大大调动了林农和林区基层组织的营林积极性。但是，总的来说，林区市场体系还很不完整，各类市场的交易规则还很不完善，林区生产力诸要素的流动还很不容易。特别是森林资产市场还没有突破，使营林长、中、短效益和利益难以兼顾，现在，亟需通过试验，促进、加快林区市场机制的发育和完善。

（4）经过近几年努力，三明市各级领导机构已逐步明确：森林资源是林业的基础，是研究一切林业问题的核心，开始形成和健全森林资源管理体系，扭转了长期以来，各个方面都来吃森林资源“大锅饭”的局面，林木消长趋向平衡。但是，如何建立和完善林区宏观调节机制，如何按价值规律调整、理顺各个方面利益关系，如何对“大林业”实行行业管理，都亟待探索，否则，难以建立林区社会主义商品经济新秩序。

二

（1）试验区的指导思想是：坚持四项基本原则，坚持改革开放方针，通过试验，推行机制转换，将产品计划经济转向社会主义商品经济；围绕林业“加快培育、加强保护、合理利用、全面发展”和经济效益、生态效益、社会效益有机统一这个总方向，进行综合改革试验。

在改革试验中，要敢用、快用并用足、用活、用好中央给福建的特殊政策、优惠措施和改革开放综合试验的各项政策措施，超前改革，先走一步，勇于探索，大胆实验，组织创新，制度创新，为深化林业改革出经验、出制度、出政策、做示范。实现：自然林业向商品林业转变；传统林业向“大林业”转变；粗放经营向科学经营转变；林业部门一家办转为全社会

（国家、集体、个人、各行各业）办林业；周期长、效益低的林业向周期短、效益高的林业转变；单一木材生产向多种经营、综合利用、立体开发、全面发展转变；封闭林业向开放林业转变；林业经济管理从行政命令为主向经济手段为主转变；森林资源从消长失调向良性循环转变，形成以林养林、以工建林、以商促林，林、工、农协调发展，林、工、贸一条龙的林区新机制，建立起现代化的大林业管理、经营体系，使三明林区成为集约化、商品化、现代化的开放型林业基地。

（2）试验区改革目标是：到1995年，在绿化宜林荒山的基础上，完成1000万亩商品材基地建设（其中500万亩速生丰产林和500万亩工业原料林），并抓好竹、果、茶、药等经济林和食用菌基地的建设。全市林分年生长量由目前650万立方米到1995年上升到1100万立方米。木材生产一本账的产量由现在250万立方米，1995年提高到350万立方米，2000年达到500万立方米。“大林业”产值力争在1990年达到14亿元，1995年达到25亿元，2000年达到46亿元。1988年力争提供创汇林产品2000万美元，争取1990年达到1亿美元，1995年2亿美元，2000年4亿美元。

三

改革试验的主要内容：

三明集体林区将着重围绕林业体制改革、建立林业资产制度、强化资源管理、搞活林区资金这4个方面，开展如下7大项的改革试验：

（1）探索森林培育经营制度改革。改变传统林业模式，发育规模经营，由分散的、粗放的自然林业改变为宏观指导下的集约化、现代化的规模经营模式。

①林业经营分工。全市2800万亩林业用地，按商品林业、生态林业和多功能林业3种类型进行区划，合理布局，分类指导，使3种不同类型林业，各自充分发挥主体功能和作用，科学经营，提高综合效益。

②定向培育示范。实施1000万亩商品材基地工程建设，建立规划设计、资金保证、质量标准、检查验收等配套制度，采取高投入、高产出，快投入、快产出的集约经营，定向培育，缩短周期，速生丰产林年生长量杉木达0.8立方米/亩，松木0.6立方米/亩以上，实现只占总面积35%林地，提供全市80%的商品材。

③调整采伐方式。执行《中华人民共和国森林法》（以下简称《森林法》）规定，在消耗量低于生长量的前提下，按定向培育的工艺成熟利用和最佳经济效益安排采伐。加速对过熟林、残次林的更新改造，提高林分质量。对国营伐木场、林场和部分乡镇林场、采育场，试行人工造林面积与

林木采伐量挂钩，进行宏观控制。

④探索以林为主，多种经营，大力发展乡镇企业，以林养林，以林促工，以工补林。"大林业"的各种税费以1987年为基数，增长部分全部留给试验区，用于发展"大林业"。

(2) 探索建立森林资产制度。发育林业市场机制，运用价值规律指导林业生产。

① 确立森林资源价值观念。制定真实反映立木价值的林价制度，改革营林经济核算办法，使森林资源成为有价值的资产；试验林业产值计算办法；建立新的营林指标统计体系。

② 培育林业社会主义市场体系。开放林产品市场、林业劳务市场（包括劳务出口）、林业技术市场、林业投资市场和基本建设招标投标的承包市场等。市场体系必须是竞争的、开放的。

③ 试验建立森林市场。明确森林资产权属，产权主体。实行山林有偿使用，折价转移，进行商品性买卖，可以分成幼林、中林、成林等阶段，多次转移，使森林培育的营林生产成为商品性生产。

④ 试办林业股票市场。规定股票（包括林业股东会的股票、地方林业银行的股票、林业企业的股票等）上市程序、交易规则和管理制度，使股票流动合乎规范，通过初级股票市场，使周期长的森林成为流动资产，发展中长期资金市场，为森林资源再生产提供资金。

(3) 探索集体林业经营组织建设。进一步发育集体林的经营主体，完善林业基层经营体制。

①新的林业合作经济制度建设。这包括对村林业股东会（村林业合作社、村林业股份公司、村股份合作林场），乡镇林场、采育场，县一级林业股东协会（或林业股东联合会），确定示范章程。

②新的林业合作经济经营建设。探索如何使新的林业合作经济形成营林、加工、销售一条龙，引进先进技术，引进科学管理。

③探索合理的林业收益分配制度，用价值规律理顺各方面的关系，保护投资者、经营者、生产者的合法权益。

④培训村林业员队伍，建立林业经济、技术服务体系。

(4) 探索林区资金筹集、管理、效益、搞活的制度和组织建设。广开林业资金渠道，建立投入产出的资金循环体系。

①按《森林法》规定，建立林业基金制度，确定示范章程；多渠道、多形式筹集林业基金，其中包括向省内外、市内外用材单位征收林业资源补偿费。

②在试验区试办股份制地方性林业金融机构——三明市林业银行。在国家调控和金融政策的支持、指导和约束下，林业银行主要功能是办成三明林业经济的业务往来和结算中心；用活用好各种林业资金；通过各种形式、办法筹集社会资金用于林业建设；扩大纵向、横向联系，融通资金；开展地方性林业保险业务；提高林业资金管理水平、投资效益等，适应林业专业化、商品化、现代化的需要。

③管好用活林业更改资金、育林基金、更新造林费等项资金。建立投入产出资金循环回路，自我积累、自我发展。

（5）探索林业管理体制改革。建立和完善集体林区国家宏观调节体系。

①加强宏观调控。打破长期沿袭下来的、旧经济体制所形成的林业领域政企不分、城乡分割、条块分割、行业分割的旧格局。实行政企分开。强化从市到县到乡的林政管理、探索“大林业”的行业管理，发展“大林业”的系列开发、深度加工的新格局。

②搞活林业企业。把竞争机制引入企业承包经营。建立林业工业投资机制，经济运行机制，生产要素流动机制。组建若干个林业企业集团，发展贸、工、林、技相结合的企业集团。

③制定正确的产业政策。重点发展林纸结合，借鉴国外工业先进国家林纸一体化经营的经验。走林纸结合之路，统一规划，合理布局，继续扩大和发展各种形式的造纸工业和造纸原料林基地的联营和联合，定向培育，互利互惠；推动大厂与小厂联合，实行“集中制浆，分散造纸”的办法，解决小纸厂制浆造成工业污染，定点分工，大力开发造纸系列产品。

（6）试验开辟出口创汇林业工业开发小区。三明是沿海开放省份的主要林区，要坚决实施沿海地区经济发展战略，实行内外开放，大力发展外向型林业。

①与沙溪流域经济区总体布局相配套，选择三明、永安、沙县的合适地段，建立若干创汇林业工业开发小区，采取优惠政策，发展“三资”企业，大搞“三来一补”，引进国内、国外资金、技术、设备和先进管理经验。引进港、澳、台、侨和外资优惠办法。参照沿海经济特区、开发区的优惠条件，按试验项目立项程序拟定，逐个上报审批。

②发展创汇林业。总体设想是，大力发展林产品加工，包括开发松香系列、人造板系列、家具系列、造纸业系列、竹制品系列、林业食品系列（包括菇类、笋类、果品）、精制茶系列、药材保健系列等出口创汇产品，重点抓名、优、特产品，形成若干拳头产品，大力出口创汇、收汇留用比例参照沿海经济特区、开发区，以产顶进的产品用外汇结算，用于引进国

外先进技术、设备，加快林区现代化建设。

(7) 探索森林资源管理制度的建设。用现代化手段、用规范化制度，强化森林资源的管理、保护。

①健全森林资源管理体系。建立森林资源动态监测系统，对森林资源进行清查、建档、管理和监督，推行“生物圈”防火林带同人工造林同步施工，防护设施配套，实现“四网二化”（预测预报网、瞭望网、通讯网、道路隔离网、队伍专业化、扑火机具化)，提高防御森林火灾能力。

②加强林区基础设施建设，逐步建立现代化森林勘察、防火、防虫害、监测保护体系。

③探索用经济手段、行政手段相结合的办法，控制对林木的需求、实施农村改燃节柴措施，减少森林资源消耗。

④建立领导干部保护和发展森林资源任期目标年度考核和任期终审考核规范制度。

同时，将着手三明林区经济、社会发展的中长期规划的研究、论证。

四

根据总体打算，经研究确定第一批试验项目如下，共7项：

(1) 改变传统林业模式，创立速生丰产商品材基地建设示范，制订规划成果运用、资金保证、质量标准、检查验收和投资效益分析等规范性配套制度。

(2) 发育集体林经营主体，制订村林业股东会（村林业合作社、村林业股份公司、村林业股份合作林场）示范章程。

(3) 试行森林折价有偿转移，探索森林市场（包括拍卖、转让、联营、补偿贸易等多种形式）的程序、规则和管理办法。

(4) 进行林业经营机制转换试点，探索林（竹）纸结合、林板结合的新路子。

(5) 创办林业实用技术培训中心，培训村级林业员，建立基层林业技术服务体系。

(6) 建立森林资源监测体系，完成资源建档，定期样地调查，掌握资源消长动态数据。

(7) 建立林业基金会试点，探索创办股份制、地方性林业金融机构、筹集、融通、搞活林业资金，试办林业保险业务。

五

三明市已成立试验区领导小组，市委书记、人大主任周厚稳同志为组长，市委副书记、市长李立士同志为第一副组长，市委常委、副市长陈世泽同志为常务副组长，市政协主席郑成辽任顾问。在领导小组之下，设立试验区办公室，由市林业委员会主任、副主任任办公室正、副主任。抽调人员组成工作班子，负责试验区的调查研究、方案拟定、组织实施、信息反馈、总结交流等日常工作。

上述提出的试验内容，请给予批准，具体试验项目将按规定程序逐个上报审批。根据党中央、国务院办公厅有关文件精神，“允许突破某些现行政策和体制，以利试验与探索”，请上级各有关部门给予支持和指导。

以上报告，是否妥当，请批示。

二、重点突破阶段（1993~2002年）

按照省政府《关于加快三明集体林区改革试验的若干政策措施》（闽政［1992］综352号）要求，主要围绕林业分类经营、林业政企分开、国有森工企业、集体林经营体制、木材流通体制、林业税费制度等问题展开重点突破。

1. 林业分类经营改革

1996年，国家林业局确定三明为全国林业分类经营改革试点。2001年，三明市在全省率先完成生态公益林区划界定工作，全市共区划界定生态公益林728.6万亩，占林地面积的25.6%，其中国家级生态公益林面积589.4万亩，省级生态公益林面积139.2万亩。2001年底，三明市被列为森林生态效益补偿基金试点。几年来，全市共获得生态公益林补偿基金18606万元。通过改革，不仅增强了林业建设的针对性和有效性，而且促进了森林生态功能的进一步改善和人与自然的和谐统一。

2. 林业政企分开改革

三明市在创立永安林业（集团）股份有限公司取得经验之后，先后有7个县（市）林业主管部门解除与所办经济实体和直属企业的隶属关系，并在人财物等方面彻底脱钩。通过改革，县（市）林业主管部门真正负起林业生态建设事业管理和林业产业行业管理的职能，行使行政执法监督权。县（市）林业（集团）总公司独立享有民事权利和承担民事义务，真正行使生产经营管理的自主权，按照市场经济规律求得自身发展。

3. 国有森工企业改革

三明市有国有森工企业180家，在职职工17202人，离退休人员7707人。从20世纪90年代中期开始，加大企业改革或改制力度，木材贮运企业关停并转，木材购销企业稳妥转轨，小型木材加工企业放开搞活，使大多数国有森工企业逐步摆脱困境。全市所有国有森工企业完成改革或改制，解除或终止职工劳动合同关系10391人，占原在职职工总数的60.4%，其中实现再就业的有7015人。同时，将林业部门设立的学校和医院，维护的林区公路划归相关部门，解决林业队伍庞大、社会负担沉重的历史问题。

4. 集体林经营体制改革

1999~2001年，三明市针对林业股东会普遍缺乏生机和活力的问题，在全市范围内开展以“明晰产权、分类经营、落实承包、保障权益”为主要内容的集体林经营体制改革，全面落实以家庭承包经营为主、多种形式并存的林业生产责任制。经过两年多的努力，全市共有1705个村完成改革任务，改革的山林面积2364.9万亩，均占应改总数的98.6%。通过改革，在一定程度上调动了林农造林育林护林的积极性，促进了林业发展。

5. 木材流通体制改革

从2001年开始，三明市实行木材自主经营、产销直接见面，切实减少中间环节，努力使林农的物质（经济）利益得到最大保证，进一步调动其造林育林护林的积极性。各县（市、区）通过转换木材采购站的职能，成立伐区调查设计和木材检验等林业服务机构，确保集体林木材流通体制改革平稳到位，真正还林农生产经营的自主权。全市45家木材采购站全部撤销，建立伐区调查设计中心13家、木材检验服务中心17家。

6. 林业税费制度改革

三明市在权限范围内，通过规范税费项目，降低计征价，减轻木竹生产经营税费负担，增加林农收入。从2001年开始，全市规范笋竹经营管理和统一税费征收标准，原竹税费计征价从每根6元左右调低为3元，原竹平均税费从原来的每根1.25元下降到0.36元，全市林农和笋竹生产经营者为此每年增收1900多万元。2003年开始，全市规范木材生产经营税费征收项目及标准，木材生产经营实行统一的税费计征价，木材税费占销售价格的比重从原来的47.3%下降到24.5%，林农和林业生产经营者平均每立方米木材可增收200元左右。

【链接】福建省人民政府《关于加快三明集体林区改革试验的若干政策措施》（闽政［1992］综352号，1992年11月12日）

三明市人民政府、省林业厅：

为了加快改革开放步伐，逐步建立具有生机与活力的林业商品经济体制和运行机制，促进三明集体林区改革试验区经济的全面发展，经研究决定，对三明集体林区实施如下政策措施：

一、同意将三元区、梅列区、永安市和沙县列为“林业产业开发区”。开发区重点发展以制浆造纸和人造板为龙头的高技术、高质量、高附加值、高创汇的产品，通过科学经营、永续利用森林资源，大力推进林业产业经济的发展。

在开发区内的林业产业建设项目，享受沿海经济开放区的各项优惠政策，科技含量高、深层次加工和出口创汇型的项目可按15%计征所得税；供台商、外商合资（合作）进行农业综合开发的国营永安东坡林场、沙县水南林场、梅列区台江林业采育场和永安市福庄林业采育场，享受福建省《关于鼓励外商投资农业综合开发的暂行规定》的优惠政策。

二、同意将永安市尼葛（面积3.57平方千米）列为以林业为主的省级高新技术开发区。主要开发薄型中密度纤维板、定向结构刨花板、低定量涂布纸等林产加工业；高新技术项目享受国家和省高新技术开发区的各项优惠政策。

三、为提高林分质量，加快资源培育步伐，对长度4米以内、口径8~12厘米的间伐材，减半征收税金；口径6厘米以下的按1/4征收税金。

四、同意三明集体林区改革试验区在不突破森林采伐限额的前提下，根据林业产业发展和市场需求，合理确定森林采伐的林种、树种、主伐年龄、采伐方式、采伐类型和间伐强度。

五、积极探索林纸结合的路子，实行集中制浆、分散造纸。在遵循价格规律的前提下，青州造纸厂要支持照顾三明市造纸用浆，以解决中小纸厂的污染问题。省、市经委与轻工部门要切实抓好规划和落实。

六、有关部门要采取积极措施，进一步帮助三明胶合板厂摆脱困境；三明胶合板厂要进一步加强内部经营管理，发挥效益，尽快形成人造板加工中心。

七、建立森林有偿转让制度。通过招标、拍卖、独资或合资等形式，吸引国内外、省内外投资者，成片开发森林资源。森林转让，其木材税、金、费仍在采伐后按章交纳。

八、积极推行林业股份合作制。鼓励发展个人、集体、国营和外资联营的多种形式、多种经济成分的股份合作林场和股份制企业。选择一批国营林业企业，供利商合资合作，通过招标、拍卖、独资或合资等形式，多渠道、多层次吸收林业发展基金，加快森林资源开发步伐，增强国营和集体林业企业的活力。

九、林业主管部门应加强林业基金的征收管理，在林业内部实行有偿调剂、融通使用，有重点地投放于林业产业建设。

要认真落实中共中央［1987］20号文件，市、县国营森工企业的所得税以1986年实绩为基数，超基数部分留给企业，用于林业产业建设。

十、按照“精简行政，充实事业，加强企业”的原则，鼓励行政人员从机关中分离出来，创办“三明市林业集团公司”，实行政事企职能分开。

三、深化推进阶段（2003～2008年）

按照省政府《关于推进集体林权制度改革的意见》（闽政［2003］8号）等文件精神，主要围绕集体林权制度主体改革及配套改革、林产工业产业集群及生物医药产业发展、海峡两岸（三明）现代林业合作实验区建设等方面深化改革和全面推进。

1. 深化集体林权制度改革

2003年5月福建省全面启动集体林权制度改革，2004年4月国家林业局确定三明为全国集体林区林业产权制度改革试点。三明市围绕“明晰所有权、放活经营权、落实处置权、确保收益权”的要求，扎实推进集体林权制度改革。2005年底，在全省率先完成明晰产权的主体改革任务。随后，把工作重点转向成果巩固和深化配套，在林业服务中心（要素市场）建设、林权抵押贷款、林木林地产权流转规范、林农合作经济组织建设、林农技术培训、商品林采伐制度改革、生态公益林管护和补偿机制创新等许多领域，取得积极的进展。2005年中国集体林权制度改革研讨会、2006年全国集体林权制度改革高峰论坛、2007年全国林业投融资体制改革现场会相继在三明市召开。国家六部委调研组和中央15家新闻媒体先后到三明市调研采访，并作专题报道，其中永安洪田村被确认为“中国林改‘小岗村’”。2006年初，胡锦涛总书记在永安视察工作时指出：“林改意义确实很重大”。

2. 推进林业产业加快发展

2005年，三明市委、市政府把林产工业和生物医药产业列为全市重点培育的“4+1”产业集群，并确定林业产业定位是，走新型林业工业化的路子，突出抓好两大类产业：一是以“林”为依托，以人造板及木竹制品、纸浆及纸制品、林产化工产品、森林食品等四大主导产品为重点，加快发展林产工业产业集群，建设海峡西岸林产工业基地；二是以“绿”为依托，围绕1700多种药用植物，发展生物医药产业，打造海峡西岸生物医药产业基地。三年多来，三明市借助区位优势、资源禀赋、产业基础，强化项目带动，注重引进台外资企业，注重引进重大项目；强化品牌带动，对获得中国名牌产品或驰名商标和国家免检产品的林业企业予以奖励；强化政策引导，制定出台《三明市林业产业发展导向细则》，明确鼓励发展、限制发展和淘汰项目（产品），并对林业企业进行分类清理整顿。与此同时，积极改进服务方式，实行林政诚信等级管理和林木采伐审批、木材运输办证等一条龙服务，组织开展科企、银企、政企、基地、市场五个对接活动。

3. 推进林业对台交流合作

2005 年 6 月 14 日，国家林业局商国台办同意后正式复函福建省人民政府，批准设立“海峡两岸（三明）现代林业合作实验区”。三年来，三明市围绕两岸林业交流合作，加快构筑两大平台：一是产业合作平台。海峡两岸（三明）现代林业合作实验区规划和实施“六区一园”，即林产品加工、生物医药、森林食品、生物多样性保育、生态休闲观光、林业科技开发等六个合作功能区和清流台湾农民创业园，成为海峡两岸产业合作、技术交流的重要载体。二是经贸合作平台。从 2005 年起，连续举办三届海峡两岸（三明）林业博览会，办会主旨坚持“以林为桥，沟通两岸，加强合作，共同发展”，按照综合性经贸活动的架构组织，逐步把林博会办成全国林业对台交流合作的示范窗口、具有林业特色水平的国家级专业会展、两岸经贸交流合作的重要平台，并正在经历着由小到大的发展过程，其中 2006 年实现海峡东、西两岸 9 家单位联合主办，2007 年升格为国家级专业会展，由国家林业局和省政府联合主办，国务院台湾事务办公室、商务部为支持单位。

【链接】福建省人民政府《关于推进集体林权制度改革的意见》（闽政[2003] 8 号，2003 年 4 月 4 日）

各市、县（区）人民政府，省政府各部门、各直属机构，各大企业，各高等院校：

我省是南方重点集体林区，80% 以上的山林属集体所有。改革开放以来，通过稳定山权林权、划定自留山、确定林业生产责任制，实施“三五七”造林绿化工程，集体林业经济得到长足发展。但由于大部分集体山林仍由集体统一经营，存在林木产权不明晰、经营机制不灵活、利益分配不合理等突出问题，林农作为集体林业经营主体的地位没有得到有效落实，影响了其发展林业的积极性，制约了林业生产力的进一步发展。近年来我省一些地方的改革实践表明，集体林权制度改革是林业改革的核心和关键，是社会主义市场经济条件下增强林业活力、加快林业发展的重要措施。为进一步调动林农耕山育林护林的积极性，增加林农收入，加快农村全面建设小康社会步伐，根据《森林法》、《中华人民共和国农村土地承包法》等有关法律以及党在农村的方针、政策，结合我省实际，现就全面推进集体林权制度改革提出如下意见：

一、集体林权制度改革的指导思想

以邓小平理论和“三个代表”重要思想为指导，进一步明晰集体林木所有权和林地使用权，放活经营权，落实处置权，确保收益权，依法维护林业经营者的合法权益，最大限度地调动广大林农以及社会各方面造林育林护林的积极性，解放林业生产力，发展林区经济，增加林农收入，促进林业可持续发展。

二、集体林权制度改革的总体目标

用3年的时间，全省基本完成集体林权制度改革任务，实现“山有其主、主有其权、权有其责、责有其利”的目标，建立经营主体多元化，权、责、利相统一的集体林经营管理新机制。

三、集体林权制度改革的主要任务

（一）明晰所有权，落实经营权。在保持林地集体所有的前提下，进一步明晰林木所有权和林地使用权，落实和完善以家庭承包经营为主体、多种经营形式并存的集体林经营体制。将林地使用权、林木所有权和经营权落实到户、到联户或其他经营实体。

（二）开展林权登记，发换林权证。林木所有权、林地使用权一经明晰，必须及时开展林权登记，发换全国统一式样的林权证，以依法维护林业经营者的合法权益。

（三）建立规范有序的林木所有权、林地使用权流转机制。遵循林地所有权和使用权相分离的原则，在集体林地所有权性质、林地用途不变的前提下，根据林业生产发展的需要，按照“依法、自愿、有偿、规范”的原则，鼓励林木所有权、林地使用权有序流转，引导林业生产要素的合理流动和森林资源的优化配置，促进林业经营规模化、集约化。

四、集体林权制度改革的范围

集体林权制度改革的范围主要是林木所有权和林地使用权尚未明晰的集体商品林及县级人民政府规划的宜林地。

对已明晰权属的自留山、实行家庭承包经营的竹林、经济林及国有、外资、民营企事业等单位和个人依据合同租赁集体林地营造的林木应予稳定，在本次改革中经确权核实，优先予以登记，发换全国统一式样林权证书。

对已经县级以上人民政府规划界定的生态公益林，暂不列入本次改革范围，但应发换林权证；凡权属有争议的林木、林地也暂不列入本次改革范围。

五、集体林权制度改革的基本原则

（一）坚持有利于“增量、增收、增效”的原则。即坚持有利于森林资源总量增长和质量提高，有利于农民增加收入，有利于提高森林的经济效益、生态效益和社会效益。

（二）坚持“耕者有其山”、权利平等的原则。集体山林属集体内部成员共同所有，每个村民均平等享有承包经营集体山林的权利，凡有承包经营集体山林要求的村民，应在同等条件下优先予以保证，确保“耕者有其山”。凡将集体山林采取招标、拍卖等方式进行转让经营的，需经村民会议或村民代表大会通过，所得收入应大部分分配给集体内部成员。

（三）坚持因地制宜，形式多样的原则。根据当地森林资源状况和经济发展水平，因地制宜，充分尊重林农的意愿，允许经营形式多样化，不搞一刀切。提倡联户经营、股份合作经营，创建股份制林场或企业原料林基地。

（四）坚持政策稳定性、连续性的原则。深化集体林权制度改革必须遵循国家法律和政策的有关规定，保持林业政策的稳定性和连续性，对已明确林木所有权、经营权和林地使用权，并为实践证明是行之有效的改革形式，且大部分群众满意的均应予维护，不得打乱重来或借机无偿平调，以安定人心，取信于民。

（五）坚持公开、公平、公正的原则。在改革过程中要实施“阳光作业”按照《中华人民共和国村民委员会组织法》有关规定，保证村民的知情权和参与权，做到程序、方法、内容三公开。改革方案必须广泛听取村民的意见，尊重大多数群众的意愿，严禁暗箱操作，以权谋私，做到公平、公正。

六、集体林权制度改革的基本方法

（一）宣传发动，提高认识。要大力宣传集体林权制度改革的目的、意义、做法以及有关法律、法规、政策，消除群众疑虑，使广大林农了解改革、支持改革、参与改革。

（二）试点先行，制定方案。各地应认真开展调查研究，摸清现有集体山林的经营管理状况，了解群众对推进集体林权制度改革的想法与意愿。在改革全面铺开之前，要选择具有一定代表性的地方先行开展试点工作。

在试点的基础上，以村为单位，制定具体实施方案。方案要广泛听取干部群众的意见，经村民会议或村民代表大会讨论通过后方可付诸实施。

（三）规范操作，有序推进。改革要严格按法定的程序规范操作。林木所有权、经营权和林地使用权落实后，要依法签订书面合同，明确双方权利义务，及时发换林权证，并建立和健全档案制度。做到先易后难，有序推进，不赶进度，不走过场，确保质量。

七、完善集体林权制度改革的配套措施

要针对集体林权制度改革后出现的新情况，探索林政资源管理的新办法，切实加强林木、林地管理，严防乱砍滥伐林木，乱占滥征林地，进一步强化森林资源保护。同时，要充分发挥乡规民约的作用，增强林农自觉爱林、护林意识。

要根据中央和省委、省政府的统一部署，有计划地深化林业税费改革，减轻木竹税费负担，确保林业经营者的收益权。要认真贯彻执行《福建省人民政府关于印发福建省加快人工用材林发展的若干规定的通知》（闽政［2002］52号），放开搞活商品林经营，落实林业经营者对商品林的处置权。

要进一步加快林业行业协会等中介组织的建设步伐，合理界定中介组织职能，规范中介组织行为。采伐设计、木材检量、森林资源资产评估机构要逐步转为中介组织，与林业主管部门脱钩，确保客观、公正地履行职责。

八、切实加强对集体林权制度改革的领导

集体林权制度改革事关林业改革与发展，对发展农村经济、保持农村稳定、加快农村全面建设小康社会步伐具有重要意义。各地要把集体林权制度改革摆上重要议事日程，按照“县直接领导，乡（镇）组织，村具体操作，部门搞好服务”的工作机制，切实加强组织领导。要成立集体林权制度改革领导小组，负责改革全过程的组织协调，处理改革过程中出现的重大问题。各级林业主管部门要认真履行职责，做好参谋工作，提供优质服务，精心组织开展工作；农业、国土资源、财政、司法、民政等有关部门要密切配合，通力协作，确保集体林权制度改革积极稳妥地推进，努力推动我省林业改革与发展再上新台阶。

第三节　改革试验的主要成效

20年的实践证明，建立三明市集体林区改革试验区的决策是正确的，改革的方向是明确的，有力地促进了林业乃至农村经济社会发展。

一、林权改革成效逐步显现

一是推进了生产发展。林改调动了林农群众造林育林的积极性，近五年来全市造林面积保持在每年40万亩左右，比林改前的2002年翻了一番。2007年全市完成植树造林面积39.95万亩，其中非规划林地植树造林465万株，占全省的1/3。二是改善了林农生活。2007年全市农民人均纯收入5141元，其中来自林业收入1195元，占23.2%，比林改前的2002年翻了两番多，是近几年来农民增收速度最快的行业之一。有些地方通过林改收益的二次分配，建立村民养老保险、医疗合作、学生奖学助学、扶贫济困等制度，解决了“老有所养、病有所医、幼有所教、困有所帮”的社会难题。三是推动了乡风文明。农村大量的富余劳动力向山上转移，一年四季都有活干、有事做，游手好闲的人明显少了，搞封建迷信的明显少了，聚赌参赌的明显少了，取而代之的是“把山当田耕、把竹（林）当菜种”的经营理念逐步深入人心，学科技、争效益，讲发展、求致富成为农村的新时尚。四是改变了村容村貌。全市现有1471个村收取林地使用费，2007年共收取2878.01万元，平均每个村约2万元，其中有83.1%用于乡村修建道路、通自来水、建沼气池等公益事业支出。五是促进了民主管理。林改始终坚持民主决策，做到公开、公正、公平操作，改革方式的确定、林木林地的转让、林地使用费的缴交和支配等均提交村民会议或村民代表大会讨论决定，进一步完善了村务重大事项民主决策机制，林农法律意识、民主意识和参政议政能力得到了提高，融洽了乡村干部和群众的关系，农村社会更加和谐安定。

二、配套改革率先取得突破

一是率先成立林业服务中心（要素市场）。2004年12月，永安市在全省全国率先成立林业要素市场，三明市其他11个县（区）也先后成立林业服务中心，有些地方还在乡镇设立分中心。2006年全市各县（市、区）林业服务中心（要素市场）实现对接联网，成为全国全省第一个区域性林业产权交易、市场信息网络平台。二是率先开展林权抵押贷款。推进林业投融资体制改革，开辟林业乃至农村融资的新渠道，全市林权抵押贷款累计金额28.12亿元，余额15.54亿元，林权抵押面积517.58万亩，其中累计发放林业小额贷款1.89亿元，惠及林农5110户，均居全省第一。这项工作被中农办、国家发改委、财政部等国家六部委调研组评价为“实现了农村信贷史和林业发展史上的两大突破”。三是率先规范林木林地产权流转。按照限期、限量、现货的办法，正确引导有序流转，做到既盘活森林资源，又注意防止林农过早过快地失山失地。近三年来，全市规范林木林地产权流转面积390.9万亩，盘活森林资产19.5亿元。四是率先推进林业合作经济组织建设。在全国全省率先开展与台湾农林产销班（农会）的对接合作，在明溪、沙县、三元和梅列等县（区）建立精致农林专业合作社10个，毛竹、休闲旅游、茶业等农林产销班12个，并先后培训林技员和林农2万多人次。目前，全市组建各类林业合作经济组织691个，林业专业协会368个，护林联防组织578个。五是率先建立县级生态公益林补偿制度。永安、沙县和尤溪等县（市）建立县级森林生态效益补偿机制，从水电费附加费、旅游门票收入等征收补偿资金，在创新生态公益林补偿机制上实现了突破，走在全省前列。同时，全市现有802个村完成生态公益林管护机制改革，任务过半，争取2008年底全部落实到位。

三、林业产业发展明显加快

一是发展势头强劲。2007年，全市林业产业总产值达到203.74亿元，其中第一产业产值75.36亿元，占全市农林牧渔业产值的37.6%；第二产业产值123.63亿元，规模以上林产工业产值110.58亿元，占全市规模以上工业产值的17.4%，成为三明市第二个超百亿的产业集群之一。全市生产木材229.52万立方米，保持较高的产量；生产人造板（含集成材）201.99万立方米，首次突破2百万。二是项目带动强劲。2005年以来，全市投资1000万元以上林产工业产业集群重点建设项目达150项，累计完成投资41.2亿元。其中大亚科技集团投资6.7亿元建设具有世界先进技术和工艺的年产45万立方米刨花板生产线，于2006年5月竣工投产，并基本实现达产达标。3年多来，通过项目业主投资、银行融资、林农投入等，全市向林业投入资金72亿元，同时大量的科技项目、优秀人才和农村劳动力转向林业，为三明林业产业发展注入了前所未有的活力和动力。三是品牌带动强劲。全市累计获得中国名牌产品1个、中国驰名商标2枚、国家免检产品4个、福建省名牌产品30个、福建省著名商标15枚，居全省同行业首位。四是特色亮点凸显。全市生物医药企业达57家，累积建成中药材和药用提取植物基地21万亩，2007年全市规模以上生物医药产业产值11.38亿元。全市现有竹林面积418万亩，2007年生产毛竹4985万根，鲜笋54万吨，竹山亩产值420元，全市笋竹业总产值达47.2亿元。2007年全市共接待森林旅游78万人次，实现收入7873万元。同时，全市建有苗木花卉基地4.5万亩，2007年销售额2512万元。五是增收拉动明显。林业产业的快速发展，推动林业要素市场的发育，拉动木竹原料价格的提升，如杉木中小径材每立方米价格由2004年的400元提升到现在的650元；毛竹价格由2004年的每根10元提升到现在的16元；各种枝桠材价格也从2004年每吨150元提高到现在的340元左右，从而有力地带动林农的持续增收。

四、两岸林业合作平台提升

一是人员交往增多。3年多来，三明市先后接待来明观光考察的台湾有关人士1.42万人次，与台湾区木材工业同业公会、台湾嘉义大学校友总会等10多家社团组织和台湾林业试验所等多家科研教育机构建立协作机制。二是技术引进增多。三年多来，三明市先后依托三明学院成立闽台林业研究所、依托福建三明林业学校成立闽台林业科技交流培训中心，累计引进台湾新品种、新技术174个，推广面积13.8万亩。三是项目引进增多。三年多来，三明市新批办涉林台资企业32家，总投资1.53亿美元，其中合同利用台资1.17亿美元，引进数额是实验区设立前全市历年累计总和的3倍，其中有新党主席郁慕明领衔投资1.4亿美元的格氏栲国家森林公园综合开发、浙江省义乌市台协会长陈松雄投资1500万美元的嫩竹生化肥料开发等大项目洽谈落户。四是林博会作用明显。特别是第三届海峡两岸（三明）林业博览会升格为国家级专业会展，参会参展嘉宾客商1680人，其中台商42个团组486人；签约项目223项，利用外资和市外资金149.3亿元，其中林业合同项目92项，总投资29.1亿元；在签约项目中，台外资项目26项，总投资2.44亿美元，合同利用台外资1.51亿美元。五是实验区影响扩大。3年多来，新华社、中新社、人民日报、中央电视台、香港文汇报、香港大公报、台湾东森电视台、金门日报等境内外50多家媒体，先后报道三明林业对台交流合作情况，发稿总量达120多篇（条），在海峡两岸引起较大的反响。

五、林业生态体系初步形成

一是森林面积和蓄积实现双增长。三明市现有土地总面积3445万亩，其中林地面积2842万亩，占82.5%，比三明市集体林区改革试验区创建时提高0.6个百分点。现有森林面积2645.5万亩，森林覆盖率76.8%，比试验区创建时提高13.5百分点；现有活立木蓄积量1.15亿立方米，竹林储量3.8亿株，分别比试验区创建时增加800万立方米、1.13亿株。二是林业生态保护明显加强。三明市现有生态公益林728.6万亩，占林地总面积的25.6%；现有国家级自然保护区4处、省级自然保护区7处，面积116.7万亩；自然保护小区 899 处，面积 123.6 万亩；国家森林公园 4 处，省级森林公园 17 处；境内分布的高等植物 267 科 1062 属 2843 种，陆生野生脊椎动物 30 目 92 科 469 种，生物多样性丰富，生态环境良好。三是城乡绿化一体化及绿色通道工程顺利实施。2007 年，三明市区共有园林绿地面积 899 公顷，公共绿地面积 224 公顷，绿化覆盖率 42.8%，人均 9 平方米；建成沙溪两岸景观绿化带 21.5 千米；境内高速公路、国道可绿化率达 100%，省道可绿化率达 80% 以上；高速公路、国道省道一重山景观改造 1067 公顷；逐步实现山中有城，城在林中，城中有水，山水城交相辉映。四是自然灾害得到有效遏制。三明市境内现有库容 6 亿立方米以上的安砂、池塘、街面等大型水库周山林木葱茏，多年来未发生大的山体滑坡，确保水库蓄水、引水、调洪；涵养水源功能增强，连绵青山流水潺潺，山脚田头泉水咚咚，为农业灌溉提供了自然水源；宁化县淮土、石壁等乡镇是三明市最大的水土流失区，现有植被生物量大大提高，水土流失得到有效控制。五是生态状况进一步改善。三明市通过营造和改造措施，不断提高生态公益林的林分质量，森林生态环境进一步好转，闽江流域山更绿、水更清、生态更和谐，秋去春来，候鸟声声，在三明市区出现了数万只群栖的白鹭，尽显“舍南舍北皆春水，但见群鸥日日来”的自然景观。

第四节　改革试验的基本经验

20 年的改革试验，不仅带来了明显的生态效益、经济效益和社会效益，而且提供了许多有益的启示。

一、必须把坚持中国特色社会主义道路同解放思想、实事求是、与时俱进结合起来，不断推进林业机制、体制和政策创新

创办试验区，从根本上说，就是通过试验探索，在局部范围内率先突破现行的某些政策和体制，为推进面上改革出经验、探路子。这就必然触及利益结构的调整，引起各方面的制约，尤其是三明地处沿海腹地，经济相对欠发达，旧传统、老观念“惯性”作用大，束缚着人们的思维。为此，三明市在始终坚持走中国特色社会主义道路的前提下，一方面，从解放思想、更新观念入手，树立强烈的创新精神、浓厚的进取意识和先行一步的胆略，鼓励基层大胆地试、大胆地闯，允许试验项目成功和失败两种可能，用好用足试验区允许突破的功能，迅速开创全面探索的工作局面。另一方面，坚持实事求是、与时俱进，针对不同的历史阶段、不同的外部环境，

适时推出改革试验项目，重点加以突破，探索解决集体林区普遍存在的突出矛盾和问题，力争多出成果、出好成果。在全面探索和重点突破取得阶段性成果的基础上，进一步统一思想、共识共为，抓住机遇、乘势而上，深化林业各项配套改革，全面推进林业产业发展。实践证明，改革就是走前人没有走过的路，既要勇于创新、大胆突破，又要审时度势、稳步推进，提高战略决策的科学性和改革措施的协调性。

二、必须把推进林业改革与发展同经济社会发展大局结合起来，积极适应现代林业建设要求

三明有 74% 的人口在农村，全市农民人均拥有的林地是耕地的 11 倍，林农耕山致富的问题解决了，农民增收的问题也就迎刃而解，也就找到了搞活农村经济、实现山区跨越式发展的途径。现代林业也要求以科学发展观为指导，以生态环境建设为重点，以产业化发展为动力，以全社会共同参与和支持为前提，实现生态效益、经济效益和社会效益高度统一。为此，三明市从更高的站位、更宽的视角、更广的领域审视林业的地位和作用，主动站位、主动融入、主动对接、主动作为。一方面，进一步树立山的优势在于林、潜力也在于林的观念，加大力度在山的优势上下功夫，在林的产业上做文章，借助林业机制、体制和政策创新成果，加快林业产业发展，使三明林业优势得以充分发挥，林产特色得以集聚壮大，林业品牌得以广泛打响，从而促进全市经济增总量、壮实力，上档次、上水平。另一方面，在全国率先提出建设海峡两岸现代林业合作实验区的构想，为实现三明在海峡西岸经济区建设中的加快崛起和更大跨越，谋求新的商机，取得新的突破。实践证明，只有主动融入和服务于经济建设这个中心，才能赢得全社会的共同参与和支持，也才能逐步把各种自然、经济和社会资源融入林业资源范畴，为林业改革与发展提供更加良好的基础条件。

三、必须把尊重群众首创精神同加强领导、组织引导结合起来，充分发动广大林农群众支持改革、参与改革

在各项改革的具体实施过程中，三明市始终做到一切为了群众、一切依靠群众，真正把维护好、实现好群众利益作为林业改革工作的出发点和落脚点。在改革探索上，既注意发掘引导和总结推广群众在实践中创造的新经验、新办法，尊重广大群众的首创精神，使改革拥有广泛的群众基础，具有强大的生命力；又坚持不折不扣地把政策措施交给群众，把改革的意图同群众的自愿选择结合起来，自上而下加以引导，自始至终抓好督查，保证改革依法依规，不损害集体和群众利益。在利益调整上，坚持从维护和发展好人民群众的直接利益着手，注意宣传、教育和引导群众正确处理好个人利益和集体利益的关系，正确认识实现自身利益的根本途径，通过阳光操作、规范运作、保障权益，切实维护公平、公正的利益分配原则。特别是在集体林权制度改革中，对使用集体林地的，因地制宜，充分考虑当地林农生活水平、承受能力，合理确定林地使用费征收标准，确保村集体从林业发展中得到长期、稳定的收入。实践证明，只有真情关爱林农，真心理解群众，才能真正把林业各项改革向纵深推进，才能最终得到广大群众的拥护和支持。

四、必须把加快林业产业发展同林业生态体系建设结合起来，正确处理森林资源保护管理与开发利用的关系

森林资源的保护管理与开发利用的关系，始终是社会各界关注的敏感问题，也是长期困扰林业发展的重大问题。三明市实施林业分类经营改革后，从理论和实践上较好地解决了这个问题。一方面，认真实施生态公益林、生物多样性保护、城乡绿化一体化工程，提高林业生态效益，满足社会的生态公益和精神文化需求。集体林权制度改革后，三明市根据广大林农对商品林保护的积极性和自觉性明显提高，但生态公益林保护的压力日益加大的新情况，及时开展生态公益林管护和补偿机制的改革，切实管好管住生态公益林。另一方面，在抓好木材加工、林产化工等传统产业的同时，把加快林产工业发展重点放在延伸产业链、提高附加值上，并积极发展生物医药、苗木花卉、森林旅游、森林食品等新兴产业，逐步形成上下游产品纵深开发，主导产业横向配套的林产工业产业集群。通过龙头企业的带动和市场机制的拉动，促进资源优势向市场优势、竞争优势、经济优势转化，不断提高林业综合效益，带动林农的持续增收。实践证明，只有遵循林业发展的客观规律和市场经济规律，才能逐步形成以生态促进产业，以产业扩大就业，以就业带动农民增收，以农民增收推动林业发展的良性循环，实现林业的可持续发展。

五、必须把推进林业改革与发展同保持林区社会稳定结合起来，认真做好涉林矛盾纠纷排查调处工作

林业改革涉及领域纷繁复杂、关系牵联千丝万缕。三明市地域比较广阔，山情林情民情差别很大，即使在同一个村，还有宗族、姓氏大小之分，情况更加复杂。在推进各项改革过程中，三明市正确处理好改革、发展、稳定的关系。对于历史遗留问题，大多数涉及林权和承包经营权争议，调处难度较大，复访率较高，容易引起越级上访和群体性上访。在集体林权制度改革主体任务基本完成后，全市实行领导挂包为主的“六定”机制，即定责任单位、定责任领导、定责任人、定督办单位，定办理要求，定办结时限，集中时间、集中力量，全力以赴做好排查和调处工作，并充分发挥乡、村参与调处涉林信访工作的积极性和主动性，防止矛盾上交、越级上访，切实把历史遗留的矛盾纠纷解决在基层。对于职工权益问题，认真做好国有森工企业改革或改制中的职工分流安置工作，在按照有关政策规定上限支付经济补偿的同时，发挥林区的各种资源优势，鼓励分流职工发展种植业、养殖业和森林旅游业等自营经济，并在政策、技术和资金上予以扶持，实现再就业。实践证明，只有迎难而上，不回避失误，不上交矛盾，竭尽全力把矛盾解决在基层，把问题化解于萌芽，才能在攻坚克难中不断创新突破，在加快发展中维护林区稳定。

六、必须把推进林业经营组织变革同推动管理体制改革结合起来，切实转变林业部门职能

随着林业各项改革的深入推进，林业的生产方式、经营模式等都发生了深刻变化，对原有的林业管理体制带来了较大冲击。三明市通过整合机构、理顺关系，逐步构建以执法、服务、管理三大职能为主的林业管理新体制，切实把林业管理重点转向宏观指导、依法行政和提供服务上来。在执法上，整合现有的林业行政执法队伍，成立林业综合执法机构，将原分散在林政资源管理、造林营林、林木种苗、林业检查、野生动植物保护管理、森林病虫害防治检疫、林业基金管理及绿化办、防火办、处纠办等机构履行的行政执法职能整合归并，实现由分散执法向集中执法的转变。在服务上，将林业管理中属于服务的职能转移到服务中心，并充实力量，健全完善服务网络，把林农需要办理的林权证、采伐证、运输证和林业政策科技咨询等服务延伸到乡镇林业站，切实为林农群众提供高效、周到、便捷服务。在管理上，从直接介入管理转为加强宏观指导、依法行政和提供公共服务，特别是在搞好林业发展规划，推行林权抵押贷款，搭建林业产权交易平台，规范林木林地产权流转，引导林农组建合作经济组织等方面有大的作为。实践证明，只有遵循生产关系适应生产力发展的原理，才能真正发挥履行部门职责、当好参谋助手、促进林业发展的作用。

第五节　三明试验区今后工作

经过近30年来的不懈努力，三明市林业改革与发展虽然取得了明显的阶段性成果，但仍存在不少困难和问题，主要表现在：一是集体林权制度配套改革进展不够平衡，商品林采伐管理仍受到一些不合理的限制。二是实验区六个合作功能区尤其是园区建设还没有大的突破，对台招商引资缺乏相对集中的承接平台。三是林产工业企业单体规模偏小、档次不高、布局不尽合理，产业结构调整和产业升级的难度较大。四是森林资源保护管理压力大，产业发展与林地保护的矛盾越来越突出。林业改革与发展的任务仍十分繁重，一定要在今后的工作中加倍努力、不断创新、协调推进。

国家林业局在批复同意设立海峡两岸（三明）现代林业合作实验区的文件中，指出："海峡两岸（三明）现代林业合作实验区是全国农村改革试验区的重要组成部分，是新时期推进集体林区改革试验的重要探索，是以实验促进生态建设与产业协调发展"。今后，三明市应以海峡两岸现代林业合作实验区作为新的平台、新的起点，突出林改、突出对台、突出项目、突出特色，进一步推进林业改革与发展。

一、巩固改革成果，坚持林地承包政策的长期稳定

一是提升林改质量。依照中共中央［2008］10号文件的新规定、新要求，认真开展"回头看"。对于产权明晰到村民小组或较大联合体的地方，充分尊重农户意愿，愿联则联、愿单则单，做好完善和细化工作。对于林权证尚未发放到位的地方，组织相关当事人进行现场核对、现场拨交，确保完成发证任务。对于已发放的林权证，加强误发、错发林权证的纠错工作，确保林权发证质量。二是稳定林地承包政策。对于家庭承包且农户之间相对均衡的，承包期应逐步延长至70年。对于家庭承包但初始分配悬殊的，承包期内，可采取"动钱不动山"等办法，进行利益调整；承包期满后，按照"均山、均利"的办法进行调整。对于依法采取其他方式承包的林地，承包期限不得延长，承包期满林木采伐后，林地由村级集体组织统一收回并依法落实家庭承包。三是加强林权管理。按照中共中央［2008］10号文件和福建省委、省政府《关于深化集体林权制度改革的意见》（闽委发［2003］19号）精神，各县（市、区）成立林权管理机构，落实编制，配强人员，负责承办同级人民政府交办的林权登记造册、核发证书、档案管理、流转管理、林地承包争议仲裁等工作。四是加大矛盾纠纷调处。

实行属地管理、分级负责制度，对于非规范森林资源流转、承包合同纠纷等问题，双方当事人可通过协商解决，或请求村民委员会、乡（镇）人民政府等调解解决；当事人不愿协商、调解或者协商、调解不成的，可以向农村土地承包仲裁机构申请仲裁，或者直接向人民法院起诉。对于山林权属争议，按照《福建省林木林地权属争议处理条例》进行处理。对于县际插花山、飞山，相邻县（市、区）互相配合，加大矛盾纠纷调处力度，按照“先易后难、先内后外”的办法，凡权源依据充分、合法有效、材料齐全的及时给予发证。五是强化林地使用费收取使用监管。林地使用费是村民委员会或集体经济组织实现土地所有权的具体体现，按照“村收、村用、民受益”的原则，采取现金或实物等形式足额收取林地使用费，使用和管理必须按照《福建省村集体财务管理条例》，做到公开、公平、民主。

二、深化改革配套，创新林业体制机制和政策

一是完善林木采伐管理机制。规范林木采伐计划分配和使用管理，实行按可采资源份额、林分年龄和申请时间进行排序，科学合理，公开、公平、公正的分配林木采伐指标。积极开展商品林采伐限额管理改革试点，编制森林经营方案，经营规模达5000亩以上的林农合作经济组织或林业经营实体可以单独编制简明森林经营方案；林农个体散户，探索以乡（镇）为单位，编制简易森林经营方案，一次性把5年的采伐规划落实到山头地块。二是探索建立生态公益林保护管理新机制。采取联户、专业、委托等管护形式，落实管护主体，形成责权利相统一的管护机制。积极探索生态公益林补偿机制，多渠道筹集森林生态效益补偿资金，提高补偿标准。严格生态公益林补偿资金使用管理，确保50%以上补偿资金落实到农户。科学利用林地资源和景观资源，开展林下套种和非木质利用，发展生物医药、森林旅游等产业，增强生态公益林自我补偿能力。三是规范森林资源流转。加快森林资源流转交易平台建设，引导流转双方通过县、乡林业服务中心进行信息发布和交易，采取限期（1个轮伐期）、限量（部分林权）和现货（采伐权）的办法，避免大量林农低价贱卖山林造成失山失地。林权流转后，流转双方应向森林资源所在地林权登记部门申请办理林权变更手续，但林农转包、出租家庭承包林地使用权的，其初始承包关系保持不变，林地使用权不进行变更。林改前因森林资源流转，造成林农无山可分或分得很少的地方，可以采取预期均山的办法，将林地使用权以家庭承包方式预分给无山或少山的农民。四是扩大林权抵押贷款。金融部门要针对林业生产周期长的特点，开发梯度不同的信贷产品，简化贷款手续，降低融资成

本，加大小额贷款贴息的扶持力度，提高额度，扩大覆盖面，解决广大林农贷款难的问题。同时，稳步推进森林保险业务的开展，探索林木收储处理的方式方法，帮助化解或降低林业信贷风险。五是加强林业合作经济组织建设。扶持发展林业专业合作经济组织，鼓励木竹加工龙头企业，采取“企业+基地+农户”等形式，建立工业原料林基地，促进林业规模化、标准化、集约化经营。发展各类林业专业协会，充分发挥政策咨询、信息服务、科技推广、行业自律作用。在管理上，简化林业专业合作经济组织和专业协会登记、注册、年审等手续，免收或减免办理费用；在生产上，给予林木采伐指标、信贷融资、资金补助、项目申报等政策倾斜；在服务上，给予定期培训、定点帮扶。同时，引导和规范森林资源资产评估、木材林产品检验、伐区调查设计等中介服务健康发展。

三、扩大改革效应，加快现代林业发展

一是以现代手段培育森林资源。推进造林良种化，以国有林场为重点，加快高世代种子园和乡土树种采种基地建设，推广组培、扦插、轻型基质等现代育苗方式，并加强种苗市场培育和监管，确保主要造林树种基本实行良种化。推进营林作业机械化，争取把营林机械列入农机补贴系列，实行产学研结合，研发、推广应用新型轻便的挖穴机、栽植机、割灌机、修枝机、施肥枪等营林机械设备。推进森林经营示范标准化，总结推广现代竹林科技示范园的经验，重点建设用材林培育、生态公益林经营、科学试验、苗木花卉、药用植物、生物能源林等标准基地，为林农群众提供样榜示范，带动全市森林经营水平提高。二是以项目品牌提升林产工业。调整优化林产品结构，不再新上人造板和木材粗加工项目，逐步淘汰规模以下的木材加工企业，鼓励发展木竹精深加工业，重点在家具制造、装饰装修材料、纸质品、林产化工等领域策划生成项目，延伸产业链，提高附加值。采取林政诚信等级管理、原料供应保障、贷款贴息、科技成果应用等措施，扶持龙头骨干企业做强做大，引导企业向工业园区集聚，加快推进林产工业产业集群建设。鼓励林业企业争创品牌，争取上市，对获得中国名牌产品或驰名商标和国家免检产品的林业企业继续实行重奖，通过项目带动、品牌带动，加快林业产业发展。三是以特色优势拓展新兴产业。加强与大型制药企业集团对接，推进产学研合作，加快药用植物基地建设。精心打造红豆杉、雷公藤、氨基酸、酶制剂、药用真菌等产业基地，对建立省级以上重点实验室、工程研究中心、企业技术中心、GMP生产线，并获得认证授牌的生物医药企业，参照品牌奖励标准给予奖励，促进生物医药发展。

积极引导各类投资主体以股份合作等多种形式发展笋竹、苗木花卉、森林旅游和森林食品等特色产业，推行以奖代补等形式支持企业（林农）建立笋竹、苗木花卉、森林旅游（森林人家）、食用菌等开发示范基地，促进新兴产业的加快发展。四是以保护管理构建林业生态体系。支持森林武警部队建设，完善森林防火应急预案，健全林业有害生物防治网络，引导农民成立护林联防组织，制订村规民约，形成政府主导、群防群治的森林“三防”体系。落实林地保护管理责任制，强化征占用林地森林植被的恢复措施，严格控制林地逆转。维护国有林场、林业采育场、自然保护区和森林公园的长期稳定，坚决制止和依法处理蚕食、侵占、哄抢等违法行为，严厉打击各种破坏森林资源的违法行为，切实保护森林资源，确保生态安全。全面推进绿色通道和城乡一体化建设，深入开展创建绿色家园活动，广泛发动农村群众，在道路两边、溪河两岸、村庄周围和房前屋后大量植树造林，栽植珍稀名贵树种，进一步改善农村群众的生产生活环境。五是以现代科技支撑林业发展。充分应用“中国·海峡项目成果交易会”平台，加强林业科技项目对接、引进、转化和推广。开展科技服务林改活动，加强科技交流合作，建立科技示范基地，加大林业实用技术培训，鼓励科技人员进村入户，并充分利用96355林业服务热线。推进林业网络服务平台建设，整合和提升现有网络资源，实行网上审批办证和网上咨询，为林农提供便捷服务。

四、提升改革层次，促进海峡两岸林业交流合作

一是建立健全工作体系。海峡两岸（三明）现代林业合作实验区是目前唯一的对台林业交流合作平台，也是三明市推进“两个先行区”建设的重要载体。各县（市、区）应设立专门的工作机构，核定编制，配强人员，建立健全工作体系，强化两岸林业交流与合作的统筹、协调和服务工作。二是全面推进实验区“六区一园”建设。加大政策、资金的扶持力度，加快推进特色园区和林业台商投资集中区建设，促其尽快形成规模，发挥平台作用。鼓励台湾同胞以独资或合作方式开发经营工业园区、台商投资集中区、现代林业示范园区。鼓励台湾同胞以独资或合作方式开展林业科研、种植、加工、物流市场开发和教育培训、科技咨询等业务。鼓励和扶持台资企业申报各级林业产业化龙头企业和品牌林业企业，无公害林产品、绿色森林食品和有机食品标志使用权和中国名牌产品、福建省名牌产品。促进实验区林产品加工、生物医药开发、森林食品加工、生物多样性保育、森林旅游、林业科技开发等六个合作区和清流台湾农民创业园建设取得新突破、新进展，努力将实验区建成海峡两岸林业交流合作和现代林业发展的示范基地。三是积极拓展两岸交流渠道。继续加强政府、部门对台交流工作。积极探索、不断拓宽两岸交流渠道，更加重视两岸民间的往来交流，特别是鼓励和推动两岸企业、商会、专业协会、科研机构、学术文化团体以至亲朋好友等各种民间交流活动。四是坚持办好海峡两岸（三明）林业博览会。林业博览会是海峡两岸（三明）现代林业合作实验区的标志性项目和国家级专业展会，也是三明市唯一的综合性经贸活动平台。要认真总结以往林博会的办会经验，学习借鉴国内外大型会展模式和经验，积极探索和创新林博会的办会机制、办会模式，争取邀请境内外林业跨国公司或有实力的台资企业、台湾会展商参与实质性的联办和会展运作。争取通过几年的努力，做大做强，形成特色，创出品牌，打造成海峡两岸现代林业合作交流中心、海峡西岸重要的综合性经贸活动平台。五是加快林业对外开放。积极吸引国际大财团、大企业来明投资置业，参与实验区建设。各级各有关部门部门要搭建平台，拓展对接渠道，加强与国际林业组织、科研机构的合作，努力争取国际援助项目和资金发展林业事业。

五、强化改革共为，形成现代林业建设合力

一是进一步提高思想认识。三明市要始终站在贯彻落实科学发展观，构建和谐社会，建设海峡西岸社会主义新农村的高度，来认识深化林业改革的重要意义，把握深化林业改革的目标要求，以共识促共为，不断深化林业各项改革。始终站在时代发展的前列，认真领会现代林业的深刻内涵，树立现代林业的生态观、产业观、发展观，加快林业生态体系、林业产业体系和森林文化体系建设，实现林业的可持续发展。始终站在为民的角度，把握林业是三明的一大支撑、一大特色、一大潜力的市情，来理解加快林业发展是解决“三农”问题的关键，进一步搞活林区经济、实现跨越式发展。二是形成合力共为机制。各级党委、政府要继续把深化林改工作摆上突出位置，县、乡两级加强完善林改领导机构，切实强化组织领导，加强工作协调，提供有力保障。各级各有关部门要增强合力意识、全局意识，按照“党委政府领导、部门分工负责、上下协同推进”的要求，把深化林业改革的任务细化分解，做到责任到人、措施到位。林业部门要认真履行职责，发挥好参谋助手作用，扎实做好深化改革的基础性工作。各有关责任部门要各司其职，各负其责，密切配合，狠抓落实，形成推动深化林改的强大工作合力。三是理顺林业管理体制。根据集体林权制度改革后的工作需要，理顺现有林业机构，转变职能，构建执法、管理、服务三大职能为主的林业管理新体制。各县（市、区）

及国有林场成立林业执法机构，明确职责，落实编制、职数和人员。各县（市、区）政府要将林业部门行政事业经费全额纳入公共财政预算，并足额拨给，确保林业工作正常运转。四是加大对林业的扶持力度。建立造林、抚育、保护、管理投入补贴制度，对森林防火、病虫害防治、林木良种、沼气建设给予补贴，对森林抚育、木本粮油、生物质能源林、珍贵树种及大径材培育给予扶持。森林防火、病虫害防治以及林业行政执法体系等方面的基础设施建设要纳入各级政府基本建设规划，林区的交通、供水、供电、通信等基础设施建设要依法纳入相关行业的发展规划，加大公共财政对林业的扶持力度。五是切实抓好工作落实。各级各部门要全面掌握相关政策，随时了解工作动态，时时关注基层呼声，及时发现问题、分析问题、解决问题。各级领导干部肩负使命、责任重大，要带头树立为民尽责的形象，经常深入基层、进村入户，了解基层群众的所思、所想、所盼，满腔热情、竭尽全力为林农群众办实事、解忧难、谋利益，真正把林业改革不断推向深入，促进林业又好又快发展。

第二章　集体林权制度改革

第一节　明晰产权及确权发证

2003 年 4 月，福建省全面启动以“明晰集体林木所有权和林地使用权，放活经营权，落实处置权，确保收益权”为主要内容的集体林权制度改革。三明市经过 2 年多的努力，于 2005 年 11 月在全省率先完成明晰产权的主体改革任务。到 2007 年底，全市共有 1719 个村完成林改任务，占有改革任务总村数 1720 个的 99.9%，完成申请登记面积 2571.72 万亩，完成集体林发证面积 2264.8 万亩，发证率为 96.8%。同时，在创建林业要素市场、森林资源规范流转、林权抵押贷款、林业合作经济组织等配套改革取得创新突破。

一、改革背景

新中国建立后，三明的山林权属伴随着农村土地政策的调整而变化。1951 年，根据省政府发布的《福建省土地改革中山林处理方法》，先后展开山林改革，将没收和征收的山林，除收归国有外，大部分山林分给农民。1953 年，农村开始成立互助组，进而发展到初级社和高级社，逐步把农民个人所有的山林变成个人和集体共同所有。1958 年，成立人民公社时，原合作社的山林全部收归公社所有，在以后的 20 多年里，除小部分国有林外，其余大部分山林属集体所有，统一经营。

党的十一届三中全会后，农村推行以家庭经营为主体的联产承包责任制，林业开展“稳定山权林权，划定自留山、确定林业生产责任制”的“三定”工作。至 1983 年林业“三定”工作结束，三明市山林权属形成以下格局：在林地所有权中，国有占 11.16%，集体占 88.48%，未定权属的占 0.36%；在林木所有权中，国有林占 18.01%，集体林占 81.16%，国有和集体共有林占 0.27%，个人所有林（自留山）占 0.18%，未定权属林占 0.38%，集体林的法律地位进一步得到确认和巩固。随着农业实行家庭联产承包责任制后，南方集体林区大多数地方实行“分林到户”和“两山并一山”（自留山、责任山并为自营山）。三明市经过调查研究和试点探索，采取“分股不分山、分利不分林，折股联营、经营承包”的办法，组建村林业股东会，重构集体林区基层林业经营主体，为集体林的经营管理开创一条新的路子，对于保护森林资源、发展林业生产、增加林农收入起到了重要的作用，在全国产生了较大的影响。

随着市场经济的不断发展，村林业股东会的深层次矛盾和问题逐渐显现，越来越不适应新的形势。1988 年，三明集体林区改革试验区建立后，即把巩固和完善林业股东会列为改革试验的重点项目，先后展开清理整顿、完善提高、划小经营单位、落实责任承包等一系列的实践探索，基本解决竹林、茶果等经济林的经营管理问题，但对面积比例最大、群众最为关注的用材林及防护林等始终没有大的突破。究其原因，主要有五：一是思想不够解放。许多人认为，林业股东会是三明林业改革的一面旗帜，曾经得到上级的充分肯定，只能巩固完善，不敢创新突破，尤其是把产权到户到人简单地等同于上世纪 80 年代初期的分山分林，视作“禁区”而不敢越雷池一步，从而捆住了深化改革的手脚。二是产权不够明晰。从理论上讲，村集体林木林地资产通过折股分配，已经把所有权明晰到各家各户，但由于实行整体改制，中间缺少一个直观明了、全面彻底的产权明晰过程，以致许多干部群众始终认为林业股东会的资产仍然属于村集体，一切经营活动由村干部说了算。三是经营主体缺位。随着农村经济体制改革的深化，村集体已不再是一个生产经营组织，而真正的经营主体——广大农民却没有得到山林经营权，不能做到“务林有其山”，加上外部政策不够配套，村林业股东会作为所有者也没有产品处置权。四是形式太过单一。三明市林区幅员广阔、山情林况差别很大，各个乡村的经济和社会发展水平也各不相同，在如此复杂多样的条件下，全市统一推行林业股东会模式，显然不能完全切合当地实际，加上林农群众缺乏自主选择的权利，参与的热情不高，带来林业股东会生机和活力的下降。五是利益分配扭曲。在林业税费负担沉重的情况下，林业股东会经济收入本来就不多，又大部分留作村集体的开支，农民基本上无直接的林业收入，造成的后果是农民造林育林护林的积极性不高，盗砍滥伐的现象屡禁不止，林业管理难度日益加大，直接困扰集体林区林业发展。

1999 年开始，三明市委、市政府下发《关于深化集体林经营体制改革的意见》（明委发［1999］15 号），在全市开展以“明晰产权，分类经营，落实承包，保障权益”为主要内容的集体林经营体制改革。通过改革，在一定程度上调动了林农造林育林护林的积极性，促进了林业的发展。但在具体实施中，有些地方简单采取林木转让、押金承包等形式，使得集体山林集中由少部分能人、有钱人经营，没有完全体现权利平等原则，改革中存在不全面、不彻底、不规范等缺陷。随着《农村土地承包法》和《中共中央国务院关于加快林业发展的决定》的颁布实施，集体林经营体制改革又面临新的形势和新的要求，亟需进行深化改革。2003 年 4 月福建省人民政府下发《关于推进集体林权制度改革的意见》，从政策上为全面启动集体林权制度改革奠定了基础。

【链接】中共三明市委、三明市人民政府《关于深化集体林经营体制改革的意见》（明委发［1999］15 号，1999 年 7 月 21 日）

各县（市、区）委、人民政府，市直有关单位：

我市现有山林的 80% 以上属于乡村集体所有，林农是林业改革与建设的主体。改革开放 20 年来，我市始终把集体林经营体制改革作为林业工作重点之一，并且取得一定的进展。随着林业改革的深人，林业经营管理体制深层次矛盾逐渐显现，特别是集体林普遍存在着山林产权不明晰、经营机制不灵活、利益分配不合理等突出问题，广大林农的山林承包权、生产自主权和经营收益权得不到有效的保障，挫伤了其发展林业的积极性，严重影响林业的新一轮创业。近几年，广大林农耕山致富的愿望强烈，在改革实践中创造了许多新经验，较好地解决了毛竹林和果、茶等经济林的经营管理与利益分配问题，并对用材林经营进行大胆探索，推行以家庭承包经营为主要形式的改革试验，取得了初步成效。但从总体上讲，这项改革的进展不够平衡，措施不够有力，认识上也存在差距。为了进一步深化我市集体林经营体制改革，促进农村经济发展，特提出如下意见。

一、指导思想

深化集体林经营体制改革的指导思想是：以党的十五大和十五届三中全会精神为指导，认真贯彻落实《中共中央关于农业和农村工作若干重大问题的决定》和《中共福建省委关于进一步加快山区发展的决定》精神，按照《森林法》的规定和发展现代林业的要求，从我市集体林区的实际出发，进一步深化集体林产权制度改革，实施林业分类经营，落实经营承包，保障合法权益，调动林农造林护林的积极性，促进林业的可持续发展。力争经过三年的努力，初步建立既适应社会主义市场经济要求，又体现我市林业特色的新型集体林经营体制。

二、改革内容

深化集体林经营体制改革的主要内容是：明晰产权，分类经营，落实承包，保障权益。

1. 明晰产权。理顺集体山林的产权关系，明确集体山林的经营主体。认真贯彻落实“还林于主，还利于民”、“谁造谁有，谁投资谁受益”的政策。对各类联营合作和世行贷款、贴息贷款造林，可以采取“以林还贷”等形式，将林木资产折价划给出资单位，由出资方自主经营并负责偿还债务；对林区干部群众投资投劳造林，可以将林木产权直接明晰到户、到人，及时发给林权证，允许继承和转让，保障其合法权益；对现有的集体山林，应尊重历史，承认其在股份合作制改革中所确认的产权性质，赋予林农充分的山林承包权、生产自主权和经营收益权，使之成为独立的经营主体，成为集体山林的主人。

2. 分类经营。根据森林主导功能、树种林种和林龄的不同，采取相应的政策措施，实施林业分类经营。对于各类防护林和天然林等林分，要纳人生态公益林体系，严格管理，禁止采伐，在国家出台森林生态效益补偿制度之前，仍然由村林业股东会统一管护或划片分户承包管护；对于毛竹林和果、茶等经济林，大部分已落实到户，实行家庭经营，效果较好，应保持长期稳定；对于用材林中的近成过熟林，可以继续由村林业股东会统一经营管理，以保证集体收人在近期内不受影响。

3. 落实承包。对现有的中幼林，全面落实以家庭承包经营为主、多种形式并存的林业生产责任制。可以划片投标，分户承包；可以产权到户，联户经营；也可以有偿转让或租赁经营，形成独立的经济实体。凡是有利于调动林农积极性、促进林业生产力发展的一切有效的形式和做法，都可以大胆应用，鼓励试、允许看、不争论，及时总结经验，加强指导，并积极创造条件，引导向适度规模经营发展，把林业改革不断引向深入。

4. 保障权益。保障林农的物质利益，尊重林农的民主权利，从根本上调动林农发展林业的积极性。要认真落实国务院和省政府关于清理整顿木材收费项目的通知精神，理顺林业收益分配. 使林农在林业生产中得到实惠。着手开展木材流通体制的改革探索，对自留山造林和林农个人投资投劳营造的山林，其依法采伐生产的木材允许自产自销，对间伐材可以试行产销直接见面。鼓励、引导和支持林农及社会力量，积极参与山地综合开发，发展特色林业，为林农致富开辟新的途径。同时，正确把握改革的各项原则，尊重群众的意愿和选择，切实保障林农的民主权利。

三、主要形式

在确定集体林经营体制改革的形式时，要坚持实事求是，因地制宜，不搞一刀切，允许多种形式并存。根据各地的试点实践，目前主要可采取以下几种形式。

1. 划片投标，押金承包，比例分成。将现有中幼林进行合理划片，评估现有林木蓄积量，测算林木主伐出材量基数，确定收益分成比例，林农投标并交纳风险抵押金后，承包经营。

2. 产权到户，联户经营，比例上激。将现有中幼林的产权明晰到人，并评估现有林木资产，测算林木主伐出材量基数，确定收益上缴比例，然后合理划片，联户经营。

3. 产权到户，自主经营，定领上激。将毛竹林和经济林，按人口折算人均亩数，以户为单位划片承包经营，按面积、年度定额交纳林地使用费，其余收人归经营者。

4. 林地租赁，谁造谁有，收入归已。将现有的采伐迹地、火烧迹地和疏林地，租赁给单位或个人造林、栽竹、种果，谁造谁有，自主经营，租赁者按经营面积交纳山地使用费。

5. 资产评枯，公开招标，有偿转让。对现有林木资产评估后，将林木所有权连同林地使用权采取拍卖、投标、协议等形式，进行有偿转让，受让者自主经营。

6. 规模经营，专业管护，形成实体。进一步巩固现有乡村集体林场和专业耕山队。在此基础上，引入市场机制，鼓励社会力量发展林业，促进生产要素的合理配置，积极创办多种形式的股份合作林场，实行专业管护，规模经营，独立核算，自负盈亏，成为经济实体。

四、原则方法

深化集体林经营体制改革，是一项政策性强、涉及面广的工作，必须注意把握以下五条原则：

1. 坚持群众路线的原则。要充分考虑群众的实际承受能力，把改革的政策、措施和方法交给群众，让群众自己选择，防止强迫命令和包办代替，相信群众、依靠群众推进集体林经营体制改革。

2. 坚持公开、公平、公正的原则。改革方案须经股东大会或村民代表大会讨论商议，并有三分之二以上的股东或代表同意后，方能组织实施。改革过程要公开透明，承包经营要公开招标，招投标结果要张榜公布，接受群众监督，防止权力包、垄断包。

3. 坚持有偿与无偿使用相结合的原则。要稳定和落实自留山政策对自留山面积比重尚未达到5%～15%的，群众又有积极要求，要加以落实，无偿划定到户，并发给自留山证，解决群众生活烧材、自用材、放牧地、公墓地等实际需要。大部份集体山林，要引人市场机制，按照有偿使用的原则，推行承包经营。既要防止平均主义，又要防止山林过分集中在少数人手里。

4. 坚持依法办事的原则。村级林业股份合作经济组织的名称，统一规范为林业股东会，明确其法人地位。在改革过程中，必须依法办事，特别对招标，投标、合同的签订，要严格按照法定程序进行，必要时还应公证，避免留下各种纠纷及潜在矛盾，维护林区的长治久安，保障国家、集体和林农的合法权益。

5. 坚持政策的连续性、稳定性的原则。对原来签订而又没有到期的承包合同，要组织群众评议，执行好的，应保持稳定并予以完善否则、要加以调整。对承包者交纳的承包风险抵押金、森林资源资产转让费等要做到规范管理，严禁吃光用光，防止短

期行为。同时，对国有林场、采育场的经营区和自然保护区（小区），要保持长期稳定，不得借改革之名蚕食侵占。

五、组织领导

深化集体林经营体制改革，直接关系林农的切身利益，关系林业的发展和农村的稳定，牵动林业和农村工作的全局，必须切实加强组织领导。

1. 要统一认识。深化集体林经营体制改革，是发展集体林业的需要，是发展农村经济的需要，是建设林业强市的需要，也是适应社会主义市场经济发展的需要。各级各有关部门要统一思想，提高认识，勇于探索，大胆实践，扎实推进集体林经营体制改革。

2. 要精心组织。各级党委、政府要把这项改革作为农村工作一项长期的任务，摆上重要议事日程，主要领导亲自抓，分管领导具体抓，并成立领导小组和工作班子，负责制定方案、组织实施、协调关系等事务。特别对改革中所遇到的困难和问题，要做好引导和化解工作，把矛盾消除在“萌芽”状态、解决在基层。林业部门要全力以赴，努力当好各级党委、政府的参谋，并组织技术业务熟练的人员，深人基层，搞好技术指导，提供优质服务。其他相关部门要密切配合，形成合力，协同工作，使这项改革工作有效、顺利地进行。各地在改革中遇到的新情况和新问题，要及时向市集体林区改革试验区领导小组办公室反馈，确保集体林经营体制改革顺利进行。

3. 要深入发动。充分利用各种宣传媒体，大力宣传深化集体林经营体制改革的目的意义和原则方法，耐心解释群众提出的各种问题，消除思想疑虑，广泛发动群众支持改革、参与改革。

4. 要有序推进。深化改革既要有紧迫感，但又不能急于求成，必须深入调研，抓好试点，在取得经验的基础上，稳步推进。各县（市、区）要把改革任务落实到乡（镇）、村，分期分批进行，力争 1999 年推广 50% 左右，2000 年基本完成。在实施中，要严格把关，规范操作，确保质量。

二、基本做法

1. 坚持站在全局高度抓林改

三明市的自然概貌为“八山一水一分田”，全市 74% 的人口在农村，农民人均拥有林地 12.5 亩，是耕地的十余倍，亦农亦林，林农耕山致富的问题解决了，“三农”工作的核心问题也就解决了。为此，三明市坚持把林改作为事关经济社会发展全局的大事，摆在党委、政府的突出位置，实行一把手工程，全力抓好集体林权制度及其配套改革，进一步激发林业活力，解放林业生产力。坚持把林改作为解决“三农”问题的突破口。像落实农村耕地延包政策一样，抓好集体林权制度及其配套改革，充分调动广大林农耕山育林的积极性，搞活农村经济，促进农民增收。坚持把林改作为加快融入海峡西岸经济区建设的重要举措。针对三明与台湾林业各有所长、互补性很强的特点，建立海峡两岸（三明）现代林业合作实验区，开展两岸技术交流合作和项目对接，努力提高林业发展的质量和效益。

2. 坚持按照现代产权制度抓林改

林改目的是为了发展，具体体现是资源增长、生态增强、林业增效、林农增收。在实施中，注意维护林农权益，切实把握好林木林地产权界定、产权流转和产权保护三个关键环节。突出明晰产权界定，在保持林地集体所有的前提下，按照“耕者有其山、权利平等”的核心原则，将林木所有权和经营权、林地使用权落实到人到户、到联合体，确立林农经营主体的法律地位。突出规范产权流转，规范林木林地产权流转，开展林权抵押贷款，促进林业生产要素的合理配置，及时赋予林农相应的经营权、处置权和收益权。突出加强产权保护，从法律上注意保障合法权益，及时核发全国统一的林权证；从行政上建立健全森林资源保护体系，确保森林资源安全；从经济上规范林业收益二次分配，避免造成新的贫富差距。从而有效地促进所有权、经营权、处置权和收益权的全面落实，充分调动广大林农造林育林护林的积极性，促进林业的加快发展。

3. 坚持以人为本抓林改

在改革过程中，做到三个“注重”。注重宣传发动，充分利用电视、广播、报纸、专栏等媒介，通过印发宣传小册子、编印林改问答、张贴标语等形式，大力宣传林改的目的、意义、做法以及有关法律、法规、政策，做到家喻户晓，人人皆知，通过营造改革氛围，解决各级干部和老百姓思想认识问题。注重依法依规，按照《农村土地承包法》，每个村民平等享有承包集体山林的权利，凡有承包集体山林要求的村民，在同等条件下优先予以保证，既要避免简单地分林分山到户，又要防止人为地归大户，坚持“耕者有其山、权利平等”的核心原则。注重民主决策，把改革的目的意义和可能出现的各种利弊等，向群众讲清楚、说明白，广泛听取他们的意见。严格按照《村民委员会组织法》的有关规定，所有改革方案和重要决策都经过2/3以上的村民代表同意后，才组织实施，做到程序、方法、内容和结果“四公开”，体现了公正公平的原则。

4. 坚持深化配套改革抓林改

在产权明晰之后，我市十分注重配套改革的及时跟上，大力开展各项综合配套改革。探索建立林业社会化服务体系，县级建立林业服务中心（要素市场），乡镇建立分中心或服务协会，村建立服务分会，形成县乡村一体化、互动互联、网络化的服务构架。积极提供抵押贷款、林业科技、产业发展等服务，努力满足广大林农的需求。探索建立森林资源培育和保护体系，大力扶持林农合作经济组织的发展，引导成立民间护林防火病虫害组织，建立森林灾害应急反应机制和防治服务网络，逐步形成政府主导下、群防群治的林业“三防”机制，同时加大对破坏森林资源违法行为的打击力度，切实保护好森林资源，维护生态安全。探索建立规范的森林资源流转体系，搭建流转平台，完善流转程序和方法，加强流转监督，实现依法依规流转，做到公平、公正、公开，特别注意防止森林资源过快过频流转造成林农失山失地和炒买炒卖山林现象发生，保护林农利益。

5. 坚持创新机制抓林改

强化领导，落实责任。按照“市加强领导、县直接负责、乡镇组织落实、村具体实施、部门搞好服务”的工作机制，把各级各有关部门特别是乡村的力量调动起来，层层制定落实“三个表”，即时间表、进度表、责任表，从组织领导上保证林改的顺利开展。强化指导，务求实效。在调查摸底的基础上，指导各村因地制宜制定改革实施方案，将集体林分为“巩固确认”、“完善提高”和“重新改革”三种不同类型，分类实施、分别推进，取得较好的成效。同时，充分尊重广大群众的意愿和首创精神，允许经营形式多样化，激发他们支持改革、参与改革的热情。强化督导，确保质量。采取重点督查、专项抽查和随机抽检相结合的方式，深入各乡村及时了解进展情况，督促落实各项政策措施，保证改革依法依规进行，不走过场，不违反法定程序，不违背农民意愿，不损害集体和林农群众利益，确保改革的质量和成效。

【链接】三明市人民政府《关于加强林地使用费收取和使用管理的指导意见》(明政文［2005］109号，2005年9月30日)

各县（市、区）人民政府、市直有关单位：

我市集体林权制度改革经过2年多的全力推进，取得了明显的阶段性成效，林业生产关系得到深刻的变革和调整，林业生产力得到很大的解放和发展，林业发展呈现出新的生机和活力。但在改革过程中，也存在村集体和林农个人的利益关系处理不当等问题，突出表现在林地使用费收取标准较低，有些甚至不收林地使用费，村级集体收入难保证，影响村级基层组织建设和农村公益事业兴办。为维护村集体作为集体林地所有者的应得利益，确保村财有长期、稳定的收入来源，现就加强林地使用费收取和使用管理提出如下指导意见。

一、充分认识收取林地使用费的重要性和必要性

林地使用费也称林地租金或山本费，是指林地所有者出让林地使用权，由林地使用者交纳一定数额的林地租金。按照法律规定，集体林地由村集体经济组织或者村民委员会经营、管理，有偿使用集体林地符合市场经济要求，是集体土地所有权的经济实现形式。林地使用费既不同于农村收取的“三金两费”，也不属于行政事业性收费，更不是国家税收，而是由村级集体组织自收自用，取之于民、用之于民的资金。我市地处重点林区，许多地方的村级集体经济收入长期依靠林业。林改后，分散经营的农户迫切需要农村基层组织为其发展生产、增加收入提供各类服务，以及农村社会公益事业的发展，都需要村集体经济作为物质基础。而许多地方村集体经济还比较薄弱，难以为农民及社会公益事业提供更多的有效服务。因此，集体山林落实承包、租赁、转让等林业生产责任制，在重视林农利益的同时，必须统筹兼顾村集体利益，均应收取一定的林地使用费，建立合理的利益分配关系，壮大发展村集体经济。这是维护林地所有者合法权益的具体体现，是确保农村基层组织正常运转、建立健全农村公共服务、调整农村利益二次分配的客观需要，是为民利发、造福于民的重要举措。

二、正确掌握收取林地使用费的法律法规依据

按照《宪法》第十条规定，农村和城市郊区的土地（含林地），除由法

律规定属国家所有的以外，属集体所有。《中华人民共和国农村土地承包法》第四十五条规定，以招标、拍卖方式承包的，承包费通过公开竞标、竞价确定；以公开协商等方式承包的，承包费由双方议定。土地承包费就是农村集体土地的地租收入，就林地而言就是林地使用费。《福建省森林条例》第三十六条规定了单位和个人租赁集体林地造林的，应当依法签订林地租赁经营合同，并按合同约定支付林地使用费；第十一条规定了国有单位经营集体拨交的林地，应当按规定支付林地使用费：用材林（不含竹林）一个轮伐期的林地使用权费不得低于省人民政府规定的林价款的20～30%；经济林、竹林投产后，按不低于同类林地的杉木三十年主伐期林价款的30%测算每年林地使用费，逐年付给。乡（镇）林场经营村集体拨交的林地，参照前款规定执行。《福建省实施〈中华人民共和国农村土地承包法〉若干问题的规定》第六条规定，集体所有林地承包费标准应当经本集体经济组织成员的村民会议2/3以上成员或者2/3以上村民代表的同意。由此可见，村集体作为林地所有者，向林地使用者收取一定的林地使用费，符合有关法律法规和政策规定。

三、正确把握林地使用费收取的基本原则

在收取林地使用费过程中，必须坚持以下原则：

一要坚持林地有偿使用的原则。除自留山外，任何单位和个人使用村集体林地都必须与村民委员会签订承包、租赁或转让合同，缴纳林地使用费，并在合同中约定违约责任。

二要坚持因地制宜、分类指导的原则。充分考虑当地林农群众的生活水平和自然条件等实际情况，按照不同地类、不同林种、不同树种分别进行确定，不搞一刀切。

三要坚持合理的利益分配原则。要考虑到林农的实际支付能力和确保村财有稳定的收入来源，可通过收取林地使用费或实行林木收益分成的形式，合理调整确定村集体和林农的利益分配关系。

四是坚持尊重群众意愿的原则。以家庭承包的林地，确定林地使用费标准必须经林农群众的充分酝酿讨论，提交村民会议或村民代表会议讨论通过后，将收取范围和标准张榜公布。以其他方式承包的林地，应坚持公正、公平、公开，林地使用费通过公开竞标、竞价确定或由双方议定。

五是坚持政府引导的原则。由于林权制度改革涉及面广、政策性强，实践中难免会碰到许多具体问题，单靠群众自发行动很难组织实施好，必须充分发挥各地政府特别是乡（镇）两级政府和林业等有关部门在改革中正确引导、组织协调和技术服务作用，使林地使用费的收取和使用管理工作依法、有序、健康地开展。对于广大部分群众不愿意交或象征性缴交林地使用费的情况，干部和党团员要充分发挥带头模范作用，主动缴交林地使用费，并做好群众的宣传解释工作，确保村集体有稳定的收入来源。

四、全面规范林地使用费收取形式和标准

林地使用费可以货币或实物形式支付，可以每年或数年缴交一次，也可以在林木主伐时一次性支付。其中，经济林、竹林的林地使用费，按面积每年或数年收取一次，既可以直接用货币，也可以按实物数量折算金额的形式收取。用材林的林地使用费，可以按面积每年或数年收取一次，也可以在林木采伐时按木材产量或木材销售税后利润比例分成。根据我市实际，林地使用费收取的标准是：

（一）对于本村林农以家庭承包方式、且平均获得村集体林地使用权的，其林地使用费缴纳标准由村民会议或村民代表会议确定，不得随意降低林地使用费，用材林每年每亩一般不低于3元，竹林、茶果等经济林一般不低于5元。考虑今后物价上小涨等因素，林地使用费的收取标准应逐年有年增长。

（二）对于林农通过其他方式获得集体林地使用权的，可通过公开竞标、竞价确定或由当事双方协商确定，在对林地资源进行合理评估的基础上，按照市场规则确定林地使用费缴纳标准，以实现林地使用价值的最大化。

（三）对于国有林场、林业采育场经营集体拨交的商品林地，按照省政府《关于调整林地使用费，稳定国有林场和林业采育场经营区的通知》（闽政［2005］50号）规定确定林地使用费标准。即用材林主伐时按所产木材提取的林价款的30%支付林地使用费，间伐材折半支付；经济林、竹林投产后，按不低于同类林地的杉木30年主伐期林价款的30%测算林地使用费总量，逐年支付。乡村林场经营集体拨交的商品林林地使用费可参照国有林场标准收取。

（四）对于使用村集体林地，采取用材林采伐时林木收益比例分成和竹林、经济林采取实物的形式上交林地使用费的，其折算金额应不低于本条前三项的相应标准。

（五）对于因遭受不可抗拒的自然灾害、重大疾病和重大市场风险等特殊情况，无法按时交纳或无法交纳林地使用费的，经村民会议或村民代表会议确认并讨论通过后，可暂缓或减免收取林地使用费。

五、严格林地使用费的使用管理和监督

一是明确林地使用费的使用范围。林地使用费重点用于林业再生产和本村公益事业的兴办，投入村民养老保险、医疗保险、学生助学等，解决“老有所养、幼有所教、病有所医、穷有所帮”的社会难题，促进农村和谐社会的建设。

二是加强林地使用费的管理。由村民委员会统一收缴，纳入村集体经济收入，严格按照《福建省村集体财务管理条例》有关规定进行管理，实行财务公开、民主理财制度，任何组织、单位和个人不得平调、侵占、截留、挪用、私分，否则，追究有关责任人的责任。

三是加强林地使用费的监督。要引导村民制定完善的村规民约，约定林地使用费的收缴办法，并认真付诸实施。林地使用费的使用必须经村民会议或村民代表会议通过，财务收支情况必须定期向村民公开，接受村务监督小组和林业、财政、审计部门的检查监督。

六、切实加强林地使用收取工作的领导

一要加强组织领导。各级各有关部门要提高对收取林地使用费重要性和必要性的认识，坚决克服畏难和厌战情绪，结合集体林权制度改革自查验收工作，对林地使用费收取和使用管理情况进行一次全面的调查摸底和研究分析，对存在的问题提出整改意见。各乡（镇）党委、政府要从维护基层政权稳定的高度，组织干部进村入户，做细致的工作，纠正一些地方林地使用费收取标准过低和不到位的问题。

二要广泛宣传发动。各地要充分利用各种宣传工具和采取召开村民大会、张贴标语、入户发放宣传单、利用墟日设点咨询等多种形式，大力宣传林地使用费收取的意义作用和原则标准，切实做好群众的宣传、解释和引导工作。特别要动员村干部和党员带头缴交林地使用费，发挥示范作用，增强广大林农群众的自觉性。

三要依法依规操作。要加强基层干部的法制教育，增强法制意识，确保林地使用费的依法收取。对已签订承包经营合同，但没有约定收取林地使用费的情形，必须通过合法的程序、采取民主协商的办法，认真加以纠正，签订补充协议。林地使用费明显偏低的，要参照本文规定的标准，采取协商的形式，作相应的调整。对未按合同约定上缴林地使用费，村民委员会可按《合同法》、《农村土地承包法》有关规定，依法解除合同；或通过诉讼渠道，依法追缴；也可不安排其林木采伐，不能参加村财的二次分配，以保证林地使用费按时足额收取，维护村集体的合法权益。

三、初步成效

集体林权制度改革的重大举措，带来林业乃至农村经济社会的一系列深刻变化，得到了上级领导的充分肯定，受到干部群众的普遍欢迎，引起社会各界的广泛关注。三明市先后接待世界各地和全国各省（市、自治区）及省内1735批、2.5万多人次前来考察。国家六部委调研组和中央15家新闻媒体先后到三明市调研采访，并作专题报道，其中永安洪田村被确认为“中国林改‘小岗村’”。

1. 促进了生产发展

集体林权制度改革是一场深层次的变革，是生产关系与生产力相适应的一次重大调整，引发了林业、林农、林区的一系列深刻变化，林业经济活力不断增强，发展潜力得到进一步释放。一是调动了广大林农耕山育林的积极性。林改以来，全市造林面积保持在40万亩左右，比林改前翻了一番。许多地方出现争山争苗造林的新景象，林地租赁价格节节攀升，从林改前的每亩1~2元升至现在的15~20元，有的甚至更高，山地价值日益显现。各类木竹加工企业投资造林、兴办工业原料林基地积极性也不断高涨。企业自办自建或与林农合作共建工业原料林基地面积占植树造林总面积的23.5%，基本形成以林农为主体，多元化造林的新格局，实现森林资源培育由过去长期依靠行政推动转向林农主动、市场拉动的重大变化。二是带动了林区综合开发热潮的掀起。笋竹产业发展壮大，2006年全市实现竹业总产值47.2亿元，比2003年林改前翻了一番，初步形成以三和、健盛、孟宗为龙头的笋竹产业体系。生物医药加快崛起，累计建立红豆杉、雷公藤、厚朴、铁皮石槲等珍贵药材基地17.2万亩，初步建成原料药、医药中间体和药材种植三大基地，2007年全市生物医药产业产值11.38亿元。生态旅游不断升温，全市现有省级以上森林公园17处，面积达32.2万亩，2007年全市共接待森林旅游78万人次，实现收入7873万元。三是推动了林业经济的加快发展。2007年全市完成林业产业总产值203.74亿元，其中规模以上林产工业产值110.58亿元，占全市规模以上工业产值的17.4%，成为三明市第二个超百亿的产业集群之一。全市生产木材229.52万立方米，保持较高的产量；生产人造板（含集成材）201.99万立方米，首次突破200万。林产工业成为全市增长最快的一个产业集群。

2. 改善了林农生活

集体林权制度改革将山林产权明晰到人到户，使林农群众拥有了一份宝贵资产、一块用武之地、一片致富空间，极大地拓宽了林农的增收渠道，改善了林农生活。一是资源盘活了。林改后，各地先后成立了森林资源流转登记服务中心，使林农的林木所有权和林地使用权可自愿、依法、有偿流转变现，缩短了森林资源培育周期，盘活了森林资源资产，促进了林业生产要素的合理流动和森林资源的优化配置。二是资金激活了。以林权抵押贷款为核心的林业投融资配套改革，尤其是小额贷款，既有效破解了农民“贷款难”问题，又吸引了社会资本和金融资本向林业集聚，使林业经营开始从资源经营向资本经营转变。到2008年6月底，全市林权抵押贷款累计金额28.12亿元，余额15.54亿元，其中累计发放林业小额贷款1.89亿元，惠及林农5110户，均居全省第一。三是经营搞活了。在自主自愿和明确利益分配的基础上，全市组建林农合作经济组织691个，专业协会368个，护林联防组织578个，促进了专业化经营，提高了经济效益。2007年全市农民人均林业纯收入1195元，占农民人均纯收入的23.2%，比林改前252元翻了两番。在许多林业重点乡村，农户从林业发展中获得的收入超过其家庭收入的一半以上，林业成为农民增收最快的领域之一。

3. 推动了乡风文明

集体林权制度改革从宣传发动到酝酿方案，从组织实施到生产经营，是一次比较完整的思想教育、法制教育和道德教育，推动了乡村文明风尚的形成，带来了农村一系列新的变化。一是思想观念变化。林改后，林业经营成果好坏与林农自身利益直接相关。如何提高经营效益，成了林农关注的热点。“把山当田耕、把林当菜种”的经营理念开始深入人心，学科技、争效益，讲发展、求致富成为农村的新时尚。2007年，林农主动到林业部门或通过林业服务热线咨询林业经营知识和实用技术达20多万人(次)，科技三下乡活动受到前所未有的拥护和欢迎。二是民俗民风变化。林改吸引大量的剩余劳力向山上转移，改变了农村“农忙忙不开，农闲闲得慌”的状况，一年四季都有活干、有事做，林农比较繁忙和充实。游手好闲的人明显少了，搞封建迷信的明显少了，聚赌参赌的明显少了，取而代之的是崇尚科学、勤劳致富、文明生活。如永安市的桂溪村由过去的“赌博村”变成现在的“文明村”。三是行为准则变化。突出表现在森林防火上，过去是“干部打火、群众观看”，现在变成“一家受灾，众人相助”，护林防火成为群众的自觉行动。遵纪守法、诚实守信蔚然成风，盗砍滥伐等现象得到有效遏制。林改还有效解决山林纠纷等历史遗留问题，密切干群关系，使林区社会邻里之间和谐相处。

4. 改变了村容村貌

集体林权制度改革不仅给林农带来了实实在在的好处，而且为村集体提供长期稳定的收入来源。通过盘活集体森林资产、收取林地使用费等渠道，村财收入不断增加。到2007年底，全市有1471个村有收取林地使用费，累计收取总金额为14503.46万元，其中2007年度收取2832.4万元，平均每个村2万元。村里有了钱，就能为村民办实事。一是改善乡村基础条件。许多乡村都用林改等筹集的资金，主要投入乡村道路、自来水等基础设施建设，一批农村科普、文体、卫生设施也开始兴建。如尤溪县西滨镇坂兜村将林改的村级收益投资近20万元，建设了沼气池、蓄水池、骨灰堂等。据调查统计，2006年全市收取的林地使用费的83.1%用于公益事业发展。二是改善乡村公共服务。不少地方通过林改收益的二次分配，建立了村民养老保险、医疗保险、学生助学等公益制度，解决了“老有所养、病有所医、幼有所教、困有所帮”的社会难题，社会保障体系逐步完善。如永安西洋岭头村从林改的村级收益中每年支出一部分资金，用于建立合作医疗、村级奖学、老人慰问和帮扶解困等制度。三是改善乡村人居环境。近几年，一些乡村在林改过程中，结合社会主义新农村建设，对村容村貌进行统一规划，从林改收益中安排部分资金用于绿化美化。同时，许多林农也主动投资投劳在村庄周围、房前屋后、道路两旁、沟渠两侧种植速生和珍贵树种，既改善了乡村环境，又增加了经济收益。同时，农村环保意识逐渐增强，沼气等清洁能源开始普及，促进了农村生产生活方式的改变，不少乡村“脏乱差”现象得到有效治理，村容村貌焕然一新。

5. 促进了民主管理

集体林权制度改革，始终坚持把尊重群众意愿、维护林农利益放在首位，始终坚持依法依规、公开公平公正操作，有效地促进了民主管理。一是提高了林农的民主法制意识。在改革中，坚持走群众路线，在改革方式的确定、山林权属的转让、林地使用费的缴交和支配等方面，均提交村民会议或村民代表大会讨论决定。广大林农借助林改这一载体，接受了大量的法律法规和林改政策宣传教育，参与各个阶段的改革实践，法律意识、民主意识和参政议政能力得到了大幅提高。二是改进了乡村工作方式。乡村基层组织的工作重点由过去的收费、催粮等转向指导、协调、服务林农和引导群众发展生产、发家致富上。同时，许多地方还组织村民共同修订完善村规民约，健全村民理财、听证、村务管理等制度，推动了村民自治，融洽了乡村干部和群众的关系。三是转变了政府部门职能。林改催生了职能转变，许多部门把工作重点转移到指导帮助、行政执法、公共服务上来。如林业部门建立了林业服务中心，农业部门深化农业155工作，搞好林业“96355”、农业“969155”热线服务，开展林改政策咨询以及各种形式的科技成果推广和实用技术培训；财政部门加大对林业的扶持力度，每年安排一定的资金支持林改工作；金融部门主动降低贷款门槛，简化贷款手续，积极开展林业融资改革，为林农提供优质、便捷服务；宣传部门充分利用各种媒体，广泛宣传有关林改的法律、法规和政策，及时报道林改典型和好人好事；信访、纪检、监察和公检法等及时做好涉林信访调处，主动参加林改督导工作。所有这些，都为乡村民主管理做出了贡献。

【链接】“中国林改‘小岗村’”——洪田村

洪田村位于永安市洪田镇集镇所在地，国道205线穿村而过。全村有3个自然村，7个村民小组，235户，877人。土地总面积23218亩，其中林地面积18908亩，森林覆盖率81.4%。1998年8月开始，洪田村人民大胆探索，勇闯“禁区”，率先把农村联产承包责任制向林地拓展，被新闻媒体誉为“中国林改‘小岗村’”。

一、改革动因

改革开放以来，集体林经营管理体制历经多次改革。1982年开展林业“三定”，1984年按照“分股不分山、分利不分林，折股联营、经营承包”的办法开展林业股份合作制改革。随着市场经济的发展，一些人受利益的驱动，进山盗伐林木，到1998年，盗伐林木的不法分子异常猖獗，利用现代通讯工具进行团伙作案。对此，村干部和群众看在眼里、急在心里，村党支部和村委会多次召集村民代表座谈讨论，问题原因概括起来就是一句话：山上的林木林地产权不明晰，分析讨论的结果使村民们最终认识到林权明晰到户是解决问题最有效的办法，大家强烈要求把集体林落实到人到户。这想法没有任何经验可以借鉴，但它符合林业发展规律，顺民心、得民意，得到了各级党委、政府的默许和支持。洪田村正是在这种背景下，在全国率先悄悄启动了集体林权制度改革，并改出了一片绿色新天地。

二、具体做法

洪田村的林改工作大致可分为三个阶段：

1. 率先启动改革，第一个实现林权到户。村两委采取先粗后细、先易后难、先分后联的办法，在探索中运作，在完善中深化。其一，摸清家底，评估资产。村里组织评估小组，在林业站技术人员的帮助下，深入实地调查，确定全村商品林面积12812亩，可以发包的山林面积9109亩、林木蓄积量2.1万立方米。其二，分山到户、联户经营。在召开数十场会议后，村两委最终确定山林按合法人口均分，又在尊重村民意愿的前提下，将山林按全村总人口划分为16个经营组，分别签订了经营合同，明确各方责、权、利。其三，区别对待，公平公正。村两委针对具体情况，进行分类处理，比如：给予一定补偿后提前终止承包合同，采取“动钱不动山”、每5年分红一次的办法保持经营山场的相对稳定。其四，明晰权责，利益共享。村两委制定了利益分配机制，规定原有材积利益的30%上缴村集体所有，新增材积利益的20%上缴村集体所有，村财稳定了，村公益事业才得以保障。

2. 率先深化改革，第一个完成确权发证。2003年4月，福建省委、省政府决定在全省启动集体林权制度改革，洪田村的“林权到户”工作得到了政策支持，开始着手处理遗留问题。对全村所有山林的改革状况确定为“巩固确认”、“完善提高”和“重新改革”三种类型，分情况由经营者按规定申请登记发放林权证。

3. 率先配套改革，第一个冲刺现代林业。围绕“现代林业如何建设”等深层次问题，主要开展四个方面的探索：一是探索组建护林联防协会。着手成立联防协会，采取轮流管护的办法，开展巡山护林。二是探索生态公益林管护模式。对生态公益林按照就近管护原则，采取与商品林捆绑方式承包管护。三是探索组建家庭合作林场。引导村民在自愿的基础上，采取股份合作、专业协会等方式把林农组织起来。四是探索开展林权证抵押贷款试点。作为试点，首批5户林业经营大户获得了永安市农村信用社提供的80万元抵押贷款，解决了林农扩大林业生产资金不足的问题。

三、主要成效

通过林改，逐渐实现明晰所有权、放活经营权、落实处置权、确保收益权，有效盘活了林木资源，村集体经济发展壮大，林农从中得到实惠。2007年，实现农民人均纯收入6400元，村财收入45万元。

1. 促进林业更好发展。林改后，山林产权归属更加明晰，村民主体地位进一步确立，责、权、利相统一的集体林业经营机制逐步形成。通过核发林权证，实现了“务林有其山”，同时，爱林、护林、防治病虫害、预防森林火灾等成为千家万户的自觉行动，“把山地当田耕，把林竹当菜种”的高效经营模式得到推广，促进了林业可持续发展。林改以来，全村造林更新面积2163亩。

2. 促进生活更加宽裕。近两年，全村林农通过对承包的山林进行砍伐出售或二次流转直接获益370余万元，年人均得利4000多元。林改也带动了当地林竹加工业发展，现有林竹加工企业16家，就地安置村内富余劳动力130多人，年增加劳务收入200万元。2007年，实现林竹产值2.6亿元，林农人均每年林业收入达3100元以上，占农民年人均纯收入6400元的48%。富裕起来的农户家家购买了摩托车，现有小车和各类农用车42部。

3. 促进乡风更加文明。林改后，打架斗殴、赌博等现象基本消失，村风民风明显好转。在林改增加村财收入的基础上，制订完善了对计生户等特殊群体的补助制度，加大了文化、卫生、教育等事业的资金投入，有效解决农村合作医疗、扶贫济困等难题，村民整体生活质量明显提高，干群关系融洽，社会和谐稳定。

4. 促进村容更加整洁。两年来，洪田村共投入近20万元对全部自然村公路实施水泥路面硬化，全村建沼气池134口，占农户总数57%。全村共有166户建新房，占235户农户的70%。已规划建设大坂、新市场、江滨、对面河、六月坂等5个新村点。其中大坂新村总规划用地4.6公顷，是福建省第一批省级农村住宅示范小区，已建成110套，建筑面积3.5万平方米。

5. 促进管理更加民主。林改前，村里的大事小事基本由村主干和村两委开会说了算。林改后，村两委干部制定村规民约，规范村财使用和管理，凡是村里的重大事项，特别是涉及村民利益和生产发展的事，都通过召开村民代表大会讨论表决通过，接受广大村民的监督，按照“六步工作法”来决策和落实村务。

四、主要难点

这次集体林权制度改革以贯彻落实党的农村土地承包政策为核心，坚持以《农村土地承包法》《村民委员会组织法》和《森林法》等有关法律法规为依据，以家庭承包经营方式为主，以其他承包经营方式为辅，把大部分山林相对均衡地明晰给林农，基本实现农民“耕者有其山”，推进土地家庭承包经营向山上延伸和扩展，并及时向林农核发全国统一式样的林权证，以法律的形式保护林农的合法权益，赋予林农长期而有保障的林木所有权和林地使用权，从而确立林农作为集体林区林业经营主体的法律地位，调动了农民造林育林的积极性。但是，在实施中仍存在一些困难和问题。主要有：

1. 林地家庭承包经营政策还没有完全落实

明晰产权的主体改革任务完成后，全市集体林地的经营格局大致为：村集体统一经营的（含生态公益林25.7%）占31.0%；通过家庭承包方式落实到农户、联户或村民小组经营的占39.2%；通过转让、租赁等方式到户、个私业主或企业的占29.8%。特别是转让部分还没有落实家庭承包经营政策，个别村甚至在林改前大部分山林已经对外流转，造成林改时无山林可分。

2. 林木处置权还无法充分实现

由于林木融经济价值和生态价值于一体，林木采伐受到《森林法》的严格控制，这种限制主要表现为林权权利人没有采伐林木的自由，而必须按照法定程序申请林木采伐许可证，并实行凭证运输。林改后，林木产权进一步明晰，只有落实林木处置权，才能体现真正意义的林木产权。如果老百姓种一片林子，要等三四十年以后才能砍，而且还要接受严格的采伐审批、运输许可等管理，那么三、五年后老百姓对林改就会失去信心。

3. 林业经营主体相对分散

林改后，集体山林分到了千家万户，经营单位增多，经营面积变小，林区每个农户的经营规模多在30~50亩，单家独户不管是造林，还是防火都面临许多困难，而且这与林业生产周期长、需要适度规模经营的特点是相矛盾的。因此，如何提高林业经营的组织化程度，规避小农化经营的倾向，是林改后林业生产面临一项重要课题。

4. 林权登记动态管理难度较大

从技术角度上看，林改虽然是家庭承包责任制从农田向林地的延伸，但面临情况要复杂得多，不仅要落实林地使用权，还要明晰林木所有权和林木使用权，而且林木的生长周期短则几年、长则几十年，在一个承包经营期内可能会发生林木采伐、流转等多次权属变更。从管理角度上看，截止2007年底，明晰产权和确权发证的主体改革任务基本完成，期间已经发生了大量的林木林地流转和林权变更登记。但目前全市乃至全省还没有形成统一的林权登记管理办法和具体的操作规程，各地都还处在探索过程。这些都给林权登记管理带来了很大难度。

五、意见建议

1. 进一步加强组织领导

三明市林改工作虽然取得很大成效，但仍有大量工作需要深化。当前及今后一个时期，要认真学习贯彻中共中央、国务院《关于全面推进集体林权制度改革的意见》（中发［2008］10号）精神，领会精神实质，继续把林改工作列入各级党委、政府的议事日程，调整充实林改工作领导小组，出台深化林改工作的实施意见，细化工作措施，对林改工作进行再动员、再部署，掀起集体林权制度改革的新热潮，确保三明林改工作继续走在全国全省前列。同时，进一步落实中央政策，改革育林基金管理办法，规范用途，督促各县（市、区）尽快把林业行政事业经费纳入一般财政预算，并协调各县（市、区）抓紧成立林权管理机构、林业综合执法队伍，落实编制，充实力量，确保林改工作常年有人抓、抓到位，切实解决“思想认识”和“组织保障”问题。

2. 进一步巩固和完善林改成果

总结提升，就是对已取得的成果特别是经实践证明可行的做法和经验进行总结、完善和提炼，重点做好林权登记、森林资源流转、林木采伐管理制度、林权抵押贷款、林业合作经济组织建设等方面总结，使之规范化、制度化。林权发证，就是组织技术人员和林权权利人到现场进行核对，及时纠错，全面整改，按照“铁证”的要求，尽快将林权证发放到林农手中。对林改中主体改革不够彻底到位的乡村，充分尊重农户意愿，本着“愿联则联，愿单则单”的原则，对联户面积过大、农户又有细分要求的，按照林改政策予以落实，确保林改彻底到位；农户没有细分要求的，则做好联户发证内部权益明晰工作。规范流转，就是按照“限期、限量、现货”办法，规范森林资源流转，防止林农过早过快地失山失地。同时，加强涉林信访矛盾纠纷排查调处工作，妥善处理各类历史遗留问题，特别是对非规范转让森林资源的，通过法律诉求和经济补偿等形式，保障林农群众的合法权益，维护林区安定稳定，解决林改“为了谁”的问题。

3. 进一步加快生态公益林管护机制改革

推行“补偿到户，联合管护”模式，即按照先“均”后“联”再“用”，“均”就是均权、均利，补偿资金直接到户；“联”就是引导林农联合起来，相对集中管护；“用”就是科学利用林地资源和景观资源，开展下套种和非木质利用，增强自我补偿能力。完善生态补偿机制，即按照“谁受益、谁补偿”的原则，从治污资金、水、电、旅游门票收入等方面，逐步扩大生态公益林补偿资金的来源范围，提高社会补偿水平，切实解决生态公益林“怎么管”的问题。

4. 进一步探索林木采伐管理制度改革

商品林采伐处置权的落实，是林改配套政策的核心关键，也是林农群众最关注的热点难点问题。重点是要抓好试点，在永安、沙县、泰宁试点的基础上，扩大试点范围，遵循“分类经营，分区实施”的原则，以编制乡镇或林农联合体的简易森林经营方案为重点，按照林分年龄、申请时间等进行排序，把采伐规划落实到山头地块，并向社会公开，让林农提前知道自己所经营林木何时可以采伐、可以采伐多少，做到心中有数，尽快建立林木采伐管理新机制，解决商品林经营“采伐处置权如何落实”的问题。

5. 进一步推进林权抵押贷款

大力推进面向广大林农的林权抵押小额贷款，加大小额贷款贴息的扶持力度，扩大小额贷款覆盖面。积极开展“村镇银行”建设和森林保险试点。通过承担国家及省定试点任务，协调金融部门和保险机构，加快推进林权抵押贷款和森林保险业务，解决林农群众发展生产“资金来源”和“风险分担”的问题。

6. 进一步提高科技服务林改的水平

推进林木种苗工程，实现基地化采种，工厂化育苗，提高优质种苗率。推进示范带动工程，建立100个各种类型的森林经营示范片（点），以点带面，切实改变林农经营理念和经营习惯。推进林业机械化工程，研发并推广应用新型轻便的造林挖穴机、采伐勾机等林业机械设备，提高劳动工效，提升森林经营水平和森林资源质量，着力解决林农群众“增产增效”问题。

7. 进一步加强林业社会化服务

在完善现有林业要素市场（林业服务中心）同时，推进林业网络服务平台建设，实行网上审批办证和网上咨询服务。先行对将乐、沙县、尤溪、永安等县（市）的林业政务网络进行整合提升，并与手机短信平台相链接，基层工作人员可以将山场调查设计、木材检量等数据，直接发送到网络系统，自动生成采伐、运输证件和统计报表，林农群众可以通过手机短信和网络随时查询办证情况和办理结果。然后，全市12个县（市、区）进行联网和提升，系统提供市场信息、政策信息、科技资讯、证件办理等多项服务，切实解决“如何服务林农”的问题。

8. 进一步强化林业合作经济组织建设

加强对台交流，充分发挥海峡两岸（三明）现代林业合作实验区的平台作用，学习借鉴台湾精致农林产销班的先进模式和成功经验，选择一些有林竹经营特色的乡村与台湾精致农林产销班（农会）“结对子”，开展互动交流、定点指导，形成典型示范。加快林业合作经济组织建设，从行业管理、信贷融资、采伐指标、科技服务等方面给予扶持，积极引导林农在自愿基础上，以资金、技术和亲情、友情为纽带，组建林业合作经济组织或“公司+农户+基地”等实体，建立林木种苗、护林联防等各类专业协会，加强行业自律和行业保护，加快林农合作经济组织的发展，切实解决林改后“林业规模化经营”的问题。

9. 进一步推行林业综合执法

重点规范林业行政许可、林木采伐指标分配、林业执法自由裁量权和林业基金票据监管等内容，强化制度建设和源头预防，把综合执法同规范执法、反腐倡廉及整个林业队伍建设有机结合起来，切实解决林业规范执法的问题。

第二节 林业投融资体制改革

集体林权制度改革主体任务完成后，林农发展林业资金不足的问题日益呈现。如何应用主体改革成果，积极稳妥地开展林权抵押贷款的配套改革，拓宽林业投融资渠道，满足林业发展的资金需求，成为林农及社会各个方面期望解决的一个重要课题。三明市林业部门与金融机构的沟通合作，共同推进林业投融资体制改革，取得了积极的成效。

一、主要形式

三明市在永安、尤溪、沙县开展试点工作的基础上，逐步加以推广。截至 2008 年 6 月 30 日，全市以林权证及林业资源资产抵押贷款累计金额 28. 12 亿元，余额 15. 54 亿元，林权抵押面积 517. 58 万亩。其中林权证质押贷款累计 13. 08 亿元，余额 7. 48 亿元，林权抵押面积 154. 91 万亩；林业资源资产担保贷款累计 9. 32 亿元，余额 6. 06 亿元，林权抵押面积 296. 07 亩；林户联保等方式支持林业开发贷款累计 4. 74 亿元，余额 1. 38 亿元，林权抵押面积 51. 60 万亩；国家开发银行委托贷款累计 0. 98 亿元，余额 0. 62 亿元，林权抵押面积 15. 0 万亩。从总体上看，三明市现已形成永安、尤溪、沙县、泰宁为代表林权抵押贷款的 4 种形式。

1. 设立风险金，开展林权抵押贷款

这种方式是与金融机构合作，以国有资产公司作为借款人，统一向金融机构借款和还本付息。林农和林业中小企业提出贷款申请后，由林业信用协会负责贷款项目的申报和推荐，经国有资产公司受理后，委托森林资源资产评估中心进行评估，国有资产公司对评估结果审查合格后，再委托农村信用合作社联社签订贷款合同，向林农和林业中小企业发放贷款。永安市在推进集体林权制度及其配套改革中，成立贷款评议委员会及林业信用协会，设立开发性金融贷款风险准备金（其中福建省林业厅支持 100 万元，永安市财政注入800万元，共计900万元），并制定一系列的规章制度，与国家开发银行福建省分行签订合作协议，由永安市国有资产投资管理公司作为借款人，统一向开发银行借款和还本付息，国投公司再向林农和林业中小企业发放贷款。截至2008年6月底，开发银行向永安发放贷款14239万元，其中林业中小企业项目贷款7583万元，受益企业18家；林权抵押贷款6656万元，受益林农403户（其中10万元以下的小额贷款697万元，贷款林农130户）。

2. 成立担保公司，开展林权抵押贷款

这种方式是吸纳林业生产经营者或自然人投入资金并作为股东，成立独资或股份制担保公司，公司按金融机构发放贷款额的一定比例收取担保费。林农和林业生产经营者在获得担保意向后，向金融机构申请贷款，经金融机构签署意见（贷款意向书）后，向担保公司提出担保申请，并出示相关文件。受理申请后，但保公司和金融机构对担保项目进行审核，对提供的反担保资产直接评估或由申请人委托有资质的评估机构进行评估。担保公司审核通过后，按审保分离制度和权限审批担保项目和金额。借款人与金融机构签订借款合同，并与担保公司签订担保合同。最后，金融机构发放贷款，担保公司收到放款通知后，正式履行担保责任。2003年底，尤溪县成立“森信林业担保有限公司”，公司主要以林木资产（林权）抵押为反担保，专门为林农和林业企业提供贷款担保，有效解决非公有制林业企业包括家庭林场和林农个体贷款担保难的问题。公司成立以来，与尤溪县信用联社协作，累计担保贷款金额17400万元（其中10万元以下小额贷款120万元，贷款林农15户），余额11500万元，抵押面积19.8万亩，担保公司贷款保证金从100万元扩大到1150万元。清流县也采用这种运作方式，成立“兴林林业担保有限公司”。公司成立以来，与清流县信用联社协作，累计担保贷款金额550万元，余额130万元，抵押面积0.5万亩。

3. 采用直接运作，开展林权抵押贷款

这种方式是林权所有者持林权证直接向金融机构申请贷款。即已取得林权证书的借款人提出贷款申请，经金融机构审核同意后，书面委托森林资源资产评估机构进行林木资产评估，借款人持评估书与金融机构签订借款合同，并把有关文件资料送交县级林权登记管理中心，经审核无误后核发林木他项权证，金融机构收到林木他项权证等有资料后，依照合同发放贷款。该形式完全采用市场化、商业化运作，手续简便，最受林农和林业生产经营者的欢迎。沙县、将乐、泰宁等县基本上采用这种形式。截至

2008年6月，全市直接抵押贷款累计金额达13.08亿元，余额7.48亿元，抵押面积154.91万亩。

4. 直接扶持林农，开展小额贴息贷款

2006年，三明市永安、尤溪和泰宁等3个县（市）被省林业厅和省农信社确定为全省林业小额贴息贷款试点，着力解决林农个体和农村弱势群体贷款难的问题。各试点县（市）及时成立林业小额贴息贷款试点工作领导小组，明确工作分工，加强协调指导，其中林业部门负责宣传发动、调查摸底、预约登记、林权审核等工作；农村信用联社负责林业小额贴息贷款指标安排调剂、贷款业务预约集中办理等工作。在试点的具体工作中，坚持做到“面向群众、手续简便”，最高贷款额度为每户2万元，年贴息3.6%，林木资产免评估，申请人在1个工作日内即可获得贷款。在贷款额度内，农村信用联社采取“一次核定、余额控制、随用随贷、周转使用”的授信管理方法。到2007年底，全市共发放林业小额贴息贷款5336.25万元，贷款林农1786户，林权抵押面积26.07万亩。2008年，林业小额贴息贷款全面推开，全市已发放扶持林业种植业和加工业30万元以下林业小额贷款1.36亿元，落实中央财政贴息林业小额贷款计划1.27亿元。

二、工作措施

推行林权抵押贷款是巩固和扩大集体林权制度改革的重要举措，不仅盘活森林资源资产，真正把山上的活立木变成优质资产、活化资本，而且有力支持林业不同群体特别是林农个体的合理资金需求，解决农村融资难的问题。为此，三明市银林双方加强沟通，密切配合，采取切实有效措施，共同推进林业投融资改革。

1. 建立“双赢”的协作关系

一是由中国人民银行三明市中心支行组织召开商业金融机构分管副行长（副主任）和信贷部经理座谈会，共同探讨林业投融资改革有关问题，三明市林业局就三明林业改革与发展情况做了介绍，各商业金融机构分别就信贷政策、金融产品、服务对象、操作程序等做了全面介绍，做到相互沟通，共同促进林业投融资改革。二是三明市林业局与中国人民银行三明市中心支行达成《三明市林业局、中国人民银行三明市中心支行促进海峡两岸（三明）现代林业合作实验区建设协作备忘录》，在2005年6月26～28日举办的首届海峡两岸（福建三明）林业合作暨投资贸易洽谈会上正式签订。备忘录规定，双方进一步建立部门间的工作联系和协调机制，及时交流情况，研究问题，交换意见，总结经验，共同推进林权抵押贷款、开发性金融合作贷款、“公司+基地+农户”担保贷款和旅游企业未来收益权质押贷款等新品种，加大政策性金融支林力度，共同促进海峡两岸（三明）现代林业合作实验区的建设。三是三明市林业局与中国人民银行三明市中心支行联合制定《关于全面推进林权抵押贷款实施意见》，由市政府转发实施。实施意见对明确林权抵押贷款条件、规范林权抵押贷款程序、构建林权抵押贷款融资和信用平台、加大对林业的信贷投入、认真开展森林保险工作、加强对林权抵押物的监督管理等都做出具体的规定和要求，促进三明市以林权抵押贷款为核心的林业投融资改革的健康、有序发展。

2. 召开银行与企业对接会

2005年6月21日，三明市林业局与中国人民银行三明市中心支行联合召开全市林业企业与金融部门对接会，中国人民银行、中国工商银行、中国农业银行、中国银行、中国建设银行、兴业银行、农村信用社等6家商业金融机构分管副行长（副主任）和信贷部经理、各县（市、区）林业局计划财务、产业发展股长和全市50多家成长型林业企业的董事长或总经理，共计100多人参加会议。中国人民银行福州中心支行信贷处、国家开发银行福建省分行信贷处、省林业厅计划财务处领导专程到会指导并作了讲话。这次对接会是首届海峡两岸（福建三明）林业合作暨投资贸易洽谈会的系列活动之一，会议进行银行和企业之间的广泛对接洽谈。通过洽谈，银行了解林业企业的生产发展状况及贷款需求；企业也了解各商业金融机构的金融服务产品、贷款程序和有关优惠政策。会上，编发《林业企业与金融部门对接会材料汇编》，收集了林业和金融对林业投资有关政策、典型经验、金融对林业信贷业务简介、林业企业简介及资金需求和三明市林产工业产业集群重点建设项目等资料，为林业企业和金融单位提供有价值的参考资料。经过充分协商，当年林业企业与金融部门签约贷款金额9.96亿元，其中短期流动资金贷款0.06亿元，贴现2亿元，其他贷款7.9亿元。

3. 构建林权抵押信贷平台

一方面，建立林权抵押贷款的融资平台。三明市各县（市、区）相继成立林业投融资管理工作领导小组，由政府分管领导及林业、财政、金融等有关部门负责人组成，主要负责林业信贷指导，协调和理顺各金融机构与政府部门之间、金融机构与贷款申请人之间的关系。领导小组下设办公室，挂靠林业部门，主要负责贷款项目的收集、推荐，信用担保机构或担保人的推荐；做好贷款申请人和金融机构之间的资金需求与供给等方面的信息交流；协助贷款申请人做好抵押贷款的申请，抵押物的初审、评估，抵押合同的签订，抵押登记的申请及抵押物占用管理情况的收集等；探索更加简便快捷的融资方式，力求做到既能降低融资成本，又能简化贷款手续，建立符合林业发展特点的信贷模式。另一方面，建立林权抵押贷款的信用平台。

（1）加快推进与林权抵押贷款工作相关的配套改革，各县（市、区）相继成立林权登记管理、森林资源资产评估机构及林木林地林权流转平台。永安市还探索成立林业收储中心，提高林权抵押物的可兑现性。

（2）根据《中华人民共和国担保法》的有关规定，突破传统的担保模式，建立符合林业行业和农村实际的信用担保体系，建立多形式的林农和林业生产经营者贷款担保基金；探索建立国家工作人员担保制度；依托林业合作经济组织、林业中小企业及林业经营大户，成立林业专业担保机构；探索建立以林业中小企业、林农为主要服务对象的互助担保组织，逐步形成林业信贷风险补偿机制，提升信贷支林的整体效益。

（3）建立健全信用等级评定标准，完善林农和林业生产经营者信用档案制度，对信用户实行贷款优先、手续简化、额度放宽、服务优先、利率优惠等措施；对有意逃避金融债务的企业和个人，实行通报、停贷等联手制裁措施，直至追究其法律责任。

4. 加强对林权抵押物的监督管理

三明市各级林业主管部门主动协助做好防范金融风险工作：一是加强森林资源资产评估工作。对拟抵押的森林资源资产评估项目，及时予以核准或备案。二是加强林权登记管理。相继建立健全林权抵押物合法性审核制度、林权流转变更登记管理制度、林权抵押登记管理制度等。三是加强森林资源管理。对已抵押的林木产权或未到林权登记管理机构办理抵押撤销手续的，不得办理林木采伐许可证。四是加强森林资源保护工作。各级森林公安、林政管理、森林防火和森林病虫害防治等部门认真履行职责，进一步做好林权抵押物的监督管理，有效防止减少盗砍滥伐、森林火灾、森林病虫害的发生，确保森林资源的安全。

5. 进一步强化服务意识

三明市 12 个县（市、区）均已成立了林业服务中心，主要职能是开展林木资产评估及转让服务、林权登记变更管理、林木采伐和木材运输办证、林权抵押贷款和林业税费征收等项目，为林农和林业中小企业提供“一条龙”服务。尤溪、清流等县成立担保有限公司，主要以林木资产（林权）

抵押为反担保，专门为林农和林业中小企业提供贷款担保服务。沙县、将乐等县林权登记管理中心积极配合金融机构，根据贷款申请人的林木资产抵押申请书、林权证、林木资产抵押借款合同、林木资产评估书、本人身份证等有关文件，为金融机构和贷款申请人核发《林木他项权证》，提供高效便捷服务。

【链接】三明市人民政府《转发中国人民银行三明市中心支行、三明市林业局关于全面推进林权抵押贷款的实施意见的通知》（明政文［2005］111号，2005年9月30日）

各县（市、区）人民政府、市直有关单位：

经市政府研究，同意中国人民银行三明市中心支行和三明市林业局联合制定的《关于全面推进林权抵押贷款的实施意见》，现印发给你们，请认真贯彻实施。

附件：中国人民银行三明市中心支行和三明市林业局《关于全面推进林权抵押贷款的实施意见》。

为深入贯彻落实《中共三明市委、三明市人民政府关于加快林业发展，建设绿色三明的决定》精神，创新林业投融资体制，破解农村投融资的难题，不断巩固和扩大集体林权制度改革的成果，特制定如下实施意见。

一、明确林权抵押贷款条件

凡已取得县级以上人民政府颁发的全国统一式样的《林权证》书，且无山林权属纠纷的用材林、经济林、薪炭林的林木资产及其林地使用权和采伐迹地、火烧迹地的林地使用权均可作为林权抵押贷款标的物。对已划为生态公益林、权属不清或存在争议的林木资产和国家规定不得抵押的其他林木资产不能用于抵押贷款。以集体所有的林木资产抵押的，必须经集体经济组织代表会议或村民代表会议通过；以有限责任公司、股份有限公司的林木资产抵押的，必须经董事会或股东会通过，但企业章程另有规定的除外；以共有的林木资产抵押的，抵押人应当事先征得其他共有人的书面同意；以国有单位林木资产抵押的，须经有权批准的机关审批。

二、规范林权抵押贷款程序

严格按照国家林业局颁布的《森林资源资产抵押登记办法（试行）》有关抵押贷款程序规定，遵循既要方便林权所有者贷款，又要防范金融风险的原则，简化林权抵押贷款程序。结合我市实际，对当前正在开展的设立风险准备金、成立林业担保公司、实行市场直接运作等三种林权抵押贷款方式，提出具体操作程序。同时，鼓励有关部门与金融部门合作开展其他合规的林权证抵押贷款新模式。

（一）设立风险准备金，开展林权抵押贷款。该方式是与金融机构合作，以国有资产公司作为借款人，统一向金融机构借款和还本付息。林农或林业中小企业提出贷款申请后，由林业信用协会负责贷款项目的申报和推荐，国有资产公司受理后，委托森林资源资产评估中心进行评估，国有资产公司对评估结果审查合格后，委托农村信用合作社联社签订贷款合同，向林农和林业中小企业发放贷款。

（二）成立林业担保公司，开展林权抵押贷款。该方式是吸纳林业生产经营大户投入资金并作为股东，成立独资或股份制担保公司，公司按金融机构发放贷款额的一定比例收取担保费，林农和林业生产经营者在完成担保程序后向金融机构申请贷款，经金融机构签署意见（贷款意向书）后，向担保公司提出担保申请，并出示相关文件。受理申请后，担保公司和金融机构对担保项目进行核实，对提供的反担保资产直接评估或由申请人委托有资质的评估机构进行评估。担保审核通过后，按审保分离制度和权限审批担保项目和金额。借款人与金融机构签订借款合同的同时，担保公司与借款人签订担保合同。最后，金融机构发放贷款，担保公司收到放款通知后正式履行担保责任。

（三）实行市场运作，林权直接抵押贷款。该方式是林权所有者持林权证直接向金融机构贷款，程序简单方便。已取得林权证书的借款人提出贷款申请，经贷款金融机构同意后，书面委托森林资源资产评估机构进行林木资产评估，借款人持评估书与借款金融机构签订借款合同，并把有关资料送交县级林权登记管理中心，经审核无误后，核发林木他项权证，金融机构收到他项权证等有关资料后，依照合同发放贷款。

三、构建林权抵押信贷平台

各县（市、区）林业主管部门要进一步加强与金融机构的协调配合，按照林业和金融业的特点及运行规律，探索建立既方便金融机构拓展支林信贷业务、有效控制金融风险，又更加贴近林业生产经营者和林农需要的林业信贷平台。

（一）建立林权抵押贷款融资平台。成立林业融资管理工作领导小组，领导小组由政府分管领导及林业、财政、金融等部门负责人组成，主要负责林业信贷指导，协调和理顺各金融机构与政府部门之间、金融机构与贷款申请人之间的关系。领导小组下设办公室，挂靠林业部门，主要负责贷款项目的收集、推荐，信用担保机构或担保人的推荐；做好贷款人和信贷机构之间的资金需求与供给等方面的信息交流；协助贷款人做好抵押贷款的申请，抵押标的物的初审、评估，抵押合同的签订、抵押登记的申请及抵押物占用管理情况的收集等；探索更加简便快捷的融资方式，力求做到既能降低融资成本，又能简化手续，建立符合林业发展特点的信贷模式。

（二）建立林权抵押贷款融资信用平台。一是加快推进与林权抵押贷款融资业务相关的配套改革，尽快成立林权登记管理机构、森林资源资产评估机构、林权流转平台和林业信用协会，为林权抵押贷款融资提供基础保障。二是根据《中华人民共和国担保法》的规定，突破传统的担保模式，建立符合林业行业和农村实际的信用担保体系，建立多形式的林农和林业生产经营者贷款担保基金；开展国家工作人员担保制度；依托农村各类林业合作经济组织、林业中小企业及林业经营大户，成立林业专业担保机构；探索建立以林业中小企业、林业经营大户为主要服务对象的互助担保组织，逐步形成林业信贷风险补偿机制，提升信贷支林的整体效益。三是建立健全信用等级评定标准，完善林农和林业生产经营者信用档案记录制度，对信用户实行贷款优先、简化手续、额度放宽、服务优先、利率优惠；对有意逃废金融债务的企业和个人实行通报、停贷等联手制裁措施直至追究其法律责任。

四、加大对林业的信贷投入

各县（市）人民银行要根据当前林业发展的特点，制定对林业信贷支持的实施意见，综合运用再贷款、再贴现、利率、同业拆借和窗口指导等各种货币工具，加强对林业信贷政策的协调和配合，切实加大对林业发展的有效信贷投入，促进森林资源培育和林业产业发展。要做好人民银行对农村信用社改革的资金支持试点工作，促其转换经营机制，同时还要用好支农再贷款，使其成为县域金融支持林业发展的主力军。各商业银行要提高认识，采取切实有效措施，加强授权授信管理，加大对林业的信贷投入，力争全面实现对全市林业行业贷款不低于贷款总额的8%，并且要逐年增长。要根据林木资产质量状况合理确定抵押率，并尽可能地提高比率，但最高不得超过70%。同时，要适当下放贷款审批权限，简化贷款手续，实行限时办结制度，切实提高办事效率。

五、认真开展森林保险工作

林业受自然气候条件的影响很大。开展森林保险，有利于增强林业抵御风险的能力，促进林业的稳定发展；有利于开拓森林保险市场，拓宽保险业服务领域；有利于改善林业投融资环境，降低林权抵押贷款融资的风险。按照《福建省林业厅、福建保监局、中国人民银行福州中心支行关于开展森林保险试点工作的通知》要求，积极开展森林保险试点工作，在试点取得经验后，以点带面，逐步推广。各试点县（市、区）应成立由当地林业主管部门、中国人民银行和中国人民财产保险股份有限公司分支机构有关成员组成的工作协调小组，负责制定森林保险试点方案，认真组织实施。森林保险按照低保费、低保额、保成本的原则，在考虑林业生产经营者和保险公司双方承受能力的基础上，确定保险的费率和保额。要以林业企事业单位、造林大户及申请林权抵押贷款人为主要试点对象，逐步带动农户参与投保。同时，借助媒体广泛宣传森林保险的意义和知识，提高林业生产经营者投保的积极性，为森林保险试点工作的开展营造良好的氛围。

六、加强对林权抵押物的监督管理

各县（市、区）林业主管部门要明确职责，积极主动协助金融机构做好防范金融风险工作，一是加强森林资源资产评估工作，对拟抵押森林资源资产评估项目予以核准或备案。二是加强林权登记管理，建立健全林权抵押物合规性审核制度、林权流转变更登记管理制度、林权抵押登记管理制度等。三是加强森林资源管理，对未到林权登记管理机构办理林权抵押证明书的，不得办理林木采伐许可证。四是加强森林资源保护工作，各级森林公安、林政管理、森林防火和森林病虫害防治等部门要积极配合做好林权抵押物的监督管理，有效减少盗砍滥伐、火灾、病虫害等灾害的发生。

三、初步成效

1. 促进了林农对林权证的认识和观念的转变

林业融资平台的建设，林权证真正发挥了产权证的效应，通过林权证抵押贷款等盘活森林资源，促进森林资源有效合法流转，使林农手中活的森林资源资产变为活的资金，林农和林业企业可以通过林权证抵押贷款用于森林资源培育，促进林业发展。这就使林农更加重视林权证，也更加爱护所拥有的森林资源资产。

2. 促进了林农造林育林观念的转变

随着林权证抵押贷款的开展，金融投资的示范带动效应迅速显现，激发林农和社会各个方面投入林业的积极性，特别是林农造林积极性空前高涨。2007 年春季全市植树造林总面积达 41.08 万亩，其中个人投资造林面积 26.5 万亩，占总面积的 64.5%，创历史新高，比 2003 年 13.64 万亩增加 194.3%。同时，由于资金有了保障，林农企业形成了敢于先从负债经营到高投入，再到高产出、高回报的良性的经营管理循环，真正实现了林改后资金流、技术流、信息流向营林业集聚。

3. 促进了社会办林业氛围的形成

随着林业融资平台建设和完善，尤其是随着银行资金的带动和示范效应的发挥，参与林业项目建设成为我市林改后社会投资的热点，促进了林业投资多元化格局的形成。三年来，通过项目业主投资、银行融资、林农直接投入及各级财政补助，全市向林业投入资金达72亿元，大量的科技项目、优秀人才和农村劳动力转向林业开发，为三明林业产业发展注入了前所未有的活力和动力。

4. 实现了林农增收和林业增效的目标

林业建设资金不断的注入，增强了林业产业发展的活力，林产工业得到了快速发展，推动林业要素市场的发育，拉动木竹原料价格的提升，从而有力地带动林农的持续增收，2007年全市农民人均林业纯收入1195.2元，增幅70.2%，成为农民增收最快的领域之一。同时，促进林业产业和林业新兴产业快速发展。2007年，全市规模以上林产工业发展迅猛，新增规模以上林业企业70家，累计达到326家；实现规模以上林产工业产值110.58亿元，比增42.4%，并呈现逐年加速的良好态势。

5. 实现了银企与林农的多方共赢

通过林业信用平台的建设，促进金融部门信贷机制的创新，进一步拓宽银行资金的投放领域，探索降低和规避金融风险的有效办法，提高银行资金的运营效果。全市现有国家开发银行、农村信用合作联社、中信实业银行、中国农业发展银行和中国农业银行等商业金融机构开展林权证抵押贷款业务，增强金融资金对“三农”工作的贡献，实现了银企与林农和林业企业的多方共赢。

四、意见建议

通过林业投融资改革的不断推进，有力地促进三明林业的加快发展，但也存在的一些问题。主要表现在：一是贷款期限还不适应林业生产特点，贷款期限短与林业生产周期较长的矛盾仍较突出。二是资金规模满足不了林业发展的实际需要，不少地方出现了贷款资金紧张的现象。三是林权抵押贷款的手续还较繁琐，贷款门槛过高，特别是林农及农村弱势群体的贷款仍较难。四是融资成本还比较高，包括贷款利息、担保费、评估费等综合年利率近1%，林农负担仍较重。五是森林保险业务的开展还不普及，林业收储中心也尚未全面建立，金融机构仍然存在一定的思想顾虑。针对上述问题，建议银林双方进一步加强沟通合作，本着“大胆探索、逐步规范”的原则，采取切实有效措施，认真加以解决。

1. 建立健全银林双方合作机制

开展以林权抵押贷款为主要内容的林业融资改革，涉及面广，政策性强，是一项十分复杂的工作。在推进过程中，建议不断完善金融机构与林业部门的会商制度，建立健全银林双方定期或不定期沟通的领导决策协调机制，明确具体的办事联络机构，采取共同组织调研、签订银林合作备忘录、编发银林供需资料、召开座谈会和对接会等多种形式，交流林业融资改革进展情况，及时研究解决遇到的困难和问题，确保林业融资改革健康有序推进。

2. 切实加快林权流转市场建设

坚持以永安林业要素市场为龙头，在各县（区）林业服务中心基础上加设分市场，并逐步实现全市联网，为林农提供林权登记、流转、变更、供求信息等服务，规范林木林地产权流转行为。今后，各县（市、区）所有的林木林地流转行为，原则上应在全市统一的平台上发布信息，由永安林业要素市场及各分市场进行公开流转拍卖。同时，建议以县（市、区）为单位，抓紧筹建成立林木林地收储中心。收储中心原则上由政府与企业合作组建，允许贷款抵押人在一定期限内赎回，确无能力赎回的，经拍卖后将偿还贷款后剩余部分返还贷款抵押人，在防范金融风险的同时，维护林权所有者的利益。

3. 积极创新林权抵押贷款模式

认真总结近年来探索出的林权直接抵押、担保公司担保、农户联保、政府信用、企业资产抵押等贷款模式，分析各种模式的利弊，并针对当地实际加以推广。积极创新林权抵押贷款的新模式，当前可重点探索推广“五户联保＋林权证统管”模式，就是在农村“五户联保”的基础上，将申请贷款林农的林权证集中起来作为反担保，弥补五户联保没有抵押物的缺陷，破解林农这个弱势群体贷款难的问题。

4. 探索林农小额贷款扶持机制

降低林农小额贷款的准入门槛，简化贷款手续，实行林权证直接抵押，完善森林资源评估、登记手续，尽量降低评估费用，也可以通过制定每亩林木可放贷的最低标准，免于评估，直接贷款，以解决林农弱势群体评估费用高、贷款难的问题。可以采取集中办贷、送贷上门的做法，有条件的地方金融机构可与林业部门配合实行“一站式”服务，在时间上给予优先办理。对林权抵押贷款利率给予适当优惠，不浮或者少浮，不得一浮到顶，并积极向上争取各种贷款贴息资金，降低林农贷款成本。

5. 规范完善林业行业管理服务

加强对林木林地权属管理和服务，认真履行“一个确认、两个承诺”制度，即：确认林权证的真实性与合法性，承诺在抵押贷款期间所抵押的林木未经押权人同意不予发放林木采伐许可证、不予办理林木所有权和林地使用权转让变更手续，以保障抵押权人的合法权益。强化对森林资源资产评估工作的指导和监督，规范评估操作程序，建立评估责任追究机制，防止评估人员在评估过程中出现重大疏漏、弄虚作假等违法行为。创新林木采伐管理制度，选择国有林场、国有林业采育场、企业自办基地和家庭合作林场先行开展森林经营方案编制和实施工作试点，取得经验后，向全市推开，真正把林木采伐处置权和收益权落实给林农，切实放活商品林经营。对林权抵押贷款逾期未还贷的，林业主管部门积极协助金融机构做好抵押物的处置工作，对符合林木采伐条件的，优先安排林木采伐指标，确保林业信贷资金及时回收。

第三节　森林资源流转规范

随着社会主义市场经济的逐步发展，人们的市场意识不断增强，曾经作为特殊商品的森林资源，也逐渐登上了市场交易的舞台，并且从无到有，从暗到明，从少到多，逐步形成一种市场，特别是在推进集体林权制度改革中，森林资源流转日益活跃，成为林改配套改革的一个重要内容，引起了政府的高度重视和社会的密切关注。三明作为我国南方重点集体林区，以其优越的自然条件和丰富的森林资源，成为森林资源流转市场最早的孕育地和发展较为迅速的地区之一。

一、历史背景

1988 年 4 月，国务院批复同意将三明集体林区列入全国农村改革试验区之后，三明市即把培育和完善森林市场作为首批改革试验项目之一，选择 4 个乡镇作为试点，重点探索森林产权的界定、价格的评估、转让的方式和程序等，制定了《三明市森林市场管理试行办法》。1992 年，福建省林业厅将森林资源转让作为全省重点调研课题，在三明开展调查研究，形成《福建省森林资源转让规范意见》，印发全省试行。三明又结合实际，制定

《三明市林木和林地流转暂行规定》。虽然这时森林资源流转有了政策文件依据，但仍具有较大的自发性和盲目性，市场的发展呼唤着流转法规的诞生，推动着林业立法进程。

1994 年，福建省林业厅在总结试行经验的基础上，将《福建省森林资源转让规范意见》修订为《福建省森林资源转让条例（讨论稿）》，并继续在三明开展试验，着重探索森林资源转让的范围、程序及其管理办法，使《福建省森林资源转让条例（讨论稿）》得到进一步完善。1997 年 7 月 30 日，省人大常委会通过并颁布施行《福建省森林资源转让条例》（简称《条例》），这是我国第一部单独就森林资源转让行为进行立法的地方法规。《条例》对森林资源转让的范围、程序、审批机关等作了严格的规定，对规范森林资源转让行为、维护转让双方的合法权益、促进林业健康有序发展起到了重要的作用。但由于《条例》在立法指导思想上偏重于行政管理，在审批环节和评估程序上的有关规定偏多、偏严，在具体实践中没有得到很好的执行。随着集体林权制度改革的推进和国家相关法律法规特别是《中华人民共和国行政许可法》的出台，《条例》已不太适应林业发展新形势的要求，亟需作相应修改。

2005 年 9 月，省人大常委会重新修订《福建省森林资源转让条例》，并于 2005 年 12 月 1 日起施行。修订后的《福建省森林资源流转条例》取消林业主管部门对森林资源流转的审批环节，简化流转的程序，强化流转后的权属管理。除对国有、集体的森林资源流转作一些特别限定外，对个人、合资合作等的森林资源流转决定权、流转方式的选择权等未做限制，由权属主体自行决定。新条例以其科学性和可操作性，为进一步规范森林资源流转行为提供了新的有力的法律依据。2005 年 12 月 29 日，三明市人民政府制定下发了《关于加强森林资源流转管理工作的意见》，明确森林资源流转的程序、要求，推进森林资源流转的健康发展。

【链接】三明市人民政府《关于加强森林资源流转管理工作的意见》（明政文［2005］113 号，2005 年 12 月 29 日）

各县（市、区）人民政府，市直有关单位：

森林资源流转是社会主义市场经济发展的必然产物，是搞活林区经济、促进社会合理分工、提高林业经营效益的一项重要工作。在林木林地产权明晰后，森林资源流转形式日趋多样，供求双方对流转有着更为迫切的要求。但从多年来的实际运作看，由于管理不到位，监督不得力，服务跟不上，一些地方在流转过程中出现“暗箱操作”，造成集体资产流失；一些经营者将森林资源随意转让，出现运作不规范、行为不合法等问题。为了贯彻落实《福建省森林资源流转条例》（以下简称《流转条例》），规范森林资源流转管理，巩固和扩大集体林权制度改革成果，加快林业发展。现就加强森林资源流转管理工作提出如下意见：

一、认真抓好《流转条例》的学习、宣传和实施工作

《流转条例》已由省十届人大常委会第十九次会议于2005年9月29日修订，并于2005年12月1日起施行。《流转条例》的修订施行，对于规范森林资源流转行为，保障流转的出让和受让双方当事人的合法权益具有重要意义。新修订的《流转条例》，进一步明确森林资源流转的范围，简化森林资源流转的程序，强化森林资源流转后的权属管理。

（一）认真抓好学习。各级政府及林业部门要从实践"三个代表"重要思想的高度，把贯彻实施《流转条例》作为一项重要工作，认真组织学习《流转条例》，深刻领会其重大意义和所包含的实质内容，准确理解和把握《流转条例》的有关规定，做好《流转条例》的实施工作。

（二）广泛宣传发动。各地要加大《流转条例》的宣传力度，重点要面向农村基层和广大林农群众，采取知识问答、小册子、专栏等各种形式，让广大林农充分了解森林资源流转的各项规定，做到知法守法，减少森林资源流转的盲目性。

（三）切实履行职责。各级林业部门要切实履行《流转条例》赋予的职责，建立健全各项工作制度，依法规范森林资源流转的评估、监督和档案管理，做好森林资源权属变更登记等工作，促进森林资源的有序流转。

二、依法规范森林资源流转行为

各地要严格按照《流转条例》的有关规定，依法规范森林资源流转行为。

（一）鼓励和引导林农耕山致富。对于通过家庭承包方式取得的林木所有权和林地使用权的村集体经济组织成员，要鼓励和引导他们按照"耕者有其山"的原则要求，自耕自育山林，重视森林资源培育，提高集约经营水平，不得造成林地抛荒和失管，严格规范二次流转和中幼龄用材林流转。要切实防止过度炒作，防止出现大量林农新的"失山失地"问题，严禁未经确权发证就私下流转，坚决制止中间商上门入户进行套购、倒买倒卖等违法行为。凡是没有依法登记确权发证的山林，不得进行产权流转，已经发生的流转行为不予认可，不得为其办理林权变更登记。

（二）加强集体林流转的管理监督。对于村集体的森林资源流转，应尽可能满足本村大多数人的耕山要求，按照先村内后村外的要求，充分考虑

当地村民的出路和能力，因地制宜，划小经营面积，采取合适的流转方式和办法，不得抬高流转门槛，并由乡镇政府及纪检部门进行必要的监督。依法流转后，当事各方签订的森林资源流转合同，应当明确森林资源经营措施，受让方必须加强经营管理，凡是经营管理不力，造成林地抛荒、失管或粗放经营的，林地所有者应责成其改正，并依照合同规定进行处理。

（三）妥善处理集体拨交林地的流转问题。对于国有单位或乡镇林场经营集体拨交的林地，其林地使用权的流转应征得林地所有者的同意，并明确受让方上缴林地使用费的标准和方式。

三、建立健全森林资源流转的运行机制

在基本完成明晰产权的主体改革后，各地要积极搭建森林资源流转的产权交易平台，建立统一、顺畅、高效的产权交易市场，促进林业生产要素的合理配置。

（一）加快林业服务中心建设。各县（市、区）要抓紧组建林业服务中心（林业要素市场），解决好场所、人员、技术、设备等问题，制定相适应的具体管理办法和产权交易操作细则，积极为流转的出让和受让双方提供交易信息、指导签订流转协议、办理流转林权变更登记等服务，尽快建立政策咨询、产权交易、登记发证等多功能的“一站式”服务大厅，集中办公，实现一条龙服务，方便林农办事。同时，要加强产权交易网络建设，实现市、县（市、区）、乡（镇）一体化、网络化管理，逐步实现全市联网。

（二）健全林业社会化服务体系。各级林业部门要建立健全森林资源评估、伐区调查设计、木材林产品检验等服务机构，积极引进民间资本发展各种林业中介服务机构，引入市场竞争机制，面向基层、面向林农，为林农提供优质、高效、便捷的服务。

（三）坚持做到依法依规办事。森林资源流转行为应当遵循合法、自愿、公开、平等、诚信的原则。要引导林农和林业生产经营者在当地的林业服务中心内进行交易，充分发挥市场机制作用，实现公平合理流转，切实防止“暗箱操作”、私下非法交易和各种欺诈行为。

四、妥善处理森林资源非规范流转问题

各地要对过去森林资源流转行为的合法性、有效性认真进行审查认定。本着尊重历史、面对现实、民主协商、妥善解决的原则，认真处理森林资源非规范流转的问题。

（一）明确各时期适用的法规政策。对于1997年7月30日《福建省森林资源转让条例》颁布实施前转让行为的有效性，按照1988年12月26日省政府发布的《福建省集体林业用地和林木承包管理办法》的有关规定进行认定。对于1997年7月30日《福建省森林资源转让条例》颁布实施后的转让行为，应按照该条例规定的转让范围、转让程序、转让管理，从程序和实体上进行依法认定。对于2003年3月1日《农村土地承包法》正式施行后及集体林权制度改革期间的流转行为，必须按照有关法律法规和深化集体林权制度改革的相关政策规定进行认定。

（二）妥善解决历史遗留问题。凡是合法、规范的森林资源流转行为，让出和受让双方当事人的合法权益受法律保护，依法予以确权发证。对于流转行为合法，但某些条款不完善或流转价格明显不合理的，由双方协商调整，签订补充合同后，给予确权发证。对于流转行为不合法，且流转价格明显不合理的，不得给予确权发证。对于流转行为不合法，但流转价格合理且流转面积不大的，可根据实际情况，经村民民主讨论通过，继续由原受让者经营，并在规范流转程序后，给予确权发证。对于流转面积大、归大户经营或群众意见大、反映强烈的各种非法流转行为，必须依法予以查处，坚决打击违法行为，切实保障村集体和村民的合法利益。

五、切实加强对森林资源流转的正确引导

我市大部分地方村民对山地依赖性较强，林改中坚持“耕者有其山”的目的和原则，是让广大林区群众有山可耕，保障林农的持续就业和增收。为此，各级政府及林业部门要切实加强对森林资源流转的正确引导。

（一）正确处理好森林资源流转与“耕者有其山”的关系。各地在开展森林资源流转工作中，要做到适时、适度。适时，就是因势利导，在出让和受让双方协商一致的基础上签订合同，办理相关流转手续，做到水到渠成。适度，就是要把握好限期、限量和现货的原则。限期，就是流转时不中断原承包关系，不出让整个承包期，林地使用权在林木主伐后还给原林业经营者。限量，就是林农在流转其所属的林木和林地使用权时，手中仍保留一定比例的股份，或与企业合作办基地。现货，就是转让已经办理了林木采伐许可证的成熟林，采伐后迹地归还原林业经营者。防止林地使用权流转后林农生活无着落等不稳定因素的出现。

（二）正确处理好森林资源流转与林区安定稳定的关系。要继续广泛深入地做好深化集体林权制度改革政策的宣传工作，准确理解改革的本质要求，依法规范林农对山林的处置权。要结合当地实际，认真分析、研究当前和今后森林资源流转可能出现的新情况、新问题，提出进一步规范的对策措施。要严肃查处干部利用职务之便参与青山买卖行为，坚决遏制中间商倒买倒卖、低价套购林农山林的活动，维护林区正常的产权流转和林农群众的合法权益，确保林区的安定稳定。

二、基本做法

在集体林权制度改革中，三明市森林资源流转出现了新的变化、新的发展。全市森林资源流转累计面积443.15万亩，其中国有林流转42.46万亩，乡村集体林流转305.13万亩，林农个人或联合体森林流转95.56万亩。

1. 坚持分类指导，做好对历次改革的“回头看”

在集体林权制度改革中，首先以村为单位开展历次改革中森林资源流转情况的“回头看”。主要围绕三个方面：一是看农民群众的满意程度，广大林农对历次改革的具体反映，各种经营承包和流转合同的执行情况。二是看执行法律和政策的准确程度，改革程序是否合法，大多数村民是否依法享有本村集体林木所有权、经营权和林地使用权，有否随意中止或更改经营承包和流转合同，改革期间集体林木折价转让收入和承包经营后林地使用费、林木承包经营分成收益等使用管理是否规范。三是看从业务技术操作的规范程度，改革所形成的技术资料与林权登记发换证工作所需资料是否相衔接，不同经营类型的产权定性是否准确，各种合同是否规范，改革档案是否齐全。在“回头看”的基础上，对于符合有关法律、法规和政策，大多数群众满意的流转形式，予以“巩固确认”；对产权不够明晰或者合同不够完善，但经营状况良好、群众意见不大的经营形式，加以“完善提高”；对于问题较多、程序不合法、群众反映强烈的，则进行“重新改革”。

2. 严格依法依规，有效处理森林资源非规范转让

从林改前的实际运作看，除大中型企业和国有林业单位受让林木能按照《福建省森林资源转让条例》操作外，大部分乡村集体林转让行为不够规范。特别是不少经营者将林木林地进行多次的转让，出现随意性大、运作不规范、行为不合法等问题。在林改中，三明市针对非规范转让森林资源实际情况，按照以下办法进行处理：一是对于转让行为合法，但转让合同的某些条款不完善或转让的价格明显不合理的，由双方协商作适当调整。二是对于转让行为不合法，且转让价格明显不合理的，认定所签合同无效，不得给予确权发证，列入“重新改革”的范围。三是对于转让价格合理的，但转让行为不合法，仍认定所签合同无效，列入“重新改革”范围。但如转让面积不大，经村民民主讨论同意，继续由原受让者经营，在转让程序

方面依法进行完善。四是对于一些“暗箱操作”，出现权力股、暗股或搞低价转让等非法流转行为，则依法予以查处，切实保障村集体和全体村民的合法利益。如永安市洪田镇黄龙村一片面积为119亩的杉木人工林，第一次由村委会自行组织招标转让，因程序不规范被“串标”，起标价19万元，结果成交价仅19.3万元，群众反映强烈，洪田镇林权流转监督管理领导小组及时介入，将该起流转改为在镇林权登记管理分中心进行公开招标，最终转让费达27.1万元，比第一次招标转让价提高7.8万元，增幅40.4%。据统计，全市林改前非规范转让面积49.06万亩，已完成清理非规范转让面积43.81万亩，增收让利款3166万元。

3. 搭建交易平台，建立健全林业产权流转机制

在推进集体林权制度改革过程中，三明市坚持公开、公平、公正和依法办事的原则，积极搭建林业产权交易平台，真正赋予林农处置权，以处置权的落实促进收益权的实现。永安市建立了全省全国首家林业要素市场，其他11个县（区）也相继建立林业服务中心，促进森林资源依法有序流转。各县（市、区）还积极建立健全林业科技法律咨询中心、森林资源资产评估中心、伐区调查设计中心和木材林产品检验中心等服务机构，为林农提供高效、便捷的服务。目前，全市共有7家经批准的森林资源资产评估机构，资质等级均为“丙级”。

4. 强化组织引导，防止森林资源过度流转

在推进集体林权制度配套改革中，做到既支持森林资源流转，又要防止过度炒作，尤其要防止出现林地使用权流转后林农生活无着落等不稳定因素的出现，关键要把握好“度”，把各项工作做实做细。三明市具体采取“限期、限量、现货”的办法加以解决：一是限期，即根据当地山林状况，规定同一片山林从上次流转到下一次流转的合理期限，流转中不中断原承包关系，林地使用权在林木主伐（1~2个轮伐期）后还给原承包经营者，确保林地在这个时期内能得到有效投入和管理，保护发展森林资源。二是限量，就是林农在流转其所属的林木和林地使用权时，手中仍保留一定比例股份，与企业合作办基地。如永安市森发技贸有限公司，在按照规范化股份公司运作的同时，采取“合作林农、共同管理”的经营模式，即在受让林农原承包山场的同时，根据林木评估价值提留10~50%作为出让林农合作经营的股权，双方签订合同，明确合作期限与权益比例。三是现货，就是转让已经办理林木采伐许可证的近成过熟林，采伐后迹地归还原林业生产经营者。同时，限定受让方资格，即受让方必须有稳定的收入来源和

林业生产经营能力，以保证流转后的山林能够得到继续的投入和管理。

5. 放宽放活经营，促进森林资源的合理流转

按照林业分类经营的要求，在管严管好生态公益林的同时，探索放宽放活商品林经营的具体措施和办法。一是切实改进森林采伐限额管理制度，落实林农和林业生产经营者依法采伐林木的处置权。经国家林业局及省林业厅的同意，永安市开展“商品林中的人工林实行按小班面积控制采伐”试点，沙县高桥镇中的人工商品林及泰宁县下渠乡中的天然商品林也开展按面积控制采伐试点，即改革现行按蓄积、材积控制采伐量为按面积控制采伐量，通过按面积审批采伐和监督实施更新造林，放宽放活商品林的采伐管理。二是进一步规范森林采伐限额指标分配办法，适应集体林权制度改革后森林经营主体多元化的新情况。三明市人民政府于 2007 年 10 月 20 日出台了《关于规范林木采伐计划分配和使用管理意见》，增强了林木采伐计划分配的科学性和透明度。三是全面清理规范林政资源管理的各项规定。凡超出法律法规、自行设定的审批办证项目，一律予以取消；凡与上级出台的政策相矛盾或已经过时的管理规定，立即进行清理并停止执行，努力营造宽松的林业发展环境。

三、初步成效

从三明市的实践看，通过森林资源的流转，有效缩短林业经营投入产出周期，有利于吸引社会资金向林业集聚，提高林业生产经营的规模化水平，盘活森林资产，搞活林区经济，促进了三明林业又好又快发展。

1. 加快林业生产周期运转，促进林业经济的平稳发展

在林业发展中，如何解决林业经营周期长、投入大、见效慢、风险高的问题，是一个难点。通过森林资源流转，可以将林业经营的长周期分割成若干个较短周期，从而一改林业生产的投入、产出周期短则十年，长则数十年的发展局面，缩短林业生产经营后续投入时间，加速资金的周转速率，最终降低了林业经营的风险性，促进了林业经济的平稳发展。同时，林农也不再担心林业经营周期长、政策变动而影响经营收入，消除他们的顾虑，为林业生产经营注入新的活力。

2. 加快林木资产有序流转，促进林区社会合理分工

允许林木林地流转的政策和法规出台后，以森林资源的有效流转为主要渠道，林农无需采伐便可把山上活林木变成活资金，从而实现林木资源的快速资产化，提高林业资本经营的水平，盘活了森林资源，并调动林业

生产经营者的积极性。在林业经营活动中，一些林农因迁居、从事其他行业或成过熟林主伐而无力经营的，可通过流转及时变现，既保证了经营者的利益，又促进了林区社会的合理分工。

3. 加快林业产业融资进程，促进社会资金的有效配置

在森林资源流转的过程中，社会各界有机会参与林业的投资与经营，这种大范围融资经营的方式，不仅有利于林业经营主体的多元化，而且有利于吸纳社会上的一些闲散资金，整合一切经济优势，共同发展林业经济。林改以来，三明市通过林权抵押贷款投放林业资金达28.12亿元。

4. 加快林业经营规模化形成，促进资源的优化配置

通过森林资源流转，一些善于从事林业经营的林农可以让森林资源在他们手中发挥更大的优势，在促进林业生产要素的合理流动和资源的优化配置的同时，不断扩大林业生产经营的规模，甚至专门从事林业生产经营，最终形成林业经营规模化的整体格局。这就有利于他们更加重视先进生产技术和经营管理经验的运用，使林业增长方式由粗放型向集约型转变，从而更加有力地促进林业生产力发展。

5. 加快林业产业结构调整优化，促进林业经济快速发展

通过森林资源流转，有利于林业产业结构调整和优化。一些善于从事森林资源培育的林农和林业生产经营者，通过集约经营获得最大的收益。一些木材加工企业通过流转获得木材等原材料，保证正常生产。在林农自愿的基础上，有利于培育家庭联合经营、委托经营、合作制、股份制等多种形式的林业经营实体；引导龙头企业与林农建立起“公司+基地+农户”等形式的新型合作模式，结成利益共同体，实现互利共赢。一些不善于、也不愿意经营林业的农户在获得原始资金的基础上，可以转到别的行业领域，促进农村经济的协调发展。

四、存在问题

三明市森林资源流转虽然有了很大发展，但目前仍然处于初级阶段。由于过去监管不够到位、管理不够有力，流转工作仍存在不少的难点，有待进一步加强引导和规范。

1. 非规范流转造成的矛盾隐患凸显

早期，由于管理经验的不足、地方性法规的不完善以及政策指导不够到位，导致在森林资源流转的过程中存在着很多不规范，甚至部分地方还出现权钱交易、暗箱操作的现象，造成集体森林资产的流失，群众意见较

大，埋下了很多隐患。随着集体林权制度改革的深入推进，林业产业快速发展，林木林地价格持续上涨，一些历史遗留问题逐渐暴露出来，给林业发展带来不安定的因素。

2. 流转市场和中介服务仍有待完善

目前，全市12个县（市、区）虽然都已经建立林业要素市场或服务中心，并相互联网、互通信息，但大部分硬件和软件设施不够健全，有的宣传也未到位，广大林农群众对如何进入中心进行流转也不够了解，最终导致中心无法真正发挥其功能作用。同时，全市9个森林资源资产评估机构也由于技术力量有限，难以真正起到为广大林农提供优质快捷服务的作用，真正懂专业的、有资质的林业服务中介组织还比较欠缺。全市大部分地方在森林资源流转过程中，还是通过流转双方踏查目估方式进行估价，流转价格核定标准不科学，容易产生估价不合理现象。

3. 规范流转的法律法规政策宣传力度不够

省、市相继出台了规范林木林地流转的法律法规，但还有部分偏僻地方存在宣传盲点。随着林业产业的发展，林木经营收益有着明显的提高，许多投机商利用与林农群众之间的信息不对等，进行倒卖山林的投机行为，严重影响林业生产经营的正常秩序。一些真正想耕山的单位和个人却由于资金短缺而难以有大的作为，从而不利于林业再生产的长远发展。同时，价格的虚高使许多群众盲目参与到投机炒买炒卖的行列，在不自觉中加快林农的失山失地，给林区今后健康、稳定发展埋下了隐患，带来了诸多消极影响。

五、意见建议

从市场经济发展大方向和社会城镇化水平不断提高的角度看，森林资源流转是现代林业发展的必然要求。因此，三明市将进一步加强对森林资源流转行为的引导和规范，确保森林资源的有序流转。

1. 切实加强流转市场的规范性建设

近年来，三明市加强规范性森林资源流转市场的建立和运作，各级各有关部门加强领导，强化措施，认真研究制定具体的工作方案，努力促进森林资源规范、有序流转。一方面，在流转市场的硬件设施建设上，建立集信息平台、林权登记、森林资源流转信息库、中介服务、法律政策咨询于一体的林业服务中心。另一方面，在市场的软件建设上，建立全市统一的流转中心制度章程，方便林农办事，努力把三明建设成为区域性森林资源流转中心。

2. 妥善解决非规范流转的遗留问题

历史上遗留下来的森林资源流转隐患和问题，认真对待，并积极寻求妥善解决问题的办法。全面调查摸清集体林权制度改革前的林木林地流转情况，并对接当时的法律法规和政策，对每宗森林资源流转进行认真分类和排查，凡合法规范、群众没有意见的，应予以确认，切实维护森林资源流转双方的合法权益；凡群众不满意的、意见较大的非规范流转，认真分析原因，依法依规妥善处理。

3. 稳步开展林木林地资源收储工作

继续推进林木林地收储中心筹建，积极探索更加简便快捷的融资模式，创新贷款担保机制，提高林业贷款项目的市场化运作水平，负责收储开展林权证抵押贷款过程中出现的“呆账”林木，并探索开展森林保险业务，主动协助做好金融风险的防范工作。同时，林木林地收储中心还应积极参与流转交易，方便流转实现，并对收储的林木进行监管和处置等，进一步增强林木林权的变现能力，接受社会监督，实实在在为林农服务，从而促进林业经济的健康发展。

4. 积极推进流转中介组织的建设

如今，森林资源流转已成为林木经营不可或缺的关键环节。为了更好地服务广大林农群众，确保森林资源流转更便捷、更安全、更有效地实现，必须积极推进流转中介组织的建设。当前，在建立健全各类中介组织，并切实加强监督管理的同时，大力培养从事森林资源资产评估工作的专业技术人员，壮大森林资源资产评估机构。完善激励机制，鼓励专业技术人员以各种形式成立林业司法物证鉴定、林业法律政策咨询、林业技术指导中心等服务机构，并逐步形成网络，不断满足森林资源流转市场发展的需要。

5. 大力维护林区的稳定与和谐

进一步做好集体林权制度改革政策的宣传工作，准确理解改革的本质要求，依法规范林农对山林的处置权。结合当地实际，认真分析、研究当前和今后森林资源流转可能出现的新情况、新问题，提出进一步规范的对策措施。严肃查处少数干部职工利用职务之便，参与组织青山买卖行为，坚决遏制个别投机商倒手买卖、低价套购群众山林的活动，维护林区正常的产权流转和林农群众的合法权益，确保林区的稳定与和谐。

第四节　林业合作经济组织建设

在集体林权制度改革主体任务基本完成后，林业的生产方式、经营模式、组织结构发生了深刻变化，林农拥有林木所有权、经营权、处置权和收益权，成为林业经营的主体。但如何面对改革后林农“单家独户”的生产经营格局和林权单位相对分散、面积变小、生产成本加大、抵御自然灾害能力降低等问题，解决千家万户小生产与千变万化大市场矛盾，提高林地生产力，是配套改革面对的一个重要课题。各地的经验表明，建立林业合作经济组织是顺应改革后林业发展规律，推进林业规模化、集约化经营，提高林业组织化程度的有效途径，也是现代林业发展的必然要求。

一、主要形式

开展集体林权制度改革以来，三明市各地出现了形式多样的林业合作经济组织。截至2007年底，全市共组建林业合作经济组织691个，经营面积315.60万亩；各类林业专业协会368个；护林联防组织578个，联防面积2045.61万亩。归纳起来主要有以下五大类型：

1. 家庭合作林场

以亲情、友情和技术、资金为纽带，引导林农将林改中承包到户的山林，与其他农户自愿组合，成立家庭合作林场。家庭合作林场的山林由林农共同经营管理，或委托其中个别农户经营管理。林场经营所得利润按农户入股山林资产比例进行分配。如永安市贡川镇红安村在林改后，以邓庆田为主的7户林农于2004年4月创办了家庭合作林场。总股份为100股，总股本50万元，其中7户股东的山林面积为1040亩，折价40万元，占80%；股东现金入股10万元、占20%。该20%的股金作为合作林场启动和运转资金。同时，为确保股份合作林场的运作，设立理事会、监事会，制定《家庭合作林场章程》。这种做法在当地起到了带头作用，目前规模正在进一步扩大。这种模式可实现适度规模经营，解决林改后产权分散带来的经营困难，化解经营风险，提高经济效益。

2. 股份合作制林场

林农将承包到户或通过林权流转收购的山林，经资产评估后折成股份，成立股份合作制林场。山林由股东共同经营管理或由股东会聘请人员经营管理。林场经营所得利润按农户入股山林资产比例进行分配。如永安市西洋镇虎山合作林场由 15 位股东参与成立，按照股份制企业的管理运作模式成立股东会、董事会、监事会等机构，股东以自己拥有所有权的山场评估后作价出资，并按所出资的比例承担责任和分配收益。同时，15 位股东按出资比例另外筹集资金 100 万元，作为林场流动资金，主要用于林场日常开支、交纳税金、管护费用等。股份合作林场建立后，林场始终坚持“能人经营”的管理理念，注重吸收在林木培育、销售、经营管理等方面有长期实践经验的能人参与，实现培育、砍伐、销售一条龙的经营目标，每年木材销售量达 1 万多立方米，既实现产、供、销的一体化，又增加林场的经营收入。同时，林场坚持跨行业、多元化的发展思路，不仅培育经营森林，而且投资房地产、购并矿泉水开发股权等，获得较高的回报与经营利润。

3. “公司 + 农户 + 基地”合作型林场

由企业与联合体（农户）签订合作协议，明确双方职责。联合体（农户）经营的山场作为企业的原料林基地，企业负责为农户提供资金支持、技术指导和产品销售等服务。如永安林业（集团）股份有限公司与村集体、林农、股份合作林场合作，合作方无偿提供林地并负责管护，新造林的 30% 所有权归合作方，70% 归公司。合作方提供的林地包括荒山荒地、采伐迹地或有林地。有林地经评估或协商后确定林木价值，由永林公司付给合作方。现有林木采伐后，采伐迹地也按“三七”模式合作。合作方要求以现金或现有林木的转让费与公司共同投资造林，则按双方的投资比例对 70% 的林木所有权进行再分配。

4. 林业专业（行业）协会

引导林农和林业生产经营者组建各类专业（行业）协会，如护林防火协会、竹业协会、林木种苗协会等。尤溪县西城镇三车林场场长谢绍棋牵头组建的三车林场护林联防协会于 2003 年 9 月正式成立。协会会员由成立之初的 12 名增加到现在的 28 名，联防的山林面积现有 41070 亩。协会设会长 1 人、副会长 3 人，下设扑火油锯专业队 1 支 8 人，快速扑火队 10 支 89 人，配备油锯 8 台以及其他扑火工具。协会制定了《护林联防章程》、《扑火预案》和《森林病虫害防治预案》。会员按参加联防的山林面积每亩 0.2 元交纳会费，所收取的会费专项用于森林火警、火灾的扑救工资和森林病虫害的联防联治费用。会费开支由全体会员共同监督使用，当年会费有节余的，次年可相应降低收取额度；当年会费不足的，按参加联防的山林面积分摊补足。联防山场发生火灾，除了向当地森林防火指挥部及时报告外，还须及时通知会长，由会长根据山场火情状况，调度协会会员带领油锯专业队和快速扑火队参加扑救。协会成立以来，在森林火灾预防和扑救中逐步呈现出机制灵活、运作高效的特点。

5. 精致农林产销合作组织

依托海峡两岸现代林业（三明）合作实验区平台，引进、传承、嫁接台湾新品种、新技术、新工艺和台湾农会、产销班先进营销管理经验，逐步培育形成乡村精致农林产销合作组织。如明溪县夏阳乡紫云村是一个平均海拔850米的高山村，正是利用其独特的地理位置，建立反季节蔬菜产销班，取得了很好的效益，农民入社的积极性因此大大提高。沙县南霞乡茶坪村多为火山岩地貌，既有发展农业的优越自然条件，又有松柏岩、老虎洞等自然景观，还有“神仙洞”、马氏真仙庙等人文景观，适合休闲度假，2007年底茶坪特色农业专业合作社成立，下设水生养殖产销班、有机米产销班、油茶产销班、蔬菜产销班、柑橘产销班、竹业产销班、休闲产销班及爱玉子产销班等8个产销班。

二、工作措施

1. 加强组织领导

2005年10月，三明市政府下发了《关于建立健全林业社会化服务体系，促进林农合作组织发展的意见》（明政文［2005］110号）。2007年8月，三明市林业局又下发了《关于推进林业合作经济组织建设的实施意见》（明林综［2007］102号），对林业合作经济组织建设提出具体的目标、任务和措施，要求各地加快林业合作经济组织建设步伐，引导林农走联合经营、规模经营的路子，提高经营管理水平，促进林业发展。三明市成立了林业合作经济组织建设领导小组，各县（市、区）把发展林业合作经济组织列入重要议事日程，根据当地实际，研究制定发展林业合作经济组织的规划，按照“政府引导、林农为主、市场化运作”的总体要求，加强对发展林业合作经济组织工作的指导、引导和服务。通过对经营管理方式的创新，扶持林业合作经济组织的规模化发展，以此提升林业产业化发展水平。

2. 因地制宜选择模式

林地是三明农民赖以生存的重要生产资料。各县（市、区）在深化集体林权制度改革和发展林业合作经济组织的过程中，尊重农民意愿，坚持把维护林农利益放在首位，防止企业或大户大量收购山林，避免因森林资源无序流转造成大量林农失山失地，影响林区社会稳定。在具体操作上，引导和鼓励林农因地制宜选择合作模式，既可以实行家庭合作林场模式，也可以实行股份合作制林场模式，并允许跨村、跨乡镇、跨县域组建，充分依托当地资源优势，因地制宜地选择具有当地特色的产业作为优先发展项目。

3. 加大政策扶持力度

三明市制定各种优惠政策扶持林业合作经济组织发展。对符合条件的林业合作经济组织予以林木采伐指标单列，优先安排；申请林业贴息贷款的，优先予以推荐。对林业合作经济组织开展种苗服务，提供林木良种，开展育苗技术指导，对符合国债等财政扶持项目条件的良种繁育基地和种子检验仪器设备给予优先安排申报，并对更新造林予以适当的资金补助；制定培训计划，培训林业合作经济组织的业务骨干和能手；对运作规范、成效显著的各类林业合作经济组织，每年由市林业局组织评选并表彰奖励。

【链接】三明市人民政府《关于建立健全林业社会化服务体系，促进林农合作组织发展的意见》（明政文［2005］110号，2005年9月30日）

各县（市、区）人民政府、市直有关单位：

为了深化集体林权制度及其配套改革，更好地服务林农，搞活农村经济，特提出以下意见。

一、目的意义

我市是南方重点集体林区，林业是主导产业，是广大农民最重要的经济来源。建立健全林业社会服务体系，加快林农合作组织建设，对于提高林业经营组织化程度，实现林业规模化、产业化经营，增强林产品竞争力，促进林业发展和林农增收具有重要意义。一是推进集体林权制度及其配套改革的需要。林改后，林业的经营单位和经营面积相对比较分散，要实现更大的效益，就必须走规模化、集约化经营的路子，提高经营管理水平。二是促进农村经济结构调整优化的需要。林农合作组织活跃于市场与生产者之间，能及时捕捉市场信息，掌握市场动态，传递市场信息，指导林农按市场需要组织生产。三是提高林农组织化程度的需要。通过发展林农合作组织，促使一大批农村致富能手、专业大户加入，把分散经营的农户联合起来，共同抵御和防范自然与市场两大风险，实现小生产与大市场的有效对接。四是优化配置林业生产要素的需要。通过林农合作组织，把农村劳动力、林地、技术、资源等生产要素的流动重组和优势整合，实现林业资源优化配置，提高林业生产的整体效益。

二、指导思想、基本原则和工作目标

指导思想。坚持以邓小平理论和“三个代表”重要思想为指导，以集体林权制度改革为基础，以促进林业增效、林农增收为目的，按照边发展边规范、以规范促发展的思路，着力引导其增强自身活力和服务功能，努力提高广大林农进入市场的组织化程度和参与市场竞争的能力。

基本原则。以产权明晰为基础，坚持民主自愿、多种形式共同发展，由林农自愿自主地参加劳动合作、技术合作、营销合作和资本合作，实行“民办、民管、民受益”。

工作目标。在2005年底之前，各县（市、区）完成各种林农互助合作组织和行业协会试点，2006年各种合作组织和行业协会乡村覆盖面达30%以上。

三、主要任务和要求

集体林权制度改革后，要尽快建立以明晰产权经营为基础、统分结合的双层经营体制，通过建立健全林业社会化服务体系，组建林农合作组织，协调林业各生产环节间的关系，加快林业发展。

（一）建立健全林业社会化服务体系。各县（市、区）林业部门要抓紧组建以“三化”为主要内容的林业社会化服务体系建设：一是建立网络化的服务组织。在县（市、区）建立服务平台（以林业服务中心、林业要素市场为主要形式），在乡（镇）建立服务协会，在村建立服务分会，形成县、乡、村一体化，互动互联，网络化的服务构架，主要承担林业服务职能和部分协调管理职能，为林业生产、林权流转提供全方位服务；二是建立专业化的协会。按照“民办、发管、发监督、发受益”的原则，鼓励和引导建立以专业化、区域化为主要特征的林业行业协会；三是建立社会化的中介机构。主要是围绕林业生产经营，建立森林资源评估中心、木竹检尺中心、伐区设计中心等。为广大林农和林业生产经营者提供方便快捷的服务。

（二）培育新型的林业合作经济组织。在明晰产权、林农自愿和明确利益的基础上，坚持以亲情、友情和资金、技术为纽带，以家庭联合经营、委托经营、合作制、股份制等形式，培育一批新的林业经营实体，加强互助合作、行业保护、自律管理，将生产、加工、流通等环节紧密地连结起来，解决一家一户难以办到的事情，推动林业经营规模化、专业化、集约化，提高经营管理水平。同时，引导林业龙头企业与林农建立新型的合作关系，共建工业原料林基地，培植“产供销一条龙”、“公司＋基地＋农户＋市场＋科技”和“林纸、林板一体化”等合作模式，在不断提高森林资源利用率的同时，带动一方经济发展和林农致富。

（三）成立各类专业协会。各县（市、区）要根据森林资源状况和产业发展格局，引导林农联合组建林木种苗花卉、笋竹业、护林联防、森林病虫害防治、林产品加工营销等专业协会，并发展乡镇分会，积极引导、吸收林农会员。各协会要制定章程，完善服务功能。林木种苗花卉、笋竹业、林产品加工营销等协会要在行业规范、信息服务、竞争战略、营销决策等服务，发挥其应有的作用；护林联防、森林病虫害防治协会应开展森林防火、病虫害防治等知识的宣传普及，建立群防群治的长效机制，共同防御森林灾害，维护森林安全。

四、主要措施

（一）落实有关扶持政策。各级各有关部门要认真贯彻落实党中央、国务院有关促进农民专业合作组织发展的政策措施，支持林农专业合作组织发展，专业合作组织经营规模达到有关规定的，可以单独编制森林经营方案，单列采伐限额指标。

（二）抓好典型示范。各县（市、区）要认真总结当地各类专业协会、合作组织的试点经验，抓好示范建设，发挥示范效应，推动林农合作组织的发展。县、乡财政要给予适当的资金扶持，扩大扶持试点范围，增强服务效能，引导更多的林农参与和办好合作组织。

（三）形成服务网络。在各县（市、区）成立服务中心，乡（镇）成立分中心，分别负责本辖区内的服务项目，并通过信息联网等手段，实现资源共享，上下沟通，左右协调；在县、乡、村三级分别成立林木种苗花卉协会、科学育林协会、竹业协会、护林联防协会、森林病虫害防治协会、林产品加工营销协会等，明确各级协会的职责权限和各自分工，召开联席会议制度，定期进行沟通，逐步形成分工明确、协调有效的服务网络。同时，加强林业信息网络和技术推广体系建设，依托林业服务中心，办好96355林业服务热线，为广大林农和林业生产经营者提供方便快捷的服务。

（四）加强业务指导。各级林业部门要帮助和指导林农合作组织制订章程。章程主要应当载明组织的宗旨和原则，成员资格、加入和退出的条件，成员的权利和义务，组织机构的设置及其职责等事项。要指导林农合作组织加强成员大会、理事会和监事会等“三会”制度建设，坚持定期召开成员代表大会，理事会和监事会要按时向成员大会书面报告当年度组织发展、业务经营、财务收支、盈余分配和监督审计等情况，确保林农合作组织及其成员的利益不受侵犯。

（五）开展培训宣传。各级林业部门要制定培训计划，按照分类指导、注重实效、方法灵活的要求，培训林农合作组织的业务骨干和能手。通过培训教育，提高各级业务技术骨干指导林农合作组织发展的水平，增强林农合作组织带领群众共同致富的本领。组织开展各种形式的宣传活动，努力营造关心支持林农合作组织发展的社会氛围。

（六）强化组织领导。各级各有关部门要高度站在贯彻落实“三个代表”重要思想和建设全面小康社会的高度，重视和支持林农合作组织的建设。要明确任务，落实责任，加强和充实业务力量，使林农合作组织发展的指导管理工作制度化。要理清思路，把握重点，深入基层调查研究，制定具体措施，推进林农业合作组织健康有序发展。

三、初步成效

经过几年来的实践探索，三明市在林业合作经济组织建设这一重要的配套改革项目上取得了积极的进展，积累了一定的经验。

1. 实现了适度规模经营

通过建立林业合作经济组织，把千家万户的生产者组织起来，既借助组织的力量发展生产，又保证林农的生产积极性，形成了一个个联系密切的利益共同体，使农民从单户生产走向合作经营，有效防止小农化经营的倾向，实现林业规模经营、集约经营。如永安市西洋镇虎山合作林场所包括的股份林农由最初的 15 户扩大到现在的 86 户，现有经营面积 1.6 万余亩，把分散经营的个体联合成一个整体，统一组织生产、销售，实现了规模效益，为全体股东提供了合理丰厚的回报。

2. 提高了经营效益

通过发展林业合作经济组织，吸收大批农村致富能手、专业大户加入，把分散经营的农户联合起来，即把农村劳动力、林地、技术、资源等林业生产要素流动重组和优势整合，实现林业资源的优化配置，提高林业生产的整体效益。通过林业合作经济组织共同抵御和防范自然与市场两大风险，实现小生产与大市场的有效对接，林农的经营效益得到明显的提高。如梅仙镇脐橙合作社成立后，入社农户从 8 户发展到 126 户，市场价格从 1.5～2 元/500 克提高到现在的 2.5～3 元/500 克，销售收入从 60 万元增加到现在的 200 多万元。

3. 确保了组织成员的稳定收益

林农通过加入林业合作经济组织在相关的制度章程的保护下，明确了自身的收益权，如采取股份合作制经营的林场，就明确了股权结构和利益分配方式，规定组织的成员均可同等获得收益，保护老、弱、病、残等弱势群体的权益。

4. 充分发挥了能人的作用

通过林业合作经济组织，一批懂经营、善管理的能人加入其中，使合作组织经营管理水平进一步得到提升，也使能人自身的价值得到充分体现。

5. 强化了森林资源的保护

通过成立护林联防协会，各类股份合作制林场，有效减少了森林火灾、盗砍滥伐、森林病虫害的发生。同时，林农加入林业合作经济组织成为共同组织的成员之一，减少了因经营界限不清、林木采伐时开设集材道需占用林地、农地等引发的纠纷，维护林区安定稳定。

四、存在问题

林业合作经济组织建设是一项长期、复杂的工作，其内容涉及方方面面，不可能一蹴而就。三明市在林业合作经济组织建设上虽然取得一定的进展，但也存在着一些困难和问题。主要表现在：

1. 覆盖面不够广

虽然涌现出一批家庭合作林场、股份合作制林场、专业协会、经济林合作社以及公司＋基地＋农户等新型合作组织、合作模式，但覆盖农户数不多，大部分农户还是单家独户、分散经营，影响经营效益的提高。

2. 组织结构不够紧

由于林农法律意识淡漠，林业生产周期较长、经营效益很难在短时间内显现出来，再加上林业合作经济组织所制定的章程约束力不是很强。因此，林业合作经济组织结构相对比较松散，一旦林业合作经济组织对林农失去吸引力，则很容易解散。

3. 实力不够大

林业合作经济组织大多是由承包到山林的农户通过山林折价入股后形成的，受农户自身经济条件的限制，许多林业合作经济组织只能维持现有的经营规模，难以对外扩张、发展壮大。

4. 科技意识不够强

一些林业合作经济组织虽然实现了规模经营，但受到人才匮乏、科学经营意识不强等因素影响，仍然采取较为粗放的经营方式，影响了经营效益的提高。

5. 政策扶持不够到位

如林业合作经济组织注册登记需要提供全体合作或发起人签名、身份证复印件等材料，这对大量劳动力外出务工的农村很难做到。再如工商、税务部门在鼓励农民创办林业合作经济组织时虽有税费优惠政策，但无具体的实施细则。

五、意见建议

1. 进一步统一思想认识

有些人认为林业合作经济组织的发展、组建各种专业协会是农民自己的事情，政府没必要管得太多。由于林业生产周期较长、经营效益很难在短时间内显现出来，对于林农来说，在明晰产权基础上联合起来的积极性不高。因此，政府在推进林业合作经济组织建设上，需要寻找到一种“粘合剂”—把林农联合起来创办林业合作经济组织的积极性调动起来的“粘合剂”。进一步统一思想，充分认识林业合作经济组织是推进林业产业化经营的重要载体，是增加林农收入的有效途径，牢固树立扶持林业合作经济组织就是扶持林业、扶持农村、扶持农民的观念，加强领导，精心指导，积极推进林业合作经济组织的发展。

2. 充分尊重农民的意愿

在引导林业合作经济组织发展过程中，各级政府及有关部门应做到引导而不强迫，扶持而不干预，参与而不包办，坚持林农自愿、政府倡导的原则，通过制定优惠的政策和安排一定的扶持资金来引导和支持，在农民自愿的前提下来规划发展，不能强制性安排。把帮助农民增收作为工作出发点，与农民一道算清经济帐，关键让农民得利。同时，帮助林业合作经济组织建立社员代表大会、董事会、监事会等“三会”制度，规范组织内部运作，构建真正的社员利益共同体。

3. 倡导林业合作经济组织理念与做法

就教育培训方面而言，应建立涉及到组织中的每一个人的多层次的培训网络。主要分四个层面进行。一是县、乡、村干部要参加市里举办的农林产销班培训班，学习台湾农民产销班的组织形式、经营理念、管理模式、运作方式和现代营销等方面知识，增强发展农林产销班的信心和决心。二是农林产销推广工作人员、农林产销班基层辅导人员、班干部进行专业培训，如经营管理、组织理念、产销成本、记账技巧与分析、产销制度、产品市场选择、市场（消费）导向及产销效率等知识技能训练。三是在产销班里务工人员，要对他们进行面对面地、手把手地教他们生产过程中的生产操作技术，只有这些人理解和掌握了操作技术，才能保证先进的生产技术真正应用于农田。四是对产销班周围广大农民群众的宣传教育，使他们能够支持配合产销班开展工作。在教育培训的方式方法方面，对干部和管理者主要采用封闭式的专业培训；对产销班里的务工农民主要是在田头地边集中进行现场培训，一事一训，一技一训；对广大农民群众，主要依靠广播电视、报刊等大众传播方式进行面上教育。

4. 落实优惠政策扶持发展

首先是加大财政资金的扶持力度，督促各级财政从每年的农村发展基金、各种惠农惠林资金中划出一部分，作为扶持林业合作经济组织、产销班发展的专项资金，专项扶持林业专业合作经济组织、产销班在组建初期的产销班知识的普及推广、业务培训以及相关基础设施配套等方面的建设。其次是强化金融信贷扶持，国家政策性金融机构和商业性金融机构应当采取多种形式，为农民专业合作社提供多渠道的资金支持和金融服务，从根本上突破农民专业合作组织“融资难”的“瓶颈”。第三是引导扶持品牌建设。支持农民专业合作经济组织申报无公害基地、无公害产品、绿色食品和有机食品认证，引导农民专业合作组织强化品牌意识，申请注册农产品商标和地理标志，维护其经济利益，提高农产品附加值，切实增加收入。

5. 建立林业合作经济组织的经营示范

典型的示范辐射非常重要，它往往能起到事半功倍的作用。应选择经济条件好、合作意识强、林农素质高的乡村，开展试点示范工作。对原有的林业合作经济组织要进一步扶持完善，使其按照专业合作社的要求规范运作；对即将组建的林业合作经济组织，各级林业、农业等部门应提供指导、咨询和帮助。

第五节　林业社会化服务体系建设

随着集体林权制度改革的不断深入，旧的管理体制越来越不能适应新时期林业发展的要求。为此，逐步建立以管理、执法、服务三大职能为主的林业管理新体制，实现政府管理从直接介入转向加强宏观指导、依法行政和提供公共服务上来，成为新时期林业工作的重要内容。

一、历史背景

2005年11月，三明市在全省率先完成明晰产权的主体改革任务之后，集体林木林地产权基本落实到人到户、到联合体或村民小组，确立了林农在集体林经营中的主体地位，极大地激发了林农造林育林护林的积极性。同时，林权结构也发生了很大变化，出现了经营主体多元化，经营形式多样化，形成千家万户独自经营林业的局面，林农要求获得服务的项目更多、要求更高，愿望更加迫切，现有林业经营管理体制已不能适应新形势下林业发展的要求，林业社会化服务方面面临着一系列新情况和新问题，主要表现在以下几个方面：

1. 传统林业管理体制与千家万户林农要求获得服务的现实不相适应

在传统林业管理体制下，林业部门直接介入到林业生产经营的各个方面，从种苗、造林、病虫害防治、林木采伐到木材销售等都由林业部门具体操办，职能不明确，向社会提供服务的主动性不强。林改后，产权明晰到千家万户，林农成为林业生产经营的主体，在种苗、资源培育、管理、生产销售等方面要求林业部门提供高效、便捷的全方位服务。在新的形势下，传统的林业经营管理不能满足广大林农的需求，构建完善的林业社会化服务体系成为林业发展的客观要求。

2. 林农对科技服务的需求更加强烈

由于历史原因，林农受教育的程度普遍较低，科技文化素质不高，对法律法规政策了解不够。林改后，林农获得了属于自己的森林资产，耕山育林积极性高涨，但如何科学经营管理，切实提高经营效益，为大部分林农所困惑。大部分林农对林业知识了解不多，缺乏技术和管理经验，从种苗、整地、造林、管护、采伐利用等各个环节都迫切需要得到全方位、多层次的科技服务。

3. 林农对信息的需求更为迫切

森林资源只有进入流通市场，才能使死的资产变成活的资本。在流转交易过程中，由于林农对市场信息的了解和掌握不够，出现信息不对称，致使利益受到损失。如永安洪田镇洪田村，有两片条件基本相同的人工林，在采伐权流转时，一片山场的业主对市场信息的了解较多，采取招标方式，每亩山场卖到 1180 元，而另一片山场的业主由于缺乏市场信息，每亩仅卖到 760 元。搭建广泛的信息和交易平台，实现资源共享，成为林农的迫切要求。

总而言之，集体林权制度改革后，林业发展获得了从未有过的机遇，同样也面临着严峻的挑战，如何创新林业微观经济基础，实现资源生产要素优化配置，优化林业社会化服务体制等显得尤为重要。统筹推进各项配套改革，加快林业服务体系建设，实现林业宏观经济改革与微观经济改革相协调，是进一步深化集体林改革，加快林业发展，实现林业跨越式发展的当务之急和必然要求。

二、主要做法

构建新型林业社会化服务体系是集体林权制度配套改革的重要内容，直接关系到主体改革成果的巩固提高。在大力推进主体改革的同时，三明市积极探索各项配套改革，加快构建新型林业社会化服务体系，改革内容主要有：加大科技服务力度，加强林业服务中心建设。经过不断探索和大力推进，三明市在构建新型林业社会化服务体系方面获得创新突破。

1. 林业服务中心及其内部机构建设

2004年10月，永安市成立了全国首家林业要素市场，全面履行林业对外综合服务的职能。随后，三明市其他11个县（区）先后成立了林业服务中心，有些地方延伸到乡镇，全市共成立乡镇分中心72个。2006年，全市林业服务中心成功实现联网。据统计，全市县级林业服务中心共落实编制151人，实际在岗105人。林业服务中心内设若干职能机构，主要包括森林资源资产评估、伐区调查设计、木材林产品检验、木竹交易、野生动植物鉴定、有害生物检验、林业科技法律咨询和劳动力培训等中介服务机构。全市有7个县（市、区）成立专门的林权登记管理机构。同时，大部分地方将林木采伐证、木材运输证等证件办理、林业金费征缴等也纳入中心运作与管理。金融部门也在中心设有林权抵押贷款办事窗口。

2. 林业服务热线和科技服务

2005年，三明市林业局成立林业服务热线（96355）指挥调度中心。县、乡两级也相应成立林业服务热线中心和工作站，开通96355林业服务热线，负责本管辖范围内的林农和林业生产经营者来电、来函问题解答和科技、法律法规政策咨询。目前，全市12个县（市、区）基本开通96355林业服务热线，市、县、乡三级林业服务热线网络基本建成。两年多来，共接到、解答林农咨询热线服务电话20万多人次。积极开展“科技入户”工程，鼓励林业科技人员进入林业生产第一线，进村入户，与林农直接见面，将最新科技成果送到千家万户。自2003年来，市、县两级林业局共举办和各类林技员培训班200多期，参训人员达1.5万多人次，大大提高了林农科技文化素质。

【链接】永安林业要素市场

2004年，永安市在全国率先成立林业要素市场。市场占地面积14131平方米，其中市场主体建筑占地面积1650平方米。市场内设立林权登记管理中心、森林资源评估中心、木竹交易中心、林业法律与科技服务中心、林业劳动力培训中心（简称“五个中心”），是集信息发布、交易实施、中介服务于一体的林业综合性管理与中介服务机构。

市场的主要职责是：①负责全市林木林地权属的登记和动态管理、林权流转管理、林权抵押管理；②开展森林资源资产评估服务；③收集、发布林权流转交易、林权证抵押、市场交易行情等相关信息；④撮合林业生产要素流转、交易；⑤提供林业法律、法规、政策的咨询服务；⑥组织培训、提供林业科技服务等。

林业要素市场的建立，为林业经济的市场化发展提供了一个崭新的平台：①规范林权的流转特别是活立木的流转，使林木资产实现资本化。目前，全市累计实现林权流转面积29.03万亩，交易金额26782万元；②林权证抵押贷款通过林业要素市场职能作用的发挥得到实现。全市林权证抵押贷款、林农林权联保贷款、林业中小企业联保贷款等林业贷款达15977万元；③建立信息与技术服务平台，保护林农的合法权益，满足林农对实用技术的需求；④提供木竹交易与市场中介服务的平台；⑤促进政府职能转变。林改后，林业部门围绕执法、服务和管理三大职能，精简机构，转变职能，分流了近1/3的人员到要素市场，从事服务管理工作，实现政府部门由管理为主向服务为主的职能转变。

三、初步成效

经过几年来的实践探索，三明市在林业社会化服务体系这一重要配套改革项目建设上获得了积极的进展。主要体现在：

1. 搭建林业综合服务平台，为林农提供全方位服务

在推进集体林权制度改革进程中，三明市各县（市、区）相继成立林业要素市场或服务中心，对外提供森林资源资产评估、伐区调查设计、木材及林产品检验、木竹交易、劳动力培训等中介服务，受理和办理林木采伐证、运输证、检疫证等证件和征收林业金税费，免费提供科技法律咨询，开展林权登记管理，办理林权抵押贷款，发布森林资源流转市场供求信息。经过几年运作和不断完善提高，林业服务中心功能不断完善，管理科学规范，运作效率高，服务质量好，为林农提供高效、便捷的服务。林业服务

中心的建立，为林业市场化发展提供了一个崭新的平台，规范了林木林地流转特别是活立木的流转，使林木资产实现了资本化，林权抵押贷款得以实现；搭建了信息、技术和交易服务平台，保护了林农的合法权益，满足了林农对实用技术的需求，同时促进了政府职能转变。

2. 加大科技投入和劳动力培训力度，提高林业科技含量

林改后，林业经营成果好坏与林农自身利益直接相关，林农比以往任何时候都更加关注科技、需要科技、渴望科技。“种什么?”、“怎么种?”成为林农最迫切希望得到帮助的问题。如何提高经营效益，成了林农关注的热点。“把山当田耕、把竹（林）当菜种”的经营理念开始深入人心，学科技、争效益，讲发展、求致富成为农村的新时尚。面对千家万户林农对林业科技的强烈需求，林业部门积极采取措施，加大对林农的科技培训力度，组织农村林技员、农村致富能手、科技致富能人等举办形式多样的培训班，重点讲授林业基础知识、林木优良种苗繁育、高效造林技术、法律法规政策、现代林业知识等内容，提高林农科技文化素质，科技成果在林业中得到广泛应用。同时，利用海峡两岸（三明）现代林业合作实验区平台，邀请台湾专家举办知识讲座，传授台湾先进经验，学习借鉴台湾精致农林产销班经验，加快林业发展。实施“科技入户”工程，组织科技人员下基层，进村入户，与农户“结对子”，将科技成果直接送到田间地头，千家万户，做到“送一批实用技术、带动一批科技示范户、致富一方百姓”。目前，全市建立竹林示范户1435户，面积达2万多亩。通过林业服务热线搭建服务信息平台，在林业部门与广大林农之间架起一条快速、准确、便捷、双向交流的服务桥梁，及时解答林农咨询的问题，满足林农对科技的需要。完善市、县、乡林业科技推广网络体系，切实提高科技服务的覆盖面。

四、改革难点

林业社会化服务体系建设是政府职能转变的具体体现，在转变的过程中仍面临着不少困难和问题。

1. 思想认识不到位

集体林权制度改革是一件新鲜事物，社会各界看法不一，特别是对配套改革的开展，思想认识不到位。有些人认为，林业社会化服务体系建设是一个长期的过程，主体改革刚完成又马上推进，操之过急了。而有些人认为，为广大林农提供服务是政府的职责，林业社会化服务体系建设完全是政府及有关部门的事，农民起不了什么作用。

2. 推进难度比较大

林业社会化服务体系建设涉及的内容多，情况复杂。随着改革的不断深化，林农的需求不断增加，要求更高，服务内容也将发生变化。当前，林业社会化服务体系建设还处在初始阶段，在林业服务中心建设、森林资源流转等方面有所突破，但许多方面还很不完善，功能服务满足不了林农的需要，受多方因素影响，推进的难度还较大。

3. 构建林业经营管理新体制还需要一个过程

由于长期受计划经济体制的影响，政府职能转变需要一个过程，政府职能机构设置还没有及时调整，新的林业经营管理体制尚未建立健全，现行林业经营管理体制不能适应新时期林业发展的需要，林业社会化服务职能尚未得到充分履行。

4. 政策突破难

林业社会化服务体系建设作为配套改革的重要内容，其牵涉到许多部门，在政策上要得到支持，才能获得好的成效。森林资源流转，评估机构和人员的资质认定等需要财政等部门的认可，林木交易需要各级政府及有关部门组织、实施。林业服务热线需要得到电信部门的支持。在政策上也需要得到支持，许多方面还需突破现有政策，没有政府扶持，社会化服务体系建设将难以取得实质性成效。

5. 资金不足

林业服务中心作为对外服务的综合窗口和服务平台，集体林业中介服务、信息发布、木竹交易、产权管理等于一体。服务中心建设需要大量的资金投入。目前，除永安、尤溪、沙县、梅列等林业服务中心建设相对较好外，其余林业服务中心由于资金短缺，投入不足，基础设施较差，设备陈旧，不能满足广大林农的服务需求。

五、意见建议

1. 转变传统观念，强化林业社会化服务意识

在旧的经管理体制下，林业部门既是管理者又是经营者，既当裁判员又当运动员，职能错位造成了缺位，该管的没管好，不该管的管太多。计划经济的成分太多，不能适应市场的需求变化，林业生产力发展受到很大的制约。林改后，林农成为林业经营的主体，拥有自主经营权，他们会按照市场供求变化，去经营发展林业生产，繁重的育林护林事务完全由林业经营者来承担。林业部门重点是为林业经营者提供服务，创造良好的发展

环境。为此，林业部门要从“重管理、轻服务”向“强化服务”转变，建立健全林业服务中心和社会化中介服务机构，为林业生产经营者提供林业种植技术，森林资源资产评估、伐区调查设计、木材检验、木竹交易等服务，提高林业社会化服务水平。

2. 政府主动搭桥，构建完善的林业服务平台

按照服务组织网络化、行业协会专业化和中介机构社会化的“三化”要求，政府部门应积极沟通协调，建立健全县级林业服务中心，搭建林业服务平台，将服务中心延伸到乡镇，形成服务网络。顺应市场经经济规律和林业经营者需求，科学设置办事机构，完善服务功能，规范办事程序，提高办事效率，为林农提供全方位的服务。政府部门应加强对林业服务中心的监督和管理，支持和帮助建立森林资源资产评估、伐区调查设计、木材检验等中介服务机构，规范林业中介服务机构运转，将中介服务机构积极推向市场，按市场化规律运作，不能由政府包办。

3. 加强科技服务，实现林业健康快速发展

林改后，林农对科技的需求愿望日益强烈，涉及的范围更广、要求更高。各级各有关部门特别是林业部门应加大科技服务力度，主动作为，高效服务，适时为林农提供政策法律法规和技术咨询、劳动力培训等服务，扩大“96355”林业服务热线覆盖面，切实发挥林业服务热线作用。开展送科技下乡、科技入户等活动，满足林农对科技的需求。建立科技示范点示范户，以点带面，辐射推广，引导林农走科技兴林的路子。加大速生丰产树种、优质种子资源发掘改良和引进驯化，促进林种树种结构调整。坚持林科教、产学研相结合，加大对森林检疫性病虫害防治、种质资源保护与利用、林产品加工转化等关键性技术的推广力度，促进林农依靠科技进步增加收入。同时，紧紧抓住全国目前唯一现代林业合作实验区的有利机遇，充分利用实验区平台，发挥合作优势，提高科技创新能力，实现林业可持续发展。

第三章　森林资源培育保护管理

第一节　林木种苗工程建设

种苗是林业最基本的生产资料，是保证造林绿化进度、提高营造林质量，实现林业发展的重要基础性工作。为此，三明市坚持“超前抓种苗、下大力气抓种苗”，稳步推进林木种苗工程建设，取得了积极的成效。

一、建设背景

长期以来，三明市林木种苗工作存在不少困难和问题。主要表现在：

1. 良种繁育基地供种率和良种使用率不高

一般的采种基地点多分散、规模小，林分质量低，树种结构也不合理。因此，这种采种基地所生产的种子产量和遗传品质改良程度不高。加上后续资金不足，管理跟不上，种子产量低，远远不能满足林业快速发展的需要。

2. 林木种苗基础设施建设比较薄弱

种子采收、加工贮藏手段落后，缺少必要的种子加工贮藏设备设施，贮存种子的场所多为简易库房，温湿度难以控制，严重影响种子质量。检验机构不健全，种子受检率低。全市没有一个正式的林木种苗质量监督检验中心，难于有效地开展监督和质检工作。种苗信息化管理制度尚未建立，不能及时地了解掌握各地林木种苗生产经营过程中的动态变化，宏观调控管理能力受到限制。

3. 国有苗圃的生产管理与市场经济体制要求不相适应

相当部分国有苗圃人员素质不高、观念陈旧、缺乏市场意识和创新意识，仍旧沿袭计划经济体制下的管理模式，体制僵化、机制不活，经济不景气，未能发挥国有苗圃的龙头作用。

4. 种苗管理机制不健全

林木种苗管理机构，县级缺少种苗管理专业机构，种苗管理体制不顺。同时，原有的法规规章和技术标准落后于林木种苗行业管理和依法行政的需要，行政执法难于做到执法有据。

二、具体措施

近几年来，三明市以贯彻执行《中华人民共和国种子法》（以下简称《种子法》为契机，切实加强林木种苗行政执法，促进林木种苗各项工作的开展。

1. 加强宣传，提高全社会法律意识

大力宣传贯彻《种子法》，通过实例来增强全民知法、守法和执法意识，千方百计地保护种苗生产经营和使用者的合法权益。加强舆论监督，对违反《种子法》及破坏种质资源的典型案例予以曝光，对依法生产经营的好经验好做法加以宣传推广。加强培训，强化种苗执法队伍的素质，全面提高林木种苗行政执法水平。

2. 理顺管理体制，规范种苗市场秩序

各县（市、区）实行种苗管理与生产经营机构在人员和财务上彻底分开，落实和保障种苗执法工作经费，明确执法机构和专职人员，充分发挥林木种苗行政管理部门的职能作用。进一步落实林木种子许可和标签制度，加强违法案件查处，严厉打击非法经营、制售假劣质种子行为。认真研究各种违法行为的深层次原因和发生规律，采取针对性措施，变“事后追究”为“事前防范”。同时，为林木品种选育者和种子生产、经营者创造从业条件，提高服务质量。

3. 加强种苗工程建设与管理，提供信息服务

认真实施中央国债投资的林木种苗工程项目，重点建设种子基地、种质资源保护和利用、良种选育推广、种苗贮备加工、检验和信息化，为全面提高种苗基地供种率和良种使用率打好基础。推进国有种苗基地机制创新，鼓励多种经济成分发展种苗产业，在市场准入、政策扶持等方面享有同等待遇，在竞争中提高种苗质量，最大限度地发挥国有种苗基地的示范带动作用。加强种苗信息服务，鼓励成立种苗行业协会，为种苗生产经营和使用者提供服务。

4. 制定优惠政策，扶持林木种苗发展

鼓励林业科技人员参与绿化苗木培育，制定出台相应配套措施和扶持

政策。如清流县实行“三包二统一赊一补”的扶持政策，即“包种苗供应、包技术指导、包花卉收购，统一清流花卉品牌、统一销售，公司垫付种苗款，补助基础设施建设”，明确了发展苗木花卉产业的各项优惠政策。对建设苗木花卉种植建钢架大棚的每亩由县补助0.3万~0.5万元，建木竹大棚的每亩补助0.1万~0.2万元。对到创业园区投资兴业的台商及国内外投资者，租用土地所需租金前2年由政府全额补助；建标准温室大棚，县里补助所需资金的三分之一。截止2007年底，清流县已拨付苗木花卉专户基础设施补助资金196万元。沙县林业局从2006年起对主要造林树种良种育苗实行“统一供种、定向育苗、合同管理、统一调拨”的管理机制，实行良种补贴制度，对育苗全过程实行跟踪管理，确保良种苗木优质。具体办法是：

（1）主要造林树种育苗使用的良种全部由县林业局统一供应。县林业局根据造林更新计划，向市林业局种苗站提报良种需求量，进行统一调剂调拨。计划内育苗所用的良种由县林业部门无偿提供，种子款由县林业局全额补助。

（2）选择已取得“两证”、育苗经验丰富、讲诚信的育苗户，由林业部门委托育苗，签订育苗合同。根据领取的良种数量，严格控制育苗面积、产量，确保苗木质量。

（3）造林苗木统一由林业局种苗站开具调拨单，乡镇林业站负责调运到造林山场，实行统一供苗。对未经同意擅自出卖苗木的，取消育苗资格，收回种苗生产许可证，并按合同规定给予经济处罚。

三、初步成效

1. 林木种苗管理和执法体系初步建立

三明市现有4个县（市）建立专门的林木种苗管理机构，每个县（市、区）都配备了种苗行政管理人员，一个较为完善的市、县林木种苗管理体系已经形成。各县（市、区）依照地方性法规授权或林业行政主管部门委托林木种苗管理机构开展种苗行政执法工作，种苗执法主体地位得到进一步明确。

2. 林木种苗生产供应体系逐步稳定

全市现有林木良种基地9297亩，其中杉木初级种子园1511亩，杉木一代种子园2252亩，杉木二代种子园3303亩，在建杉木三代种子园900亩。福建柏种子园63亩，马尾松种子园1268亩，马尾松母树林13500亩，阔叶树母树林930亩。年产杉木种子园种子5000千克、马尾松母树林种子5000

千克、木荷母树林种子3000千克和其他阔叶树母树林种子2500千克，良种供应自给有余，基本做到主要造林树种造林良种化。全市共有苗木生产企业131家，苗木经营企业85家，生产规模达12310亩，年可完成大田育苗2000亩、容器育苗3000万株、名贵树种及药用植物苗木培育1000万株，总产苗量达1.4亿株。全市利用种苗国债已建和在建项目有17个，总投资3508万元，其中中央投资2106万元，地方配套1402万元，分布永安、三元、明溪、建宁、沙县、尤溪、清流等7个县（市、区）和官庄、三明市郊、永安、尤溪等4个国有林场，已建组培室1806平方米，育苗大棚37610平方米，其他种子球果处理烘干设备14套。其中永林育苗中心和明溪国家珍稀树种繁育基地可年产桉树、南方红豆杉等各类苗木4000多万株，占全市育苗总量的近三分之一，提高育苗企业化、专业化水平。

3. 林木种苗质量监督检验体系已具雏形

2003年，三明市成立林木种苗质量监督检验站，许多县也相应设立林木种子质量检验室，配备林木种苗质量监督检验人员20人。市、县两级林木种苗质量监督检测机构对辖区内种苗质量进行经常性的抽查，初步形成了一个常年运转的种苗质量监督检测网。

4. 种苗信息报送制度已经建立

保证每年重要造林季节的种苗生产供应信息调度工作，加强林木种苗信息的沟通，定期发布林木种苗动态信息，适时开展林木种苗生产供应调度，搞好种苗余缺调剂，为社会种苗生产经营提供服务和正确引导种苗生产经营活动发挥了积极作用。

5. 林木种苗业的交流与合作逐步开展

林木种苗管理部门组织参加种苗产品展览会和业务洽谈会，举办专题论坛进行学术交流，积极培育社会中介机构，引导建立林木种苗协会。目前，三明市已有4个县成立林木种苗行业协会，在规范行业行为、开展行业服务、保障公平竞争的市场环境等方面发挥行业组织的自律功能，成为沟通政府与企业之间的桥梁和纽带。

四、意见建议

当前及今后一个时期，三明市应进一步贯彻落实国家林业局《关于加快林木种苗发展的意见》，以机制创新和科技进步为动力，加大非公有制育苗生产的政策引导和资金扶持力度，加快林木种苗产业化进程；以实施《种子法》为核心，质量为主线，大力加强和完善良种基地、种苗基础设施建设；加强行业管理，坚持依法治种、科技兴种，以市场为导向，促进林木种苗事业的快速发展。

1. 切实抓好林木种苗工作

建立目标责任制，制定监督检查制度，定期检查，逐级考核，奖优罚劣。加强种苗机构和队伍建设，保持机构和队伍的稳定，切实搞好种苗的行业管理和组织生产，推动种苗事业健康发展。配备得力干部，明确专人，从事种苗工作，以充分体现“优先发展种苗”的方针，使种苗工作得以有序、稳定、健康的发展。

2. 加强林木种苗基础设施建设

对已批复的种苗工程各类项目，抓紧实施，从根本上改善三明市种苗基础设施建设偏弱的现象，改善苗木培育企业的生产环境，提高企业的综合生产能力。构建种苗信息收集、交易和发布信息平台，建立全市的林木种苗信息网络。做好种苗预测、预报和余缺调剂工作，全面、及时、准确地掌握林木种苗生产经营动态变化趋势，分析变化原因，定期发布种苗供求信息，为林木种苗行政管理科学决策和指导社会育苗提供科学依据。

3. 加强林木良种生产基地建设

巩固和提高原有良种基地的建设，通过各种有效措施，增加投入，强化管理，并采用先进的技术手段提高种子园的产量和质量。调整和完善一般种子生产基地，根据当地林业建设的需要和林分质量的高低，决定去留，凡品种不对路、质量不合格的一律转产和停产。按照布局合理、结构优化、重点突出的原则，结合地域生态类型，重点建设一批种子生产基地，以满足林业建设的急需。

4. 积极引导非公有制种苗生产和经营

鼓励多种社会主体跨行业、跨所有制、跨地区发展种苗产业。凡具备生产经营条件和技术的，不论其所有制形式如何，都可以申领林木种子生产、经营许可证。在项目、资金及其他外部环境上，享有与国有苗圃同等待遇。

5. 理顺林种苗管理体制

进一步加强林木种苗管理机构建设，没有林木种苗专门管理机构的县要加紧成立，落实人员编制和工作经费。强化种苗执法能力和服务能力建设，建立起行为规范、运转协调、公正透明、廉洁高效的林木种苗行政管理体制。

6. 加强林木种苗法制建设

深入学习、宣传和贯彻《种子法》，不断提高公众法律意识。进一步贯彻落实种苗生产经营许可、检验、检疫和标签制度，依法加强被许可行为实行过程管理，将违反许可证的行为杜绝在开始阶段。加强相关部门的配合，规范种苗市场秩序，严厉打击生产经营假冒伪劣种苗、无证生产经营种苗的违法行为。调整充实执法力量，改善执法条件，提高执法人员素质，建立起权责明确、行为规范、监督有效、保障有力的林木种苗执法监管体系。

第二节　森林资源培育机制创新

森林资源是林业发展的基础。没有丰富的森林资源，就没有优良的生态环境和发达的林业产业，就无从谈起林业的又好又快发展。森林资源培育发展状况如何是衡量林业改革成效的最重要标志。三明市集体林区改革试验区建立以来，始终把森林资源培育作为重要的基础工作来抓，特别是在推进集体林权制度改革中，十分注重森林资源培育机制的创新，取得了初步成效。

一、改革背景

在集体林权制度改革主体任务完成之后，基本实现“产权所属清晰，经营主体到位，责权划分明确”，调动了林农造林育林护林的积极性。但同时也看到，由于产权细化，经营面积变小且分散，森林资源培育，特别是要实现高效的森林资源培育面临不少困难和问题。主要有：

1. 规模经营难

造林营林要实现有效、高效，就必须建立在规模经营和集约经营的基础上。林改后，均山均林到户到人，林地权属分散，经营单位变小，林地使用权归属林农，而林农各自利益的取舍不同，发展林业的规划设计难以统一实施和相对集中经营。同时，现行的伐区面积控制规定，造成伐区面积小、零散，难以在同一时间内相对集中连片进行木材生产和更新造林，影响规模经营。

2. 造林营林资金筹措难

大多数林农的原始积累少，经济实力弱，融资困难，造林营林的投入不足，出现造林种苗和栽植质量不高、抚育管理不及时等，影响造林质量。

相当部分的林农缺乏高投入高产出的经营理念，仍存有森林资源培育低投入或不投入也会有产出的粗放经营、广种薄收的落后观念，常以粗放造林的方式“抢”占林地，低效经营。

3. 良种壮苗推广应用难

市场缺乏适生速生优质的林木种苗，一些地方出现有苗就造，严重地影响了造林成效。有些种苗攻关选育出来的优良造林树种的推广力度不大，如各地对高世代的杉木优良种苗的需求很大，但由于技术保护，价格偏高，难以大面积推广。

4. 产业政策和规划执行难

林改后，林业的经营权由原来的村集体所有转变为个体或联合体所有，林农有自主选择造林树种和经营林地的权利。林农自谋发展的意识增强，关系难以协调，使林业的发展规划、结构调整、生产布局等产业政策不能有效地落实。

二、工作措施

1. 进一步落实林业政策

一是根据三明市委，市政府《关于加快林业发展 建设绿色三明的决定》精神：“在全市选择若干乡（镇）开展商品林按面积轮伐试点工作，从以蓄积控制采伐逐步过渡到以面积控制采伐”，建立以林地面积控制取代林木蓄积控制的森林采伐限额管理制度。先后在永安、泰宁和沙县等地开展试点工作。

二是认真落实省政府印发的《福建省集体林业用地和林木承包管理办法》第十二条：“集体林业用地承包后，要限期植树造林；划定的自留山，也要限期造林种果。凡逾期未开发经营的，均应缴纳山地抛荒费直至开发经营或由集体收回。”《福建省人民政府批转林业厅关于进一步稳定、落实自留山政策实施办法的通知》第十五条：“农户应当在分到自留山之日起一年内开发经营，逾期未开发经营的，由乡（镇）人民政府收取自留山抛荒费。抛荒一年的，每亩收抛荒费 10 元；抛荒二年的，每亩收抛荒费 20 元；抛荒三年的，每亩收抛荒费 30 元，收回自留山，并报县级人民政府注销林权证。”《福建省林业厅关于鼓励企业办工业原料林基地的若干意见》等有关规定，以防止部分林农以粗放造林的形式“抢”占林地，低效经营或不经营现象的发生，促使林地使用权在确保所有者能获得高于低效经营收益时，向企业办基地、合作联营造林转移，逐步实现森林资源培育的规模化，集约化经营。

三是严格执行《森林法》关于采伐必须更新的规定。对没有按时完成迹地更新造林任务或更新造林质量不合格的林权单位，下发限期完成迹地更新造林通知书，暂停发放林木采伐许可证，直至完成更新任务且质量合格为止，并予以通报，确保采伐迹地在法定的时间内保质保量完成更新造林。如永安市对未落实更新造林的村下达“暂停核发年度林木采伐许可证通知”。将乐、大田等县对未按时完成迹地更新造林任务的单位和个人发出“限期更新造林告知单”。沙县除做好当年度造林面积核实外，还对近几年来的造林山场做好“回头查”，对达不到合格要求的造林山场，以村为单位，向其开具补植或重造通知书，要求其完成当年造林任务的同时，也完成补植或重造工作，县森林资源管理站根据营林部门出具的迹地更新验收合格证明，才能给予办理采伐许可证。

四是实行迹地更新和造林质量责任人制度。如尤溪县实行各林业站、国营场（站）造林更新管理押金制度，按造林任务分等级交纳押金1500～2500元，要求各场站在采伐当年完成迹地更新，成活率达85%以上，面积核实率达100%。

2. 加快企业办基地步伐

解决木材加工企业的备受木材供需矛盾日趋突出的困扰和林改后千家万户的林农面临“种什么、怎么种、卖给谁”的问题，其出路就是企业办基地。通过企业办原料林基地，一是可选择合适的树种和品种，解决定向培育问题。二是以“公司+基地+农户“的形式，银行可贷款给企业（而不是直接面对千家万户的林农），解决资金瓶颈问题。三是可以把分散在千家万户林农手中的山林面积相对集中、规模经营，实施科技含量高的营造林技术措施，提高经营水平，把科技真正落实到造林育林上，发挥科技的作用，让林农有限的山林资源发挥最大的效益，实现林农“耕山致富”的愿望。四是实现集约经营和规模效益，提高林分单位面积产量，减少年采伐面积，有利于保护生态环境。五是可增加森林资源储备，缓解企业用材供需矛盾。有利于调节木材市场，调控原料林市场价格，使企业用材原料长期稳定供应，保证生产经营正常运行。同时，减少木材流通环节，降低木材成本，提高企业的经济效益，增强市场竞争能力。通过企业办原料林基地，把传统林业转变为现代林业，用工业化的理念、手段和方式发展森林资源培育，以企业办原料基地带动森林资源培育的发展。目前，企业办基地主要形式有：

（1）企业自办基地。企业与林农签订租地合同，明确租赁期限、林地租金，基地造林及管护均由企业承担，优先安排本地劳动力。企业有自己的原料林基地，可以调控原料来源、市场价格。利益分配简单明了，林农收入直接稳定。

（2）合作造林。林农以林地入股，企业以资金入股合作造林。林木采伐时，木材按约定的比例分成。林农不失山失地，企业与林农利益共享、风险共担。有利于森林资源培育与保护。

（3）“订单林业”。一种是企业向林农提供一定数量的资金、种苗和技术，林木采伐时，林农向企业定向提供一定数量的木材，企业按约定的价格收购，另一种是对一些分散、面积较小的林地，企业无偿提供种苗给林农，林木采伐时按市场价供应给企业。林农不失地，造林资金、种苗、技术有一定的保障。

（4）预付租金。林农以承包的林地、企业以资金入股合作造林，企业每年先预付一定数额的林地租金，在林木采伐时扣回。林农的基本利益可以得到保护，有利于长期经营和管护。

（5）购并现有林。企业通过有资质的评估机构，对现有的森林、林木、林地等进行资产评估，按规范程序合法流转，获得林木经营权和林地使用权。除上述形式外，企业还根据各自的实际情况，以其他形式建设原料林基地。企业不论是采取哪种的形式办基地，都要依法依规取得森林、林木、林地的经营权，并且支付给林农合理的费用；都要把林农的利益放在首位，使林农的利益得到保障，才能保证企业办原料林基地取得成效。

3. 建立林业合作经济组织

全市各地按照法律法规，结合林改的实际，鼓动和引导林农以亲情、友情为纽带，以能人为核心，依法依规组建林业合作经济组织，设立股东会、理事会、监事会，制定有关章程，促使林业合作经济组织透明操作、规范运行，促进森林资源培育规模化、集约化。例如家庭合作林场模式，林农将林改中产权明晰到户的山林，通过自愿组合成立家庭合作林场。家庭合作林场的山林由林农共同经营管理或推举委托其中个别（少数）有经营管理能力、群众信得过的林农经营管理。林场经营所得的利润，按林农的山林资产比例进行分配。股份合作制林场模式，林农将产权明晰到户的山林或是通过林权流转购并得到的山林，经资产评估后折成股份自愿组合，成立股份合作制林场，按股份制企业进行规范运作，山林由股东共同经营管理或由股东会聘请人员管理，林场经营所得利润按股份分配。林改后，引导林农按照公平自愿、依法依规地组建林业合作经济组织，扩大经营规模，提高集约经营水平，加快森林资源培育步伐。

三、初步成效

全市各级党委、政府高度重视森林资源培育，认真贯彻中央、省、市关于加快林业发展决定的文件精神，全面落实加快人工用材林发展、推进企业办基地、开展集体林权制度改革及非规划林地植树造林等惠农政策。以依法确保迹地更新造林为抓手，以切实提高营造林成效为重点，以快速增加森林蓄积为目标，不断加大森林资源培育力度，取得较好的成效。

“十五”期间，全市共完成植树造林更新面积118.77万亩，占任务98.7万亩的120.3%，比“九五”同期增加11万亩，增长10.2%；完成速丰林基地建设新造面积60.35万亩，比“九五”增加6.64万亩，增长12.4%。全市规模以上木材加工企业原料林基地面积达174.8万亩，其中新造工业原料林基地面积42.1万亩，比“九五”增加12万亩，增长39.9%；非公有制造林57.06万亩，是“九五”期间15万亩的3.8倍。同时，完成幼林抚育328.5万亩、抚育间伐169.1万亩、封山育林114.8万亩，分别占任务的123.5%、100.1%和110.4%。

2006~2008年，全市完成植树造林更新面积124.18万亩，占任务的102.6%；完成新造速丰林70.4万亩，占任务的105.1%。全市规模以上企业新造林面积21.9万亩，到2008年全市累计完成原料林基地建设219.09万亩；非公有制造林74.94万亩，占全市植树造林更新面积的60.35%；完成非规划林地植树造林10.56万亩，其中种植红豆杉、银杏、香樟、桂花、楠木、罗汉松、香榧等珍贵树种620多万株。

“九五”以来，国家林业局和省林业厅多次对三明市开展营造林实绩核查。通过检查，三明市人工造林面积核实率、造林成活合格率、迹地更新率等各项考核指标均达标，营造林质量不断提高。

四、意见建议

林业科技推广应用难度大、集约化经营程度低、资金投入不足等，仍是制约森林资源培育主要问题。为此，下一步要重点抓好以下五项工作。

1. 实施科技兴林战略

根据不同区域的自然气候特点和社会经济条件，科学合理地规划商品林用材林基地的建设布局，加大适生速生树种的发掘改良引种驯化力度，促进林种树种结构调整。对先进适用的造林营林技术模式和科技成果，要结合当地的实际，有组织、有计划地加以推广应用，加强试验与示范，发挥辐射带动效应。以企业办基地和国有林场、林业采育场等为载体，以优良的林木种苗、先进的营造林措施、科学的经营管理，建设速生丰产林示范片。用实实在在的实例，影响和带动千家万户的林农高质、高效地培育森林资源。

2. 完善林木采伐管理机制

特别要简化林木采伐审批手续，使林农从造林开始，就能自主地掌握对所造林木的处置权，可以根据市场变化和自己意愿，自主灵活地处置依法依规取得的林木，使林农真正感受到耕山带来的利益。

3. 总结推广商品林按面积轮伐试点经验

改进现行的林政管理办法，实现林业规费按面积征管，引导森林资源培育走高投入、高产出、高效益的路子。

4. 完善林业合作经济组织

特别是建立健全包括章程在内的各项规章制度，加大办事公开透明度，确保林农、股东成员参与林业生产经营全过程的民主决策，激发广大林农参与森林资源培育保护的积极性。

5. 加大资金扶持力度

针对森林资源培育周期长、风险大、三大效益兼备的特点，简化银行等金融部门对林业特别是造林营林的贷款手续，扩大贷款额度，并加大财政贴息的扶持力度，使森林资源培育有足够的资金投入。对速丰林和珍贵树种用材林建设中的森林防火，病虫害防治和优良种苗的开发推广等社会性和公益性的建设，国家要安排资金投入。同时，开展森林保险，特别是森林防盗，护林员意外伤害、森林防火、自然灾害等险种，降低森林经营的风险。

第三节　林木采伐管理机制完善

商品林采伐处置权的落实，是集体林权制度改革配套政策的核心和关键，也是林农群众最关注的热点难点问题。三明市在主体改革任务基本完成之后，积极开展编制实施森林经营方案和按面积控制采伐的试点，并规范林木采伐计划分配和使用管理，取得一定的进展。

一、改革历程

1990 年，林业部确定三明为全国森林资源和林政管理示范点。20 年来，三明市从集体林区实际出发，根据不同时期林业发展形势的变化，不断探索林木采伐管理机制。主要可分为三个阶段：

第一阶段，重点探索建立健全制度，逐步完善以全额控制、分项管理为核心的采伐限额管理制度。从1988年开始，国家相继出台了一系列关于加强森林资源保护管理的政策措施，对森林资源实行限额采伐、凭证采伐、凭证运输和凭证经营加工等制度。三明市结合自身特点，积极探索并建立符合南方集体林区实际，具有操作性的一系列具体规章制度和管理办法。

第二阶段，重点探索管理手段提高，逐步建立和完善森林资源和林政管理网络信息系统。运用计算机技术、网络技术和信息技术，在建立森林资源调查小班数据库基础上，建立完备的、与森林资源管理相配套的管理系统。

第三阶段，重点探索体制机制创新，逐步建立适合集体林区现代林业建设要求的发展之路。根据不同时期林业发展的要求，研究探索理顺林业生产关系，促进林业生产力发展的管理机制。

二、具体内容

1. 规范资源管理，完善采伐管理体系

三明市按照森林资源和林政管理示范点建设“近期做示范，长远探路子”的要求，以永安市和沙县为突破口，在全市范围内建立以全额控制、分项管理为核心的采伐限额管理制度。根据国家关于加强森林资源保护管理的政策，以及实行限额采伐、凭证采伐、凭证运输和凭证经营加工的要求。针对集体林区实际，紧紧围绕森林资源消耗控制，以采伐山场“伐前、伐中、伐后”的源头管理为重点，全面建立从“采伐控制、流通管理到经营加工”的森林资源管理体系，先后制定了《森林采伐限额编制管理办法》、《林木采伐管理办法》、《商品材采伐管理办法》、《农民自用材采伐管理办法》、《非商品性森林资源消耗信息采集办法》、《伐区木材生产台账》、《木材加工企业林政诚信管理办法》等一系列林木采伐和资源消耗控制制度，推动了森林资源管理逐步走向制度化和规范化，解决了由于制度不完善而出现“管一块，漏一块”的现象。

2. 注重采育结合，促进后备资源培育

一方面，致力抓好中幼林抚育间伐。针对20世纪80~90年代大规模造林，出现抚育间伐严重滞后的现实情况，及时启动了“一个调整，三个简化，五个放宽”的《速生丰产用材林抚育间伐改革试点》项目。即调整管理计划，对抚育间伐的林木胸径10厘米以下的，不纳入木材生产计划管理，

其消耗的蓄积量纳入年度森林采伐限额管理，并实行单列；简化抚育间伐设计，简化采伐审批和简化运输手续；放宽抚育间伐强度、起始期、间隔期、终止期和间伐方法等限制。尤其是针对早期造林密度大，按照传统的采伐强度实施抚育间伐，伐后林分密度仍然过大，达不到抚育预期目的这一情况，大胆提出了以具体培育目标合理保留株数确定抚育间伐强度的思路和做法，被福建省修订抚育间伐技术规程时采纳。抚育间伐改革项目的实施，进一步确立了中幼林实施抚育间伐是确保林分生长成材的一项重要营林措施的科学定位，解决了全市 240 万亩中幼林抚育间伐的欠账问题，对提升林分质量，培育后备资源，以及搞活商品林经营将产生重要而深远的影响。另一方面，积极探索工业原料林建设。2001～2004 年，国家林业局将永安林业（集团）股份有限公司列入工业原料林采伐管理试点单位，为解决由于早期传统的粗放森林经营方式，导致现有林结构不合理、质量低下，特别是低产低效林分和残次林分多，占用大量林地资源，总体上林地生产力低下、林地利用率不高的问题，对工业原料林采伐管理、工业原料用材与工业原料林内涵、新造工业原料林生长量、工业原料林主伐年龄、主伐采伐方式、低产林认定标准、合适采伐小班面积和采伐量测算方法等 9 个专题进行了深入研究和分析。经过 4 年试点，共产出木材 61.70 万立方米，营造工业原料林 18.13 万亩，完成中幼林抚育间伐 110.01 万亩，投入护林、防病虫害、森林防火等管理费用 2384.5 万元，提高了采伐管理效率和采伐作业的灵活性，增强了公司发展后劲，为工业原料林建设和发展积累了大量宝贵的经验。

3. 运用现代科技，提升经营管理水平

1996 年开始，三明市先后投入经费 100 多万元，探索建立森林资源和林政管理网络信息系统。采取“先试点后推广，软件开发与应用同步进行”办法，聘请福建农林大学计算机学院专家指导，在沙县开展林木采伐管理、木材运输管理、伐区调查设计管理、林业金费征收管理等软件开发试点工作。2001 年，将森林资源和林政管理网络信息系统推广到全市 12 个县（市、区），实现了县级林业部门 100% 覆盖，乡镇林业站覆盖面达 80%，提高了工作效率和工作质量，减少了人为因素影响，也方便了数据查询、统计和监督。2005 年，将乐县林业局与福建农林大学联合开发出伐区源头管理短信平台，伐区木材调运时，木材检验员从现场将木材检验数据发送到信息中心，实现伐区木材生产动态信息共享，林业执法、木材运输办证和伐区生产到材形成联动，增强林业执法监督的针对性和有效性，提高林业执法监督的效果，同时木材运输办证通过数据调用，缩短了办证时间，提高了服务效率。

4. 坚持以人为本，建立效能服务机制

在林改过程中，伐区设计面临着新的挑战，一方面是林业部门难以承受产权明晰到千家万户后带来伐区设计工作量增加的压力，另一方面是小户经营的林农无力承担伐区设计费用的情况。在深入基层进行专题调研，认真分析相关林业法律法规和规范性文件的基础上，依据《森林法》对国有林业企业事业单位和其他单位申请采伐许可证的不同要求，率先提出了伐区简易调查设计的思路，并制定《三明市伐区简易调查设计技术方法》，经组织论证后，在全市试行。从实施情况看，由于简易设计降低了集体和个人伐区设计标准，既减轻了伐区设计工作量，又相应调低了伐区设计的收费标准，有效地解决了林改产权明晰后伐区设计出现的新问题。与此同时，三明市在林业队伍中开展“满意设计、满意审批”两个满意活动，实行伐区设计告知制和采伐审批公示制，向社会公开服务承诺，受到广大林农的普遍欢迎和上级林业主管部门的高度认可。

5. 完善决策方式，化解指标分配难题

随着林业改革的不断深入，广大林农兴林致富的积极性空前高涨，传统“国有林场、国有林业采育场、乡村集体”三大经营主体的采伐指标分配模式，明显无法适应多元化森林经营主体的需求，采伐指标分配由单纯的木材生产问题迅速上升为“林农关心、媒体关注、政府关切”的社会热点和焦点。面对新的变化，有的地方采取平均分配、有的地方采取电脑抽签、有的地方采取集体研究的办法，一时间，“跑采伐指标”成了一些“能人”炫耀的本事，一些“有权人”相继被银弹击中落马。2005～2006年，三明市林业局多次组织林木采伐计划分配专题调研，提出了“评分制”的初步分配方案及改进方案，但始终在基层难以取得一致意见。2007年，三明市借助国家林业局与联合国粮农组织的“参与式合作项目”，与中国林业科学研究院进行合作，在前期调研的基础上，将“参与式方法”运用到采伐指标分配调研和决策中，针对不同利益群体开展不同方式的调研活动，激发不同利益群体的参与意识，重新确定以“采伐指标与森林资源相挂钩、采伐指标分别类型排序分配和采伐指标分配‘阳光操作’”的基本构架。为扩大征求意见范围，三明市林业局和监察局针对拟定的《关于规范林木采伐计划分配和使用管理意见》，共同组织了一场向公众开放的听证会，在吸收听证代表的合理化意见后，由三明市政府出台了林木采伐计划分配和使用的管理规范。由于调研方式的创新和听证代表的公正性、广泛性和代表性，社会各界对此反映强烈，专家称此举开创了林业抽象行政行为听证会之先例。中国绿色时报、福建日报、福建电视台、三明日报、三明电视台以及新华网、人民网、东南网等媒体纷纷报道。三明市林业局在网站上公开《规范采伐指标分配听证会报告》、《规范采伐指标分配听证会代表意见反馈》和《规范采伐指标分配听证会现场调查评估情况》后，有2362人次进行了相关点击。《规范采伐指标分配听证会报告》由三明市政府印发后，由于增强采伐计划分配的科学性和透明度，既符合当前规范行政权力的需要，又为林改提供了配套支持，因此得到相关利益群体的认可、上级林业主管部门和纪检监察部门的充分肯定。

6. 创新经营管理，促进森林持续经营

我国从1985年开始实行的限额采伐制度，在控制森林资源过量消耗，保护森林资源中发挥了重要作用。但是，随着林业由计划经济向市场经济，由以木材生产为主向以生态建设为主的转变，以及集体林权制度改革的不断深化和现代林业建设的全面推进，尤其是林权明晰到户后，森林经营主体出现的多元化和多样化格局，无疑给传统的森林采伐管理和森林经营模式带来了冲击，需要进一步推进林木采伐管理机制改革，更好地协调资源的保护与发展、经营与利用的关系，促进资源培育与林业产业良性互动的新型关系。三明市积极探索不同经营体制、不同经营水平的森林经营主体的森林经营方案编制，探索建立在森林经营方案为基础上的新型森林经营管理理念、方式和模式，引导广大林农走规模化和经营性的科学经营之路。2006年，率先完成永林公司和青山纸业森林经营方案编制，经专家论证通过后，被国家林业局转发全国作为示范模式。同时，积极开展“小班经营法”管理试验，探索用经营小班面积控制采伐消耗的新机制，将传统的以蓄积控制为主改变为以面积控制为主，极大地调动经营主体自觉管理的积极性，实现从“堵”向“导”的管理方式转变，既简化了管理环节，又减轻了林业部门监管的压力，受到基层普遍欢迎。

三、改革难点

从三明集体林权制度改革进程看，从2003～2005年，用了2年多时间完成“明晰所有权”的主体改革任务，但是“放活经营权、落实处置权、保障收益权”的改革任务更重，压力更大。2007年，三明市与联合国粮农组织、中国林科院合作，采取参与式的方法，制定实施《关于规范林木采伐计划分配和使用管理意见》，一定程度上缓解了现行林木采伐制度框架内的指标分配矛盾和公开、公平、公正问题，但也只是治标不治本的过渡办法，没有取得实质的突破。当前，林木采伐管理机制仍存在不少问题。主要表现在：

1. 木材生产计划滞后

当前，林木采伐实行计划与限额双轨制管理模式。由于木材生产计划的滞后，在实际操作中，采取年初预下达部分计划的方法与林业生产接轨。但是，又由于计划存在的不确定因素，容易导致林农和林业生产经营者的生产安排与市场产生脱节。

2. 天然商品林管理过严

三明市现有2193.4万亩林分面积，其中天然林面积1618.6万亩，占73.8%；扣除生态公益林中的575万亩天然林外，商品用材林中有天然林1044万亩，占63.4%。这些天然用材林，大部分经过多次“拔大毛”择伐，演变成为低质天然林，商品价值很低。同时由于缺乏市场拉动和资金投入，低质天然林林分改造进展缓慢。在集体林权制度改革中，天然商品林与人工商品林一样，已将产权明晰到各种经营主体，拉动广大林农改造低质天然林的积极性空前。但由于目前存在天然林与生态林认识上的模糊，加上采伐指标和采伐条件限制，使商品林中的天然残次林分改造受到影响，进而使林改中分到天然林的林农产生困惑。

3. 技术标准上升为管理限制

林业技术标准对林木采伐提出的一系列规范要求，如林木主伐年龄和择伐强度、抚育间伐年龄和强度、低产（低效）林改造条件等，对林业生产起到了积极的指导作用。这些标准都是指导林业生产的推荐性技术标准，是不带有强制性的，生产经营者在具体生产经营活动中可以根据实际情况进行调整。从生态安全出发，对商品林的采伐数量、伐区坡度、采伐面积作一些限制无可厚非，但在管理过程中，将正常经营活动的一些指标，如采伐年龄、采伐强度以及林分改造条件等上升为管理的限制性规定，或把技术标准提高到法律层面来执行，影响林农造林育林的积极性。

4. 现行的集体林采伐管理机制与林业发展不相适应

长期以来，集体林区在森林资源管理上，相当部分借鉴国有林的管理模式。集体林权制度改革后，林木产权明晰到人到户，由于技术、信息、市场、资金等因素局限，分散的经营主体在经营方针制定、培育目标确定、森林经营类型组织、经营措施落实、伐区配置等方面，与国有林场、国有林业采育场的管理存在较大的区别。

5. 林木采伐管理机制创新难度大

目前，林木采伐管理机制侧重于探索采伐指标的公平公正分配，总体上讲，只是治标不治本。对如何推进森林科学经营探索不够，在改革试点中仅涉及人工用材林的主伐—皆伐，对天然用材林如何采伐、抚育间伐、低产林改造等受到种种限制，难以触及。

四、意见建议

根据中共中央［2008］10号文件精神和国家林业局《关于商品林采伐制度改革“三步走”的意见》，即第一步，由农民申报指标，相关部门负责管理、审批；第二步，农民编制经营方案，报林业部门备案；第三步，完全放开，种（砍）什么农民自己决定，三明市作为全国全省林改的先行区，拟按编制和实施森林经营方案的思路和办法，加快推进林木采伐管理机制改革试点，请求上级允许在试点范围内突破现行的林木采伐各项管理制度，允许按森林经营方案安排年度采伐计划，允许突破低质天然次生商品林改造的树种比例限制，允许将林木采伐审批制改为报备制，探索新路子、建立新机制，逐步把林农的采伐处置权和收益权落实到位。具体意见和建议是：

1. 推行分类经营管理，充分发挥森林多种效益

在落实林业分类的基础上，根据各地自然条件、森林经营利用水平和森林生态系统特点，进一步确定不同森林经营主体和各类林分的经营方向和经营模式。在商品林经营管理上，应该突出经济效益，适当兼顾生态环境需要，确保森林经营利益最大化。在公益林经营管理上，应该突出生态效益，确保生态功能最大程度发挥，适当兼顾林农利益，减轻生态保护成本。

2. 改革森林采伐管理办法，促进森林资源科学经营

在坚持森林采伐限额基本制度前提下，改革现行“采伐限额、采伐计划”双轨制的资源消耗管理办法，建立以森林经营方案为基础的森林采伐管理新机制。对已完成编制森林经营方案的编限单位，可按森林经营方案测算的年森林合理采伐量核定森林采伐限额，按森林经营类型的成熟年龄确定主伐年龄，实际采伐量允许采用“小班经营法”，按照采伐面积核销；对未编制森林经营方案的编限单位，仍按传统方法测算的年森林合理采伐量核定森林采伐限额，经批准后，按国家统一规定的《用材林主要树种主伐年龄表》确定主伐年龄，按采伐许可证批准的采伐数量控制采伐消耗。

同时，实行年度木材生产计划备案制，将资源消耗“蓄积、出材双项指标控制”简化为“蓄积单项指标控制”。

3. 简化伐区调查设计，降低森林采伐管理成本

对商品林的采伐，国有林采伐按照伐区调查设计技术规程开展设计，集体和林农承包经营的林木允许参照伐区调查设计技术规程实施简易调查设计，采伐后可采取对伐区作业进行抽查验收，并简化验收内容，主伐伐区只验收伐区四至，择伐伐区只验收四至和林相。已进行森林资源二类调查，并建立年度森林资源消长变化调查的，可依据资源建档申请采伐；未开展森林资源二类调查并建立年度森林资源消长变化调查的，可采取抽样调查的方法对采伐蓄积量和出材量进行估测。对公益林的采伐，应严格按照伐区调查设计技术规程开展设计。

4. 简化采伐审批程序，为森林经营者提供便捷服务

进一步探索建立高效便捷的服务体系，简化林木采伐审批程序，凡具备条件的，应由乡镇林业站提供“一站式”便捷服务，即由森林经营者直接向林业工作站提出林木采伐申请（特殊情况也可向县级林业主管部门提出申请），简化其他各类中间审核环节，伐区设计、林权审核、税费缴纳、审批发证、伐区验收等林业内部程序统一由受理单位协调安排。同时，必须在法定时限内，承诺办结时限。

5. 健全各项公开制度，接受媒体和社会公众监督

应在报刊、网站、有线电视等媒体上公开林木采伐指标分配以及森林采伐管理政策；乡镇采伐计划安排和采伐审批情况，经县级林业主管部门审核后，应在相关网站和公示栏公开。森林经营单位或个人对采伐计划和采伐审批有疑问的，可向林业部门提出书面质疑，受理质疑的部门应做出书面答复，确实存在问题的，应予以纠正并公开反馈。上级林业主管部门应加强辖区内采伐计划分配和采伐审批的指导和监督，并定期开展检查，公开检查监督结果。

6. 加快森林经营方案编制，落实森林经营管理措施

在森林经营规划的宏观调控下，以森林经营主体为单位，全面推进、科学编制森林经营方案。根据国家林业局《森林经营方案编制纲要》，进一步拓展不同体制、不同类型经营主体编制森林经营方案模式，允许经营者依法自主确定培育目标和经营方式，充分体现广大林农的经营自主权。通过编制森林经营方案，将资源培育、采伐限额、采伐管理等经营活动落实到山头地块，并向社会公开，让林农提前知道其所经营林木何时可以采伐、

可以采伐多少，做到心中有数，切实解决商品林经营“树怎么砍、何时砍”的问题。对商品林特别是林农零星商品林，在保证及时更新造林和可持续经营前提下，以乡镇为单位，编制简明森林经营方案。实施过程中，在采伐面积总量控制前提下，允许在同一个编制单位内每年调整一次采伐地点和采伐业主，以适应林改后千家万户的采伐需求。

第四章　林业产业发展

第一节　林产工业产业集群建设

2004年，三明市委、市政府把林产工业列为全市重点培育的“4+1”产业集群之一。几年来，三明市认真实施“以二促一带三”的发展战略，借助集体林权制度改革的机制体制创新，通过海峡两岸林业交流合作的这个重要平台，着力推进林产工业产业集群建设，林业产业得到又好又快发展。2007年，全市完成林业产业总产值203.74亿元、比增25.1%，其中规模以上林产工业产值110.58亿元、比增42.4%，拉动全市工业增长6.7个百分点，成为全市第二个产值超“百亿”的产业集群。

一、建设基础

1. 森林资源较为丰富

三明地处亚热带，气候温和、雨量充沛、光照充足、土地肥沃，发展林业具有得天独厚的自然条件。全市现有森林面积2645.5万亩，其中以杉木、马尾松为主的速生丰产林基地545万亩，竹林400.6万亩（毛竹368.6万亩），森林覆盖率76.8%。三明不仅山多林多，而且林木生长快，年生长量在650万立方米以上，生长率达6%，现有林木蓄积量1.15亿立方米，毛竹储量3.88亿株。

2. 林产工业初具规模

2004年，全市生产商品木材196.27万立方米、占全省的33.7%，锯材38.24万立方米、占全省的38.3%，木片15.58万吨、占全省的37.9%，人造板68.88万立方米、占全省的22.3%，木地板212.57万平方米、占全省的37.4%，竹地板44.96万平方米、占全省的9.5%，胶合木4.46万立方米、占全省的88.7%，竹凉席565.75万平方米、占全省的18.5%；生产纸浆24.62万吨、占全省的65.3%，纸及纸制品35.04万吨、占全省的

41.7%；生产松香类产品3.28万吨、占全省的63.1%，松节油类产品0.93万吨、占全省的88.6%，活性炭1.2万吨、占全省的24.9%；生产笋制品10.37万吨、占全省的35.6%。其中纸浆、纸及纸制品、锯材、木片、胶合木、木地板、松香类产品、松节油类产品、笋制品等产品产量居全省第一，木材、人造板、竹地板、活性炭等产品产量居全省第二，竹凉席产量居全省第三。

3. 骨干企业优势突出

三明市已经拥有一批龙头骨干企业，带动作用开始突显。青州造纸有限责任公司未漂硫酸盐商品木浆2004年产量10.6万吨，居全国第1位；青山纸业股份有限公司纸袋纸2004年产量9.17万吨，居全国第1位；福建铙山纸业集团股份公司薄型纸2004年产量2.6万吨，居全国第1位；三和食品（三明）有限公司清水笋加工2004年产量4.15万吨，居全国第1位；沙县松川化工有限公司浮油精馏系列产品2004年产量5000吨，居全国第1位；沙县青州日化有限公司松油醇系列产品2004年产量3787吨，居全国第2位；清流县香料厂萜烯树脂2004年产量2000吨，居全国第2位。

4. 政策环境不断完善

进入新世纪以来，《中共中央 国务院关于加快林业发展的决定》（中发［2003］9号）、《中共福建省委、福建省人民政府关于加快林业发展、建设绿色海峡西岸的决定》（闽委发［2004］8号）和《中共三明市委、三明市人民政府关于加快林业发展、建设绿色三明的决定》（明委发［2004］14号）相继出台，为发展林产工业产业集群提供了很好的政策。同时，三明市委、市政府出台了一系列政策措施，为发展林产工业产业集群创造了比较宽松的发展环境。

但是，三明市林产工业发展也存在不少问题和困难。主要有：一是企业规模偏小。2004年，全市规模以上林产工业企业仅占林业企业总数的12%左右，大部分企业规模很小，产值上亿元的只有青山纸业、永安林业、三和食品、建宁铙山纸业等少数几家企业。二是布局不够合理。由于受现行财政体制等因素的影响，全市林产工业很难进行合理布局，重复建设较多，相互争夺资源。一些地方不管是否有资源，有商就招，盲目建厂，造成原料供应紧张；一些地方实行地方保护，资源无法按市场规律合理配置，只能发展小型企业，资源利用率低，产品雷同，经济效益不理想。三是产品档次较低。三明市林产工业产业链不长，存在中间产品多、终端产品少，粗加工产品多、精加工产品少的现象，品牌产品少，2004年以前没有中国名牌产品和中国驰名商标。四是管理人才不足。随着森工企业改革的不断深入，国有经济逐步退出，林产工业企业有 80% 以上属于非公有制经济，没有摆脱传统的家族经营，没有实现两权分离，缺乏一批懂经营、会管理、善营销的企业经营管理队伍。五是创新能力不强。林产工业企业创新能力普遍不强，产品科技含量不高，新技术、新设备应用少，精深加工不多，附加值偏低，企业和产品竞争力较弱，经济效益不甚理想。

二、工作措施

1. 编制发展规划

2004 年，三明市委、市政府把林产工业列为全市重点培育的产业集群之后，市政府专门成立林产工业产业集群建设工作班子，负责指导全市林产工业产业集群建设。2004 年下半年，组织有关人员深入各县（市、区）林业部门和企业调研，摸清情况，草拟了《三明市林产工业产业集群“十一五”发展规划（征求意见稿)》（以下简称《规划》)。经过上下几次反复修改完善，于 2005 年 12 月 29 日在福州举办省级论证会，得到与会专家的肯定，并正式印发实施。《规划》提出：“十一五”期间，全市林产工业产业集群建设，重点培育人造板及木竹制品、制浆造纸、林产化工及生物质利用、森林食品等四个主导产业；到 2010 年，在充分利用森林资源和提高经济效益的基础上，形成龙头企业带动明显、四大主导产业突出、名牌产品优势显著和产业竞争实力强大的林产工业产业集群，林产工业产值达到 120 亿元以上，成为三明的重要支柱产业，为建设发达的林业产业体系奠定基础；到 2020 年，建成比较发达的林业产业体系，实现森林资源科学充分合理利用，成为海峡西岸重要的林产工业基地。《规划》对全市总体布局和各县（市、区）布局进行详细的安排，引导各县（市、区）进行产业分工和县际合作，相互支持，主攻一业，创出品牌，努力形成“一县一业一品牌一特色”的发展格局。

2. 实施项目带动

三明市坚持依托海峡两岸现代林业合作实验区这个平台，强化项目带动，突出合作实效。一是注重引进台资企业。实验区成立以来，全市新批办涉林台资企业 32 家，总投资 15342 万美元，合同利用台资 11718 万美元。目前，全市现有涉林台资企业 61 家，总投资 16203 万美元，合同利用台资 12458 万美元。二是注重引进重大项目。2005 年以来，三明市投资 1000 万元以上林产工业产业集群重点建设项目达 150 项，累计完成投资 41.22 亿元。其中2005~2007年有100项，累计完成投资37.34亿元；2008年上半年有50项，完成投资3.88亿元。大亚科技集团在三明高新技术产业开发区金沙园投资6.7亿元，建设具有世界先进技术和工艺的年产45万立方米刨花板生产线，已于2006年5月竣工投产，2007年生产刨花板42.4万立方米，完成产值4.71亿元，基本实现达产达标。青山纸业股份有限公司年产20万吨高强瓦楞纸技改项目，2005年8月动工，完成投资3.1亿元，2007年5月试产，预计2008年可实现达产达标。三是注重培育龙头骨干企业。目前，全市规模以上林产工业企业达326家，其中有16家企业被评定为2007~2008年福建省林业产业化龙头企业，有90家被确定为2008~2010年度三明市林业产业化龙头企业，产值上亿元的15家企业总产值达43.62亿元、占全市规模以上林产工业产值总数的39.4%。四是加大林产工业园区建设力度。在沙县、尤溪建立2个林产工业园区，其他县（市、区）林产品加工集中区或加工小区也基本完成规划，目前正在实施。

3. 加强政策引导

一是加强产业导向。2007年8月，三明市林业局、市发改委、市经贸委联合发文，出台《三明市林业产业发展导向细则》，对鼓励发展项目（产品）、限制发展项目（产品）和淘汰项目（产品）进行明确规定。建立木材加工准入制度，根据国家产业政策和我市发展现状，规定今后不再新上中（高）密度纤维板、刨花板项目，新办的木材加工企业，固定资产投资必须大于500万元或年产值大于1000万元。积极鼓励和引导林产工业企业向各级工业园区集聚，优化林产工业布局。二是加强企业整顿。近几年来，三明市对林业企业进行分类清理整顿，取得了明显成效。2006年，整顿关闭小企业202家，新增规模企业78家，规模以上企业总数达到258家；2007年，整改企业84家、注销企业94家、取缔企业31家，新增规模企业68家，规模以上企业总数达到326家。三是实施品牌战略。对获得中国名牌产品或驰名商标和国家免检产品的林业企业，市政府分别奖励50万元和15万元，市林业局从市级林业经费中再分别奖励10万元和3万元。

4. 改进服务方式

一是实行林政诚信等级管理。对重点骨干企业原料和产品的进出仓管理，按诚信等级的不同，采取半年、一季、一月集中核销。对诚信企业的产品折率实行一厂一定，其生产的固定规格产品，在出仓时不再进行检验，可直接申请办理木材运输证。对不守信用、违法违规经营的木材加工企业，第一次发现取消诚信等级资格；第二次予以公开曝光，并进行停业整顿，限期整改；第三次不予核销办证，不予年检。二是建立公共服务平台。鼓励发展产品研发、技术培训、项目策划与咨询、工程设计、产品检测、市场营销、信息中心、出口代理、法律服务等各类中介组织，建立森林资源评估、伐区调查设计、林权抵押贷款等服务平台，改进林木采伐审批、木材运输办证管理，实行一站式服务。三是做好服务企业对接工作。每年开展科企对接、银企对接、政企对接、基地对接、市场对接活动，取得了很好成效。在林业科企对接方面，通过中国·福建项目成果交易会这个平台，实现了科企对接，成果明显，木浆浮油加工技术、竹塑复合板生产技术、无胶防裂竹制切菜板生产技术、生物质成型炭制造技术、小径材科学利用技术、乳胶纸生产技术、电子专用炭技术、杉木间伐材压缩密化实木地板技术、高强组合工字梁技术等一大批先进技术得到应用，促进了林产工业技术更新和产品更新。在林业银企对接方面，与多家银行达成协议，为三明市林业龙头骨干企业提供贷款。在林业政企对接方面，多次召开林业政企对接会议，组织有关部门共同帮助企业解决实际问题。2006 年 12 月 6 日，三明出入境检验检疫局、市委台办、口岸办和市林业局等四家部门召开联席会议，达成了共同促进和推动海峡两岸（三明）现代林业合作实验区建设的协作机制，将为实验区内的林业企业提供进出口、产品检验检疫等服务。在基地对接方面，积极支持企业建设原料林基地，对规模达2 万亩以上的企业实行林木采伐优惠政策。2007 年 11 月 6 日，在第三届林博会上，签订了 7 项工业原料林基地建设合同项目，面积 51 万亩，总投资 3.53 亿元。在市场对接方面，充分利用林博会和其他会展平台，组织企业参会参展，提高了企业知名度，促进了产品销售。2005 ~ 2007 年三届林博会，企业现场销售和商品交易订货额累计达 39.44 亿元。四是积极为企业向上争取扶持政策。帮助企业向省上争取资源综合利用增值税即征即退优惠政策，2005 ~ 2007 年三年有 108 家（次）林业企业享受这一优惠政策，获得退税 4360 多万元。帮助企业多争取评定省级林业产业化龙头企业，2005 ~ 2007 年三年有 28 家林业企业被省林业厅、省财政厅评定省级林业产业化龙头企业，并获得 309 万元的贷款贴息。五是充分发挥行业协会的桥梁作用。把行业协会建设作为产业管理的一项重要工作来抓，充分发挥协会的桥梁作用，实实在在为企业服务。市木材行业协会加强自身建设，发挥了应有的作用，特别是在重点骨干企业供材中起到关键作用，在给青纸供材中坚持“三统一分”（即由三明市木材行业协会牵头统一管理、统一与纸厂谈判并签订合同、统一委托驻青州纸材办交接验收，各纸材生产经营单位分开生产经营）的做法，既保证了青纸的原料需要，又维护了行业的经济效益。市木材行业协会木材检验专业委员会，不定期召开会议贯彻木材检验新标准，交流各地经验，分析存在问题，开展督察活动，加强了木材检验队伍建设。市木材行业协会活性炭专业委员会，也召开了活性炭发展研讨会，统一原料收购和产品销售对策，特别是在国家安全生产监督局暂停把活性炭列为危险化学品中发挥了积极作用。

三、发展成效

1. 林业产业产值快速增长

2007 年，全市完成林业产业总产值 203.74 亿元，其中第二产业产值 123.63 亿元，规模以上林产工业产值 110.58 亿元，拉动全市工业增长 6.7 个百分点，成为全市继冶金产业之后第二个产值超百亿的产业集群（表 1）。

表 1　三明市 2005～2007 年林业产业产值情况　　单位：亿元

指标名称	2005 年		2006 年		2007 年	
	总量	比增(%)	总量	比增(%)	总量	比增(%)
林业产业总产值	130.38	16.72	162.92	24.96	203.74	25.06
第一产业产值	54.44	7.00	63.83	17.25	75.36	18.06
第二产业产值	70.99	25.07	93.04	31.06	123.63	32.88
其中：规模以上	53.61	29.34	77.65	44.84	110.58	42.4
第三产业产值	4.94	21.38	6.04	22.27	4.75	-21.36

2. 主要林产品产量快速增大

2007 年，全市生产人造板（含集成材）201.99 万立方米，其中集成材 30.45 万立方米，成为我市出口的大宗产品；木竹地板 269 万平方米，家具 83 万件（套），松香、松节油及其深加工产品 7.58 万吨，活性炭和竹炭 2.41 万吨，纸及纸制品 50.62 万吨，笋加工 16.14 万吨（表 2）。

表 2　三明市 2005～2007 年主要林产品产量情况

指标名称	2005 年		2006 年		2007 年	
	总量	比增(%)	总量	比增(%)	总量	比增(%)
商品材产量（万立方米）	190.05	-1.34	206.87	8.85	229.52	10.95
锯材产量（万立方米）	44.93	16.64	50.54	12.49	58.67	16.08
人造板产量（万立方米）	85.92	22.71	136.78	59.19	201.98	47.67
其中：胶合板（万立方米）	39.49	7.98	47.27	19.70	59.84	26.6
纤维板（万立方米）	16.75	25.75	16.21	-3.22	21.49	32.55

（续）

指标名称	2005年		2006年		2007年	
	总量	比增(%)	总量	比增(%)	总量	比增(%)
刨花板(万立方米)	5.85	130.32	23.92	308.89	51.23	114.19
细木工板(万立方米)	22.77	35.13	27.46	20.60	37.65	37.10
集成材(万立方米)	11.09	148.10	20.28	82.87	30.45	50.12
装饰板(万立方米)	1.07	568.75	1.64	53.27	1.32	-19.5
家具(万件)	—	—	65	—	83	27.19
活性炭和竹炭(万吨)	1.61	1.26	2.17	34.78	2.4	10.73
松香产量(万吨)	4.22	1.44	5.26	24.64	7.59	44.26
纸及纸制品产量(万吨)	38.48	18.05	44.09	14.58	50.62	14.81
纸浆产量(万吨)	27.62	15.37	27.98	1.30	22.96	-17.95
木竹地板(万平方米)	207.73	-6.85	216.24	4.10	269	24.4

3. 品牌数量快速增加

2006年，福建铙山纸业集团有限公司的“铙山”商标被认定为“中国驰名商标”，永林股份有限公司的蓝豹牌中密度纤维板被认定为“中国名牌产品”，实现了全市国家级名牌零的突破。2007年，永安林业(集团)股份有限公司的“永林蓝豹及图”商标被认定为中国驰名商标，永林股份并获得全国强化木地板行业首家出口免检企业；同时，新增福建省名牌产品8个、福建省著名商标1枚。截至2007年底，全市累计获得中国名牌产品1个、中国驰名商标2枚、国家免检产品4个、福建省名牌产品30个、福建省著名商标15枚，居全省同行业第一(表3)。

表3 三明市林产品品牌情况

类别	数量	名称
中国名牌产品	1	永林蓝豹牌纤维板
中国驰名商标	2	铙山、永林蓝豹及图
国家免检产品	4	永林蓝豹牌强化复合木地板、永林蓝豹牌纤维板、铙山牌高档薄型包装纸、青山牌包装用纸
福建省名牌产品	30	企鹅牌胶合板、永林蓝豹牌强化木地板、青山牌纸袋纸、青山牌125~300g/m² 牛皮卡纸、天河牌竹凉席、铙山牌17g/m² 拷贝纸、铙山牌14g/m² 薄页纸、闽山牌萜烯树脂、明新牌胶合板、明通牌竹木胶合板、竹神牌闽笋干、孟宗牌笋干制品、鸿伟牌细木工板、永林蓝豹牌中密度纤维板、沈郎乡牌一级山茶籽油、石仙牌活性炭、永庆牌高强度复塑竹胶合板、铙山牌炊蒸原纸、利丰牌松香树脂、明健盛牌水煮笋罐头、家丰牌竹菜板系列、山雪牌中华猕猴桃汁饮料、"金璐源"细木工板、百事达牌食用变性淀粉、凰宝牌细木工板、开心一百牌生活用纸、明福牌混凝土模板用胶合板、TENGRONGDA牌绒毛浆、翠源馨牌笋软包装罐头、铙山牌半透明纸
福建省著名商标	15	企鹅、永林蓝豹、青山、铙山、天河、孟宗、家丰、竹神、石仙及图商标、乐洪及图商标、明通及图商标、沈郎乡及图商标、明建盛及图商标、翠源馨及图商标、图形商标

【链接】福建省永安林业(集团)股份有限公司

福建省永安林业(集团)股份有限公司于1993年12月创立，1996年12月6日在深交所挂牌上市(股票代码000663)，是全国首家以森林资源为主要经营对象的上市公司。公司总资产10亿元，森林经营面积181万亩。主要产品有木材、纤维板、强化木地板、胶合板、甲醛、胶粘剂、松油系列产品和天然香兰素等。公司拥有“永林蓝豹”、“永林”、“企鹅”、“蓝豹”等注册商标，其中“永林蓝豹”商标荣获中国驰名商标，“永林蓝豹”中纤板为中国名牌产品，“永林蓝豹”中纤板和强化木地板为国家免检产品，“企鹅”商标为福建省著名商标，“企鹅”牌胶合板为福建省名牌产品。公司凭借出色的技术创新能力与雄厚的技术水平，获得5项国家专利技术及参与制定7项国家标准，产生了良好的经济效益，受到了行业内专家学者的好评。几年来，公司坚持“以森林培育为基础、以人造板加工为龙头，走可持续发展”的发展战略和“品牌化经营、规范化管理、市场化运作”的经营理念，形成了集“森林培育—木材采伐—中纤板—木地板”为一体的林业行业循环经济示范企业。

经过努力，公司取得较好的成绩。为全国中纤板和木地板行业首家设立博士后工作站的企业，国家林业局第一家工业原料林采伐管理试点单位，全国耐寒桉树树种研发中心，全国第一家《森林经营方案》获得批准实施、并被国家林业局作为范本在全国推广的企业，全国中纤板和地板行业中唯一获得“出口免验”资格的企业，FSC(森林认证)认证在中国南方地区推广的试点企业。为全国森工系统营林先进单位，全国林业突出贡献奖“先进企业”，科技部第二批创新型试点企业、福建省农业产业化龙头企业，福建省品牌农业金奖企业，福建省27家重点扶持的大型骨干企业之一，福建省“创新型试点企业”。2002~2006年连续4年被福建省企业评价中心授予“福建省木材加工行业第一强”。

【链接】福建省青山纸业股份有限公司

福建省青山纸业股份有限公司是集制浆、造纸、发电供热、碱回收、医药、光电子、原料林基地开发于一体的国有大型上市企业。始建于1958年，1971年10月正式投产，1993年4月由原福建省青州造纸厂分立重组改制为股份制企业，1997年7月在上海证券交易所上市。公司现有总资产31.6亿元，总股本106184万股，年产纸与纸板50万吨，员工2300余人，10多家参股控股子公司，是全国纸袋纸、牛皮箱板纸、高强瓦楞纸的重点生产企业，全国1000家重点发展企业、福建省重点骨干企业和福建省最大的造纸企业，已通过ISO9001质量管理体系和ISO14001管理质量体系国际标准认证。

公司拥有省级企业技术中心、各类工程专业技术人员300多人，技术力量雄厚。公司主体设备由福伊特、维美德、奥斯龙、美卓等国际先进造纸设备制造商制造，拥有年产10万吨纸袋纸、20万吨高强牛皮箱板纸、20万吨高强瓦楞纸等三条国际先进水平造纸生产线。公司主导产品为“青山”牌系列产品，主要有70～110g/m^2系列普通及伸性纸袋纸、60～120g/m^2系列精致牛皮纸、110～250g/m^2系列高强牛皮箱板纸、全木浆牛皮卡纸、80～160g/m^2系列高强瓦楞纸。“青山”牌系列产品是“全国知名品牌”，产品行销全国各地和出口东南亚、中东等国家和地区，其中纸袋纸系列产品质量与市场占有率居国内第一、国家质量免检产品，高强牛皮箱板纸系列产品省内占有率第一、产品质量国内先进，高强瓦楞纸系列产品质量国内第一。

面对全球经济一体化的机遇与挑战，公司坚持“以人为本、竞业至新”的企业理念，按照“造就时代的青山人，创造世界的青山牌”的企业宗旨，以发展为主题，以创新为动力，确立长纤维本色包装纸在行业中的独特优势，全力打造百万吨级的制浆造纸综合性大型包装纸基地。

【链接】大亚木业(福建)有限公司

大亚木业(福建)有限公司由大亚科技集团有限公司，福建省鞋帽进出口公司，云莱国际公司共同投资设立，坐落于三明高新技术产业开发区金沙园内。2005年开始项目建设，属中外合资企业，注册资本2200万美元，首期投资6.7亿元人民币，投资总额达10亿元，工厂占地450亩，建设时间14个月。

公司是目前国内装备水平最高、工艺技术最优、市场拓展能力较强的亚洲最大的刨花板生产企业，公司全套引进德国辛北尔康普公司成套提供的年产45万立方米刨花板生产线，生产国内最高端、亚洲和全球均属一流的刨花板。公司从建设到正常生产运营已经创造了几个第一：设备生产能力规模亚洲第一，同类产品技术水平全球第一，建设速度世界第一，目前产品定位全国第一，产销能力全国第一，已经成为了中国林业产业的一个旗舰。

公司2006年5月开始试投产，当年生产刨花板15.3万立方米；2007年生产刨花板41.2万立方米，完成产值47115万元，基本实现达产达标。2年来，公司收购的木材原料价格，木片每吨从建设期220元提高到现在的430元，枝桠材每吨从建设期190元提高到现在的335元，拉动了林农的增收。2007 年缴交税费 1183.31 万元，2008 年上半年缴交税费 612.02 万元，同时社会公益捐款 120 余万元，带动了林业、物流等产业发展，增加就业岗位 1000 多个，为地方经济社会发展作出了贡献。

四、存在问题

1. 规模偏小，布局不尽合理

据普查，全市林业企业有 1499 家，但规模以上企业仅有 326 家，绝大部分企业是小企业，仅木材加工小企业就有近 1000 家。这些企业不仅规模小，而且产品档次低，技术含量低，布局也不合理，与大中型加工企业争夺资源。由于受区域壁垒、地方保护的影响，清理整顿这些小木材加工企业难度很大。

2. 产业链短，深加工产品少

全市人造板生产已突破 200 万立方米，但是人造板的深加工却很少，2007 年人造板二次加工装饰板只有 1.32 万立方米。家具生产虽然有所增长，但是从绝对值来看，产量仅有 83 万件(套)，与发达地区相比相差甚远。

3. 成本提高，发展阻力增加

2006 年以来，人民币兑美元不断升值，有不少林产品出口退税调低 5～6 个百分点，加上木材原料提价、工人工资提高等，许多企业面临着发展的重重压力。

五、意见建议

1. 认清形势，抓住机遇

从国家政策看，2007 年 8 月国家林业局、财政部等 7 部委联合下发《林业产业政策要点》，要求积极发展木材加工尤其是精深加工精深加工业，延长产业链，实现多次增值，提高木材综合利用率，为林产工业的发展指明了方向，明确了思路，注入了动力。从市场需求看，我国林产品消费市场广阔，但随着人们生态保护意识的增强和资源的限制性采伐，导致林产品原料价格上涨，使产品供求关系发生了变化。因此，必须充分依托国内的木材资源，通过提高生产技术水平来降低木材消耗，实现最大限度的增值。从三明实际情况看，市委、市政府高度重视林业产业的发展，制定落实优惠措施，鼓励和扶持林业产业发展。所有这些，都为林产工业的发展带来难得的机遇。

2. 科学规划，突出重点

一是明确发展目标。对今后10年、20年提出符合三明实际的产业发展规划，从木竹和人造板的深加工、生物利用、林产化工、纸制品、林业机械、苗木花卉、森林食品加工、森林旅游等方面作为重点来发展。二是区域合理布局。充分发挥区域优势，整合资源，最大限度地挖掘生产潜能。各县(市、区)根据区位的特点和各自的优势，发展“一县一品”，做强做大优势产业。三是建立工业园区。引导林产工业项目特别是大项目建设向工业园区发展和集聚，这也是未来产业发展的方向。

3. 突破难点，加快发展

一是转变林业产业发展方式。从粗放经营向节约型管理转变，高原料消耗、低劳动生产率向低原料消耗、高劳动生产率转变，依靠大的资金投入向依靠科技进步和提高劳动者素质转变，单纯追求产值、数量向提高产品质量、企业效益、市场占有率转变。二是建立发达的林产工业体系。以市场为导向，以科技为支撑，重点发展市场前景看好的产品，认真贯彻落实国家七部委联合下发的《林业产业政策要点》，鼓励和支持对人造板、机制纸、松香及松节油等产品进行二次加工利用，逐步延长产业链，提高产品的附加值。三是促进产业合理布局。以“引进一批、扶持一批、整合一批、清理一批”为原则，依法依规，进一步清理整顿小加工企业，减少资源消耗，保证大的木竹加工企业的原料供应，促进林业产业优化组合、规模发展。

第二节　生物医药产业发展

生物医药产业被视为21世纪的明星产业，是当今世界最活跃、进展最快的产业之一。三明市具有优越的自然条件，境内野生动植物种类繁多，药用植物资源十分丰富。据调查，三明市境内有高等植物267科1062属2843种，其中中药资源有1887种，可作为生物制药的原料；低等植物中，可供食用药用的菌类植物80多种。三明市委、市政府将生物医药列入全市“4+1”产业集群进行重点培植和发展，对于发挥三明市丰富的天然药用资源优势，实现林产品和中医药产品的升级换代，最大限度地拉动地区社会经济发展，具有重要意义。

一、发展思路

1. 总体目标

将生物医药产业发展成为三明市具有强大核心竞争力、较大产业规模、较强区域影响力的先导产业，并实现快速、健康、可持续的发展，把三明建设成为海峡西岸经济区天然植物药产业的重要基地。力争到2010年，全市生物医药产业实现产值50亿元；到2015年，全市生物医药产业产值达110亿元。

2. 发展布局

根据三明市生物医药产业发展的实际情况和发展条件，在各县(市、区)之间实现区域联合、错位发展格局。重点推进三大片区和五个园区建设：一是西部片区。以明溪县为主体，连接清流、宁化两县，主要发展以明溪南方红豆杉、石蒜、厚朴、芳樟树，宁化葛根、黄金宝树，清流的野鸦椿、野甘草等植物药物为原料提取原料药及医药中间体为主的生物制药，发展以食用菌、农牧产品为原料生产功能食品。重点规划建设“明溪闽西北现代药都产业园”和“宁化翠江生物产业生态工业示范园”两个园区及原料种植基地，建成世界最有影响的紫杉醇抗肿瘤药生产基地之一。二是北部片区。以泰宁县为主体，连接建宁、将乐两县。主要发展以泰宁雷公藤、香草、竹、灵芝等植物药物为原料提取原料药及医药中间体为主的生物制药，发展以食用菌、建莲等农牧产品为原料生产保健食品、功能食品等。重点规划建设“闽台(泰宁)生物科学园”及10万亩雷公藤种植基地等，建成世界性的雷公藤制药基地。三是东南部片区。以三元区、沙县为主体，连接梅列、永安、尤溪和大田四县(市、区)。主要依托城区基础设施和科研优势，发展生物制药、生物制造(包括应用发酵工程技术、酶工程技术和生物分离技术生产生物制品)、生物育种(包括杂交水稻、食用菌和林木)等。重点规划建设“三明高新技术产业开发区金沙园”和“荆东生物医药工业集中区”两个园区和构筑生物技术研发集中区。

二、工作措施

生物医药产业，是一项高技术、高投入、高风险、高收益的产业，需要有关部门配合，形成合力共同推进，方能取得成效。三明市的主要做法是：

1. 领导高度重视

三明市委、市政府提出发展“4+1”产业集群，将生物医药产业定位为三明市经济发展格局中具有重要战略意义的高技术产业，成立由市领导亲自挂帅的生物医药产业领导小组全力推进，建立由市直有关部门参加的生物医药产业联席会议工作机制，集聚力量，共谋发展。每年由市政府下达县(市、区)和市直部门生物医药工作责任状，年底进行检查考核。各县(市、区)也相应成立生物医药工作领导小组。市编委核准设立三明市生物医药产业办公室，为正科级财政核拨事业单位，编制6人，挂靠市林业局管理。三元、明溪、大田等3个县(区)也经所在编委批准设立生物医药产业办公室，分别配备2名专职人员；其余9县(市、区)也明确了专兼职工作人员，全面开展工作。

2. 优惠政策扶持

三明市先后制定下发《三明市人民政府关于促进生物医药产业加快发展的若干意见》(明政文[2006]61号)、《三明市人大常委会关于促进荆东生物医药工业集中区建设的决定》(2006年4月26日三明市十届人大常委会第24次会议通过)、《三明市人民政府关于加快工业经济发展的实施意见》(明政文[2007]37号)等一系列政策规定，对生物医药产业在财税、土地、奖励等方面予以重点扶持。明溪、泰宁等县也出台了一系列政策措施，以促进生物医药产业的健康发展。

3. 优化投资环境

从2007年起，把原财政预算安排的企业改革与发展资金、重点产业及企业扶持政策兑现资金、产业集群资金、科技创新奖励资金、中小企业科技新资金、产学研资金及国有资本收益和土地出让收放提取的工业用地成本调节基金，统一整合归并为企业发展专项资金，每年安排4000万元，并视财力逐步增加，对生物医药高技术企业进行重点扶持。创新并推广“公司+基金+农户”三联式担保贷款模式，支持企业做大做强。鼓励和支持科研机构与企业，建立双边、多边的协作开发机制，促进企业以一定研究开发资金投入用于产学研结合，通过利益诱导等经济手段，促进生物医药技术成果产业化转移，转化为三明市新的经济增长点。

4. 狠抓招商引资

近年来，三明市在上海、广东等地举办生物医药专场招商活动，并利用林博会平台，共签订生物医药合同项目47个，总投资27.79亿元(其中利用区外资金8.93亿元)，实际到资4.78亿元。其中药材种植项目11个，已种植药材18960亩；加工类项目36个，14个项目已建成投产，10个项目在建，12个项目已入园待建。台商陈松雄先生的土壤改良增肥复活宝项目已签订入驻三元荆东生物工业园，项目投资1.2亿元，年产生物肥料10万吨，产值14亿元。

5. 实施科企对接

第三届林博会期间，成功举办海峡两岸生物医药产业发展论坛，有台湾工业技术研究院生物医学工程中心原主任熊光滨教授、中科院上海药物研究所李援朝研究员等7位知名专家作了专题报告。2008年3月，市政府又邀请中国中医科学院中药研究所所长、世界卫生组织传统医学(中药)合作中心主任黄璐琦博士等一行6人来明指导考察生物医药产业，先后举办1场专题报告会和3场座谈会。目前，各县(市、区)相继已与中国中医科学院、中国科学院、复旦大学、浙江大学、浙江工业大学等30多所高等院校和科研单位建立了技术合作关系，其中麦丹生物与福建师大生物工程研究所在福州联合筹建海峡西岸生物工程研究院，大田县政府与浙江工业大学合作建立生物技术研发中心。据统计，全市现有17家生物医药企业与15家高等院校和科研单位实施科企对接25项，科技投入3094万元、工程投入39466万元，预计建成投产后，可产生经济效益74778万元。

三、初步成效

几年来，我市生物医药产业发展取得了一定成效，主要表现为以下五个方面：

1. 产值连年翻番

三明市生物医药产业从无到有，从小到大，呈现出良好的发展势头。2005~2007年，全市实现规模以上生物医药产业产值分别为2.58、5.08、11.38亿元，连续三年翻番。

2. 基地初具规模

全市共建有人工药用植物基地17.82万亩，其中成规模种植的有厚朴50770亩、红豆杉46350亩、雷公藤31611亩、芳樟香料林13740亩、桂花8969亩、草珊瑚6074亩、葛根5000亩、茯苓4158亩、银杏3880亩等，还种有杜仲、灵芝、野鸦椿、吴茱萸、铁皮石斛、互叶百千层、玉竹、喜树等20多种药用植物。其中泰宁雷公藤、九节茶、明溪红豆杉、建宁莲子列入福建省地道药材GAP示范基地建设。美国泛华公司、法国PFM公司、美国健康研究所与泰宁杉阳雷公藤公司签订合作建设雷公藤基地3.9万亩，现已完成1503亩。

3. 产业特色鲜明

明溪县是“中国红豆杉之乡”，已突破人工栽培关键技术，南方红豆杉提取紫杉醇远销美国。泰宁县建立全国最大的雷公藤人工种植基地，规划发展成为雷公藤制药中心。三明药用食用菌育种及产业发展居全国前列。沙县麦丹生物集团公司生产的苯丙氨酸产量居全国第一、世界第三。大田华灿生物科技公司工具酶研发和产业化走在全国前列。拟建的福建宝康生物科技公司生产的土壤改良增肥“复活宝”，项目技术世界领先。目前，全市登记注册的生物医药企业38家，其中酶制剂企业1家(大田华灿生物科技)，生物发酵企业1家(麦丹集团)，酶检测试剂2家，生物制药类6家，植物原料药提取有28家，初步形成了以天然植物原料药提(萃)取为主的独具特色的生物医药产业体系。

4. 创新能力较强

全市生物医药企业建有博士后工作站1家、生物组培中心5家，华健生物、三真药业等7家生物医药企业新申报国家专利32件，获国家专利授权批准12件。汇天药业、南方生物、三药兽药、天健药业、三真药业、海天蓝波、仙锦药业等7家企业通过了国家GMP认证；华灿生物技术有限公司、金湖碳素有限公司、博峰生物科技有限公司等3家企业被省科技厅授予高新技术企业；麦丹生物被省科技厅认定为省企业技术中心。南方生物、尤溪金门春生物、建宁文鑫莲业等3家生物医药企业被授予福建省创新型试点企业。南方生物和百事达淀粉被列入福建省第一批实施技术标准战略试点企业。

5. 园区建设较快

全市生物医药园专业园区3个，功能小区7个，规划总面积36136亩，总投资22.8亿元。现已完成土地平整4883亩，入驻企业28家。其中荆东生物医药集中区规划总面积4000亩，完成土地平整2700亩，落实入园企业7家，项目总投资5.93亿元。明溪闽西北药都产业园区规划5100亩，完成土地平整1973多亩，已入驻企业3家。宁化县翠江生物产业生态示范园区规划面积1万亩，现已核准供地372亩，入驻三明益菇生物、新联葛业、黄金宝树等3家企业，总投资6460万美元。

【链接】福建南方生物技术股份有限公司

2001年9月，福建省明溪南方红豆杉生物有限公司成立。2004年4月进行股份制改制，更名为福建南方生物技术股份有限公司，注册资金5800

万元。截至2008年6月止，已累计投资12000多万元。其中投资7000多万元，建成红豆杉原料基地3.5万亩；投资5000多万元，按国家GMP标准，建成总面积为7112平方米的生产车间，年生产紫杉醇半成品240千克，原料药70千克，副产品480千克，年销售收入超亿元，利税上千万元。

【链接】泰宁县雷公藤产业

2001年，泰宁县委、县政府做出了计划发展10万亩雷公藤种植基地的决定，以福建杉阳雷公藤产业发展有限公司为龙头，实施规模化种植。几年来，全县雷公藤种植面积达3.7万亩，成为全国最大的雷公藤人工种植基地。2006年，福建华辰集团与杉阳雷公藤产业发展有限公司合资组建福建省汉堂生物制药股份有限公司，依托中国科学院上海药物研究所的技术，投资1.2亿元，分两期建设中药提取车间、固体制剂车间、危险品库、污水处理站、行政办公楼、中试质检楼、员工宿舍楼以及附属设施。中药提取车间现已建成投入使用，可年产雷公藤甲素50千克，年产值3亿元，利税2千多万元。

第三节　竹业开发

三明是福建省毛竹重点产区之一。上世纪80年代初，全市有竹林面积230万亩，结合林业“三定”工作，落实了竹山生产承包责任制。但是，竹林的生产、销售、管理相分离，政出多门，多重领导，加上笋竹税费征收项目杂乱，负担过重，使得竹农的竹山收益低，无利可图，未能真正调动竹农开发的积极性，造成重取轻予、粗放管理、掠夺经营，竹林资源质量下降、林地生产力低下的恶性循环局面。由此，对原有竹林经营体制进行改革，探索建立适合竹业经济发展的新型机制，势在必行。

一、探索历程

三明市竹林行业管理新体制建立主要经历四个阶段：

1. 试点阶段

1990年，竹林管理体制改革列为集体林区改革试验项目之一，并在永安开展试点工作。通过试点林业部门统一竹林生产经营管理，进一步理顺管理体制，并积极探索有利于竹林经营管理办法。总的原则是：不新设竹业管理机构，把笋竹销售和竹林培育结合起来，在兼顾供销社、林业局、企业局三家利益的前提下，从养竹、挖笋、采伐到购销、加工出口，都归林业部门一家管理。具体做法概括为“七个一”：

(1)实行竹林、竹笋采挖“一本账”。竹、笋、土纸、竹林副产品和林农自用竹都纳人“一本账”指标，实行限额采挖。

(2)实行经营管理一条龙。竹林按流向计划由林业和供销部门共同研究下达，竹材由木材采购站收购，笋干、土纸由供销社收购，鲜笋由加工企业按行政区域分片收购。

(3)实行采伐审批一支笔。凡需采伐的山场都应进行伐区调查设计，做好伐竹标记，填好竹林伐区调查设计的图表和申请表。各乡镇采伐区委托各林业站审批，发给采伐许可证。

(4)实行检验一把尺。竹林的生产、销售统一由木材采购站负责收购、调拨和检尺。

(5)实行收购、调拨一个价。各木材采购站按“三边”交货为基准，核定统一的收购价和调拨价，由物价和林业部门联合下达。调拨价按“三边收购价”加“金税费”和10%的毛利计算。

(6)实行统一“金、税、费”标准。竹林的育林基金，参照木材征收标准，按收购后第一次销售价的12%计征(笋干每100千克、土纸每100千克按1百根竹标准折算)；清水笋、盐水笋每吨50元；出市冬笋每吨24元；综合利用的竹梢、竹枝免征。

(7)实行统一发放运输证。竹材运输证统一由林业部门发放。凡竹材在10根以上都应持林业部门竹材内部检尺单和“金、税、费”发票在市内运翰。凡运往市外的，一律凭“福建省竹材省内运输证”或“福建省竹材出省运输证”，并加盖“竹材运输管理专用章”方可运输。

2. 推广阶段

1994年，福建省政府下发《关于大力发展竹业经济的意见》，推广永安试点经验，进一步明确“竹政管理归口林业部门，竹笋多家经营”的体制。三明市贯彻落实省政府精神，全面推行竹林管理新体制。

(1)建立竹笋限额采挖制度，实行竹笋凭证采挖、运输和加工销售，强化竹政管理，推行新的竹业管理办法。

(2)制定竹林资源的培育、加工利用发展规划，并实行竹林资源培育目标责任制，加快笋竹两用林生产基地建设，扩大竹林资源面积，改善竹林结构，提高林分质量。

(3)明晰产权关系，进一步完善竹山承包责任制，并允许竹林拍卖、租赁、抵押、入股，实行有偿转让。

（4）多方筹集资金，增加竹林投人，并收足、管好、用活竹林育林基金和生产扶持金。

（5）加强笋竹加工企业的管理，协调好竹林资源的保护发展和加工利用的关系，开发名特优产品，搞好深度加工，增加销售收入。

（6）理顺生产、加工、销售、运输的关系，妥善解决新旧体制转换过程中出现的新问题、新矛盾，搞好经营流通。

3. 深化阶段

1997 年，永安市对竹林行业管理新体制进行深化改革。通过广泛的调查、设计和论证，永安市政府决定于 1997 年 1 月 1 日起试行按面积、分地类源头征收笋竹锐费的新办法。

（1）明确征收的对象为永安市行政区域内从事竹林笋、竹产品生产销售的单位和个人；征收的项目为：笋、竹农业特产税和育林费。

（2）按竹林立地质量等级和交通条件的差异，将单位面积的计征产量划为三个类别，一定六年不变。

（3）明确计征基价、计征"税费"率，并合并征收，简化征缴手续。

（4）改革征缴办法，建立征缴"税费"合同制度，体现公开、公正、公平的原则。

（5）提供笋、竹产品销售服务，方便林农和生产单位。

（6）鼓励农户培育丰产竹林，增产不增"税费"，一定六年不变，凡在 1998～2003 年期间，一次性完成所核定的全年笋、竹"税费"征缴任务的农户，其增产部分的笋竹产品，不再增收"税费"，以调动林农科学育竹的积极性。

4. 发展阶段

新体制的建立和政策的延续稳定，促进竹林经营承包责任制的完善和落实，形成配套的经营管理组织和制度。建立健全县、乡、村三级竹林资源管理网络，促进竹林生产力和竹业经济迅速发展。"九五"初期，三明市启动以低产竹林改造为主要目标的竹林资源培育。"九五"期末，全市实施 100 万亩"两高一优"（高产、高效、优质）丰产竹林基地建设工程，建设丰产竹林基地 50 多万亩，竹山面积由 230 万亩增加到 367 万亩。资源总量的增加和质量的提高，孕育了以水煮笋、竹香芯、竹凉席为主导产品的笋竹加工产业，到 2000 年，竹业总产值突破 10 亿元。

二、工作措施

"十五"期间，三明市委、市政府把竹业开发作为农村致富、农民增收的重要途径，紧抓不放，并列为全市农业重点特色产业，制定相应配套措施，不断加大扶持力度。

1. 成立机构，专职负责竹业开发

2002年，三明市竹业开发站成立，核定为财政核拔正科级事业单位，编制7名。永安、沙县、尤溪、泰宁、宁化、将乐、大田等县(市)也相应成立竹业管理机构，其余县(区)把竹业管理职能挂靠在林业局营林股。全市现有专业技术人员40多人，其中高级工程师10名，工程师20多名。

2. 制定政策，调动竹农的积极性

2001年3月，三明市政府制定出台《关于规范笋竹经营管理和统一税费征收标准的通知》，在税费项目及标准严格按规定标准的基础上，全市笋竹产品实行统一的税费起征价，原竹从根每10元左右调低为3元，税费减征2/3。2005年又执行免征农业特产税政策，使全市原竹平均税费从原来的每根2.25元下降到现在的0.06元。该政策执行以来，全市竹农和笋竹生产经营者仅此项年可增加收入近亿元。2003年4月，市政府又制定下发了《关于加快竹产业发展的若干意见》，进一步简化竹政管理。竹林采伐管理由原来的采伐限额改为竹林采伐计划，并取消竹林伐区作业设计和竹材检验制度，放宽竹林限额采伐限制。竹林原竹及其半成品在县(市、区)内不再凭证运输，2006年8月，福建省林业厅规定：对竹材及半成品、成品的运输管理予以放宽，省内运输实行绿色通道。笋竹税费的降低和竹政管理的放宽，让竹农得到了实惠，充分调动广大竹农开发竹山的积极性。

3. 开展竞赛，掀起竹业开发热潮

从2003年起，三明市委、市政府在全市范围内开展竹业开发竞赛活动，每年对成绩突出单位的给予表彰奖励，对发展较慢的加以督促，对措施不力的提出整改。从2004年起，市委、市政府把笋竹产业列为全市农业重点特色产业之一，加以重点扶持。在市委、市政府的大力倡导和重点扶持下，各县(市、区)高度重视，及时分解落实竞赛活动的各项任务，层层签订建立竹业开发责任制，开展不同形式的竞赛活动。全市上下形成了“你追我赶”的竞赛氛围，竹业开发热潮不断掀起。2002~2007年，全市累计新造竹林18.31万亩，低产竹林改造176万亩，抚育969万亩，深翻施肥134万亩，丰产竹林达120万亩。

4. 加大投入，改善竹山经营条件

2003年开始，以改善竹山经营基础设施为主题，全面启动了竹山道路和灌溉建设。5年来，三明市政府累计下达4500千米竹山道路、50000立方米竹山灌溉水池的建设任务。全市各级各部门通过争取上级资金补助、地方配套和林农集资，累计投入资金 7100 多万元，开设竹山道路 5667 千米，新建竹山灌溉水池 6.35 万立方米，受益面积达到 100 多万亩，竹山经营条件得到一定的改善，较大幅度地降低竹山经营成本，提高竹山经营效益。如永安市西洋镇桂溪村开通竹山道路 52.2 千米，受益竹林面积 2.1 万亩，增收 52 万元。尤溪县范兆瑞承包户于 2004 年在雷竹科技园修建 1 个蓄水池，2005～2006 年，雷笋亩产达 1500 千克，比没有灌溉的竹林增加 1 倍多，经济收入成倍增加。

5. 科技示范，提高竹林经营水平

2005 年开始，以科技兴竹为竹业工作主题，各县（市、区）与国家竹子研究中心、中国林科院亚林所、南京林业大学、福建农林大学、浙江林学院等科研院校合作，建立长期科技协作关系，传授科学育竹新技术，合作建立 12 个现代竹林科技园、高效示范片 55 片，示范户面积 3.3 万亩。在科技示范带动下，科学经营竹林水平明显提高，平均亩立竹量从 100 根增加到 140 根，平均胸径由 7 厘米增加到 8.5 厘米，竹山产值翻了一番。沙县高桥镇泉水峡村从 90 年代初期开始建设科技示范基地，目前全村 6032 亩竹山基本达到了丰产水平，每年每亩砍竹 30 多根，生产鲜笋 200 多千克，平均年亩产值达到 497 元，全村年人均纯收入 3965 元，其中仅竹业收入人均达 3000 元。三元区科技园通过丰产措施，亩立竹量由原来的 140 株提高到现在的 180 株，亩产冬笋由 2004 年的 37.5 千克提高到 2006 年的 158.5 千克，春笋由 411.5 千克提高到 745 千克，竹山亩产值达到 2075 元，比 2004 年增加 1337 元，2007 年小年亩产值达 586 元，比 2005 年增加 114 元。科学技术的传播和科技示范片的建设，极大地调动了广大竹农经营竹山的积极性，“把山当田耕、把竹当菜种”成为一种新的经营理念。

6. 打造品牌，提升笋竹产业档次

“十五”期间，三明市十分注重打造竹业品牌，通过招商引资，引进新技术、新工艺，开发新产品，借梯登高，借智发展。2001 年，在沙县成功举办中国竹藤产品交易会，2002～2007 年永安市连续成功举办 6 届笋竹节，为笋竹产品走向市场搭平台、树品牌、促流通。目前，全市已培育永安“明通”、“永兴”、沙县“沙阳”、“梅花”竹胶板，沙县“天河”竹凉席、“三和”笋食品，建宁“孟宗”笋干，尤溪“三恒竹地板”、“绿竹笋”等 20 多个地方知名商标，2006 年永安、沙县、尤溪等 3 个县（市、区）获得“中国竹子之乡”称号。通过创品牌、闯市场，三明市笋竹产品畅销国内外，2006 年笋竹产品出口创汇2千多万美元。

7. 组建协会，增强笋竹产品竞争力

2003年初，由永安吉通板业有限公司、永安兴国人造板有限公司、沙县青竹集团等企业主发起成立三明市竹业协会。2004～2005年又先后成立竹胶板、竹地板、竹凉席、清水笋、竹炭、竹香芯、笋干等专业委员会，省竹业协会也相继在永安、沙县设立竹胶板、竹凉席两个分会。这些由企业"自办、自管、自律、自我服务"的行业协会，定期开展活动，相互沟通信息、协调解决问题，共同策划市场营销，取得了积极成效。如沙县竹凉席协会发挥行业自律作用，监督产品质量，协调市场价格，保护了竹凉席产业的健康发展。永安市竹胶合板协会积极协调竹胶合板生产企业，合理配置资源，避免了原料的无序竞争。

三、初步成效

通过改革，三明市竹业开发呈现快速稳步发展和势头(表4)，竹业已经成为增加竹农收入的重要产业。

表4　三明市笋竹产业发展情况

指标名称	2003年		2004年		2005年		2006年		2007年
	总量	比增(%)	总量	比增(%)	总量	比增(%)	总量	比增(%)	总量
年末竹林面积(万亩)	400	0.76	405	1.25	412	1.73	415	0.73	418
毛竹产量(万根)	3695	50.63	3450	-6.63	4026	16.70	4703	16.82	4985
笋制品产量(万吨)	11.06	90.55	11.61	4.90	12.76	9.96	13.22	3.55	15.32
竹胶合板(万立方米)	6.67	1.17	7.27	8.98	8.04	10.59	9.79	21.78	10.67
新增竹山便道(千米)	516	5.74	1274	146.90	1086	-14.76	1092	0.55	1211
竹业总产值(亿元)	23.06	40.78	27.39	18.78	32.89	20.08	40.86	24.23	47.18

1. 竹林资源指标全面增长

通过开展竹业开发竞赛活动和省竹业开发二期示范工程带动，三明市竹林资源总量和质量得到大幅提高。全市竹林面积从2000年的367万亩扩大到2007年的418万亩，培育"两高一优"丰产竹林120万亩，亩立竹量由1996年前的不足100株提高到140株，平均胸径从7厘米增加到8.5厘米，竹林结构日趋合理，经营竹种由1996年前的毛竹为主，发展为毛竹、苦竹、雷竹、石竹、麻竹、绿竹、黄甜竹、茶杆竹等20余种，改变竹种结构单一的不合理状态，丰富了竹林资源。

2. 竹山基础设施逐步完善

2001年前，三明市竹山道路为3000千米左右，竹山道路密度不足1千米/千亩。2002年起，通过省、市竹业专项补助资金项目的带动和各县(市、区)优惠政策的扶持，全市累计完成竹山道路开设5667千米，新建竹山灌溉水池6.36万立方米，使竹山道路密度达2千米/千亩以上，竹林灌溉受益面积达12万亩以上，改善竹山经营条件。

3. 竹山经营效益不断提高

通过政策引导、技术推广、项目带动、资金扶持、改善经营条件等措施，竹山经营水平和效益不断提高，竹农耕山育竹的积极性不断增强。竹山产值从2000年的5.27亿元增加到2007年17.45亿元；竹山亩产值从1990年的30多元、2000年的207元提高到2007年的417元。全市竹林面积418万亩，其中有50多万亩竹山产值达1000元以上，170多万亩达500~1000元，最高亩产值达3200多元。

4. 笋竹加工产业蓬勃发展

全市现有笋竹加工企业783家，较“十五”初期翻了一番。其中产值在千万元以上的规模企业36家，并有国家级龙头企业1家、省级龙头企业8家。笋竹制品从2002年前以竹筷、竹香蕊、清水笋等低附加值的初级加工产品，发展到附加值较高的软包装笋制品、竹胶合板、竹地板、高档竹凉席、竹工艺品以及竹炭等六大系列百余种产品。竹加工产值从2000年的4.86亿元增加到2007年的29.73亿元，增长512%。

5. 竹业经济形成区域特色

近几年，三明市竹业经济保持20%以上的年增长速度，竹业开发出现快速发展，全市竹业产值由2000年的10.13亿元增加到2007年的47.18亿元，增长了366%，占2007年林业产业总产值23.16%；竹农人均竹山收入由2000年的800元增加到2007年的1950元，增加1150元。竹业已成为山区经济发展、农民增收致富的重要产业，形成了明显的区域特色。

【链接】福建三和食品集团有限公司

福建三和食品集团有限公司三明高新技术产业开发区金沙园，是我国最大的生产水煮笋、速冻笋及深加工产品的外向型企业。公司占地152亩，注册资金5000万元，总资产2.3亿元，现有员工500余名。公司引进国际先进的“双螺旋”速冻、真空包装生产线及切丝、切片、切丁等水煮笋精加工生产设备，生产车间日加工能力达660吨，拥有24000平方米的仓储库区和3000吨容量的冷藏库，产品涉及竹笋原料林基地200多万亩，先后开发了100多种不同规格的小包装产品，公司产品已占有日本竹笋市场26%的份额。2007年度公司产品产量为44873吨，工业总产值为25530万元，销售收入22010万元，上缴税额339万元。

公司作为农业产业化的示范企业，充分发挥龙头带动优势，以“市场+公司+基地+农户”的产业化经营模式，构建前接国内外市场，中联中小型加工企业，后牵广大农户原料基地的贸、工、农一体化产业链格局，并且带动中小型加工企业以及电力、运输等行业的发展，形成“增产—转化—生产”的良性循环，产生了良好的经济和社会效益。2004年公司被授予农业产业化国家重点龙头企业、省级农业龙头企业及金融部门“AAA”级信用单位等荣誉称号，所实施的“竹笋保鲜加工新技术产业化示范”被列入福建省重点星火科技项目。

公司全面实施ISO9001：2000国际质量管理体系及HACCP食品安全预防控制体系，在此基础上还通过日本海外检查株式会社（OMIC）有机农产品（JAS）认证，取得了日本市场绿色食品通行证。公司秉承“诚信经营、科技兴农”的经营理念，不断深入农副产品深加工领域的研究和开发，始终追求安全、安心、自然美味的健康食品。

四、存在问题

通过经营体制改革，竹山经营水平有了较大提高，笋竹产业有了较快发展。但仍存在一些问题有待完善和提高。

1. 竹山经营水平整体不高

全市竹山年亩产值417元，与竹业开发先进地区，如浙江安吉相比，还有一定差距。

2. 基础设施建设还需进一步加强

全市竹山道路现有密度每千亩2千米，按照每千亩3千米的首期目标，全市还需建设4000千米；全市竹林面积418万亩，竹山灌溉面积仅有12万多亩，还需大力推广。

3. 笋竹产业化经营水平不高

全市竹山产值与加工产值之比约为1∶1.7，反映了现有笋竹加工产品附加值不高，笋竹加工水平不高，产业链不长。

五、发展思路

坚持以竹资源培育为基础，以低产竹林改造为重点，以科技兴竹为支撑，以市场需求为导向，以笋竹产品开发利用为龙头，以提高经济效益为目的，努力开拓国内外市场，建立贸工农一体化、产供销一条龙的笋竹产业化经营体系。认真抓好“一个中心、两个基地、三个发展点”（即巩固和发展以沙县为中心的竹凉席生产，做大永安、沙县两个竹质板材和笋制品生产基地，积极开拓尤溪、将乐、泰宁三个区域发展点）。主要发展目标是：到2010年，竹林面积由现在418万亩扩大达到430万亩，丰产竹林面积由现在的108万亩扩大到120万亩，竹山亩均产值由现在的417元提高到450元，竹业总产值由现在的47亿元提高到65亿元，年均增长10%以上。

第四节 花卉苗木产业发展

三明市的花卉苗木产业（观赏绿化苗木，下同）从20世纪90年代开始起步。据统计，2000年全市花卉苗木种植面积仅1450亩，且零星分散，发展不平衡。花卉企业生产规模小，专业化生产程度低，全市162家（含农户）花卉苗木生产经营实体，仅有35家经营面积在50亩以上。生产设施落后，主要以露天生产为主，部分鲜切花生产仅使用简易温室和大棚，抵御冰冻、旱涝等自然灾害的能力低。经营品种单一，特别是鲜切花要靠外来的种苗生产，没有自己的品种特色。专业技术人才缺乏，资金投入不足，栽培技术落后，生产经营成本高，科技含量和产品质量低，难于立足于激烈的市场竞争。

一、主要措施

1998年，国家将花卉行业管理的职能划归林业部门。三明市及时在市林业局设立花卉管理办公室，并于2001年1月批准成立三明市花卉协会。把发展花卉产业，作为加快农业产业结构调整，增加农民收入，促进社会主义新农村建设的重要工作来抓。

1. 制定政策，促进发展

2004年，三明市委、市政府《关于加快林业发展，建设绿色三明的决定》提出，积极发展苗木花卉、森林旅游和森林食品等新兴产业。积极探索和总结推广绿化大苗山地培育模式，形成具有地方特色的优势产业。清流县先后制定出台《清流县生态型万亩绿化苗木基地建设总体规划》、《关于加快苗木花卉产业发展的工作意见》和《关于扶持清流县台湾农民创业园花卉产业区建设的优惠政策》等政策措施，并投入资金，平整山地、修建排灌沟渠和机耕道路等，扶持山地培育观赏绿化苗木生产；补助花卉生产企业建立钢架大棚等基础设施建设，提高抵御自然灾害的能力，促进花卉苗木产业发展。

2. 招商引资，龙头带动

根据自然条件和农村劳动力等优势，认真落实发展花卉产业政策，积极开展招商引资，吸引强势资本投资发展花卉产业。清流县、沙县等地先后引进“全球生态500佳”——浙江腾头集团和福建省农业科学研究院花卉研究中心等知名企业和科研单位，成立三明景秀园林工程有限公司、清流县鸿翔农庄发展有限公司等花卉生产经营龙头企业。通过龙头企业的市场、技术和资金，形成“公司+基地+农户”的产业发展模式，带动广大农户参与花卉生产经营。

3. 对台交流，加强合作

通过海峡两岸（福建漳州）花卉博览会暨农业合作洽谈会、海峡两岸（三明）林业博览会等平台，积极开展对台合作，引进生产特色花卉品种和资金。市农科所与台湾福州多芬园艺公司签订合作开发项目，根据三明山区海拔垂直落差大，自然气候多样性的优势，重点做好盆栽大花蕙兰和切花文心兰的开发，培育优质产品；清流县嵩溪阳光农业有限公司与台湾台中市进出口贸易有限公司签约合作，投资150万美元兴建花卉产业基地500亩。

三、初步成效

1. 花卉产业蓬勃发展

目前，全市花卉和绿化苗种植面积17475亩，比2000年增长12倍，年销售总额达2500多万元。其中罗汉松、桂花、红枫、紫薇、乐昌含笑、茶梅、茶花、竹柏等珍贵观赏绿化苗木15050亩，销售量140多万株，销售额770多万元；鲜切花（百合、康乃馨、非洲菊、剑兰、月季、玫瑰等）1362亩，销售量1680多万枝，销售额870多万元；盆栽植物类717亩，销售量27万多盆，销售额440多万元。清流是三明市花卉产业发展最快的县，全县有19家一定规模的花卉企业，带动农户400余户参与花卉种植，花卉种植面积1200多亩。清流鸿翔农庄农业发展有限公司建成目前全省最大花卉优质种苗组培快繁中心，面积5000平方米，可年产脱毒试管苗非洲菊、满天星、香石竹和新铁炮百合等300多万株，打破三明市鲜切花种苗依赖外调的局面。盛雄花卉公司与荷兰签订合作意向，引进荷兰8个玫瑰新品种，由荷兰专家负责种苗供应和技术指导，项目已落地实施。三明桂园生物科技有限公司立足于桂花品种的收集保存，已建立桂花收集保存基地585亩，共收集了四个品系43个品种桂花，2万多株，是目前国内收集保存桂花品种最多的基地。

2. 花卉市场动工建设

由清流县林业局牵头建设，规划占地面积2000平方米、总投资150万元的清流县花卉交易市场，建设6×10m的钢架结构连栋标准门市30间，并设花农培训中心。目前，已完成花卉交易市场第一期工程建设。

3. 对外交流成效明显

三明市积极组织花卉企业连续参加第一届至第九届海峡两岸（福建漳州）花卉博览会、福建省首届（上海）花博会和首届福建“花王”评选既花卉精品展等花卉交流活动，并获多个奖项，扩大花卉企业对外交流平台，学习外地花卉产业的先进经验，促进花卉产业发展。

三、意见建议

目前，三明市花卉苗木产业仍存在技术人才缺乏、资金投入不足，基础设施薄弱、集约化经营程度低，花卉产品产量质量不高，“大路货”多、特色精品少，经济效益不高等问题。今后，花卉苗木产业发展的意见建议是：

1. 培养和引进花卉技术人才

采取“走出去，请进来”办法，选送一批有一定文化基础、肯学习钻研、热爱花卉事业、能安心从事花卉生产经营、年纪较轻的花卉从业人员到有关科研院校学习深造，提高从业人员的专业理论知识和实际操作能力，解决花卉生产经营的专业技术人才缺乏的问题。同时，积极引进花卉生产经营所需的高新技术人才，以解决花卉产业发展关键性的技术难题。

2. 加大资金投入

充分利用国家的各种涉农涉林扶持资金和优惠政策，通过申报符合国家产业政策的花卉苗木项目和开展抵押贷款、小额贴息贷款等，争取国家资金扶持。同时加大招商引资力度，尤其是要加强与台商的合作，不仅要引进花卉产业发展所需的资金，更重要的是要学习他们先进的生产技术和科学的管理理念，加快三明花卉产业的发展。

第五节　森林旅游业发展

2003年，三明市仅有5个森林公园(其中国家级2个、省级3个)，面积4573公顷。且主管部门不明确，各地自发的开展工作。根据“森林公园和森林旅游”归口林业部门，实行行业管理的精神，经三明市编委批准成立“三明市森林公园和森林旅游管理办公室”，负责全市开展森林公园和森林旅游业工作的管理。

一、主要措施

三明市委、市政府十分重视森林旅游工作，明确提出把森林旅游作为培育林业新兴产业的三大重点领域之一。海峡两岸(三明)现代林业合作实验区把森林旅游列入六大功能区重点推动，争取用5~10年的时间，逐步把三明建成以“碧水、青山、奇石、溶洞、森林、古文化”为特色的森林生态旅游胜地。采取的具体措施和步骤是：

1. 强化行业归口管理

2003年5月三明市成立森林公园和森林旅游管理办公室之后，先后有梅列、三元、明溪、沙县、尤溪、泰宁、建宁、宁化、清流、大田、永安等11个县(市、区)林业局，经编委批准成立了森林公园和森林旅游管理站(办)，安排2~3个事业编制，明确行使森林公园和森林旅游管理的行业职能，配备专职工作人员，有效地促进了森林旅游工作向规范化方向迈进。

2. 认真编制发展规划

2004年开始，三明市委托调查规划设计单位开展森林旅游资源调查及规划，先后完成《三明市森林公园建设与森林旅游发展规划》及各县(市、区)森林旅游发展规划。2006年，又编制完成《海峡两岸(三明)现代林业合作实验区森林生态旅游发展规划》。在有效保护自然生态环境和森林旅游资源的前提下，通过科学规划，合理调整三明市森林公园和森林旅游的整体布局，提出建成以三明市为中心的沙溪滨河城市休闲旅游带；以泰宁世界地质公园为龙头的北部山湖洞生态度假区；以客家祖地为主的西部客家苏区文化体验旅游区。对接省会的尤溪县和对接闽南地区的大田县两个窗口。在由福建省林业厅、省旅游局举办的“2007年我最喜爱的“绿色之旅”线路评选活动”中，三明市优选了“世界地质公园探秘游”和“沙溪滨河休闲游”两条旅游线路。

3. 实施一县一园建设

坚持以科学发展观为指导，以创建海峡两岸(三明)现代林业合作实验区森林生态休闲观光合作区为动力，以先挂牌后建设、先保护后发展的原则创建省级以上森林公园，狠抓落实。全市现已完成了一县一园的建设任务，一场(国有林场)一园的任务也已大部分完成，取得了明显的成效。

4. 规范日常管理制度

从2004年开始，先后制定《森林公园工作规范》、《办公室、导游员、游客中心、保卫科、统计员、卫生员等岗位职责》、《消防管理制度》、《营销制度》、《食品卫生制度》、《服务质量管理制度》、《游客高峰期紧急处理制度》、《景区杜绝封建迷信活动管理制度》、《停车场管理制度》等20多个规章制度，努力做到服务秩序、服务标准、服务承诺、服务言行规范化，积极创建省级文明森林公园。各县(市、区)相继出台了森林公园和森林旅游管理办法。三元、仙人谷、金丝湾、天阶山、猫儿山等森林公园均制定了一整套管理制度，做到用制度规范森林公园管理，用制度规范森林旅游经营管理秩序，并为游客投保了人身安全责任险。

5. 强化景区安全管理

随着森林旅游的逐步升温，把森林旅游安全管理放在重要位置，坚持“安全第一，预防为主”的方针，认真布置做好春节、国庆等黄金周森林旅游节前安全检查防范工作，完善森林公园各景区防火、禁烟、安全等警示牌和标志牌，加大对游客的森林旅游安全宣传力度，增强游客的自我保护意识，消除各种安全隐患。同时，积极配合，及时部署各森林公园和森林旅游景区景点开展“安全月”活动。泰宁、将乐、建宁、三元、梅列等对外开放的旅游景区的县(区)还签订森林公园和森林旅游景区安全管理责任状，做到定期检查和整改落实。建立旅游高峰期应急预案，加强与公安、卫生、交通等职能部门的配合，有效实施对景区及周边环境的治安综合治理，维护旅游秩序。市森林公园和森林旅游管理办公室对森林公园每年都组织安全生产大检查，对森林公园的旅游安全和消防安全进行全面检查，对存在的安全隐患及时下发整改通知书，确保旅游安全。

6. 提高工作人员素质

2005年，三明市举办了首期由各县(市、区)林业局分管领导、森林公园和森林旅游管理办公室负责人及主办业务、各森林公园负责人、各国有林场分管副场长及科室负责人、林业其他森林旅游单位负责人等共计80多人参加的森林公园和森林旅游管理培训班。2006年又举办了由各县(市、区）林业局、森林旅游办公室、各国有林场的领导业务、摄影爱好者等70多人参加的旅游社交礼仪和摄影培训班。同时，积极派员参加国家、省组织的业务技术培训班，先后组织各县（市、区）林业局森林旅游管理站（办）、各森林公园参加福建省林学会森林旅游专业委员会举办的森林旅游学术研讨会，全市共有9篇论文在会上交流，占论文总数的39%；获得二等奖2篇、三等奖7篇。

7. 抓好招商引资工作

从2005年开始，三明市积极组织开展港台招商引资，各地以招商会、洽谈会等为平台，加强项目包装，积极开展项目招商工作。通过“招商引资、社会参与、市场运作”的方式，大力引入外商资本、法人资本、个人资本，按股份合作模式共同开发森林公园。“2006福建三明·香港投资项目推介洽谈会”推介旅游项目18个，实现签约旅游项目9个，总投资11057万美元，其中合同项目6个，合同外资7732万美元。2007年在苏州举办的“中国国内旅游交易会”上，大力宣传、推介三明市森林旅游资源。永安市在参加广东、上海专场招商会等各种招商活动中，积极宣传推介九龙竹海森林公园、紫云山森林公园、福建永安天宝岩国家级自然保护区和天斗山生态旅游、小径竹旅游产品等森林生态旅游项目。三元区以“格氏栲林、世界之最”生态旅游品牌为龙头，着力打响格氏栲国家森林公园这一绿之旅和以十八寨荣获“福建最美的乡村”为契机，推出“百年栲、千年寨、万年居”一日游产品，积极引导附近村民开发休闲、餐饮、娱乐等配套服务，做好格氏栲景区推介工作，努力实现以招商带动项目开发。建宁县着力打造“红色苏区游、绿色生态游、田园风光游”三大品牌在福州、三明、南丰等地举办中国乡村游（建宁）专场旅游推介会。建宁县按照森林公园和森林旅游整体规划，对各景区实施分步建设，其中均口修竹“荷苑”景区经聘请专业策划公司策划，已建成景区大门、景区步道及莲文化长廊，“荷苑”景区获得国家级农业示范点，与美国大东行签订总投资200万美元的景区开发合作意向书。金饶山“雌雄双瀑”景区，累计投资400余万元，完成3千米景区步道、台阶、桥梁、游客服务中心建设，初步建成以观赏高峡飞瀑为主题，休闲、健身、科考为一体的生态旅游景区。清流大丰山森林公园整体开发引进台商投资达6000万元。大田大谷山森林公园整体开发吸引港商投资5000万元。尤溪九阜山引进港资计人民币3000万元建设森林度假区。将乐天阶山森林公园园前广场、景区道路改造投入1000万元。宁化客家祖地森林公园引资600万元建设科考探险景区。三元国家森林公园引资600万元建设普禅山生态景区。

8. 组织开展摄影大赛

2006 年，三明市林业局和三明市文化与出版局共同主办的“三明市森林旅游摄影大赛”，共收集参赛作品 768 张，参赛作品涵盖森林植被景观、野生动物景观、地文景观、天象景观、水文景观以及人文景观，充分展示了三明极为丰富、品质优良的森林旅游资源。经专家评审共评出金奖作品 1 幅，银奖作品 2 幅，铜奖作品 3 幅，优秀奖作品 50 幅。2007 年 10 月由三明市林业局、三明市文化与出版局和三明市旅游局共同主办，组织完成“三明市第二届森林旅游摄影大赛”，参赛作品 867 张，涵盖森林旅游、三明林业的方方面面。经专家评审共评出银奖作品 2 幅，铜奖作品 4 幅，优秀奖作品 65 幅。

9. 注重横向交流合作

2007 年与市旅游局共同编制完成《海峡两岸（三明）现代林业合作试验区森林生态旅游发展规划（2006～2015）》，并通过专家评审。与市旅游局共同编制了《2006 年度海峡两岸（三明）现代林业合作实验区的森林生态休闲观光合作区工作计划》。派员参加市旅游局举办的旅游安全培训班、市旅游局组织的“赴环渤海及北方地区大型宣传促销活动”。

10. 启动森林人家建设

依托森林公园和森林旅游景区景点，结合新农村建设，从 2006 年开始启动乡村森林旅游。一是选择确定示范点。根据《福建省林业厅关于推进“森林人家”休闲健康游的实施意见》精神，每个县（市、区）都要建成一个“森林人家”示范点，经营户不得少于 5 户。在经营模式上，探索以森林公园、国有林场、国有林业采育场、自然保护区、乡村集体组织为主型，探索以农户为主、大户带动的股份合作型，探索以农户为主、政府投入的综合开发型等多种形式，打造“森林人家”休闲健康游品牌，推进“森林人家”休闲游的全面开展。在操作方法上，对“森林人家”经营户进行资格审核、准入许可和级别评定，将符合规范的乡村旅游点纳入“森林人家”的管理范畴，实行授权经营，提高品牌效应。通过精心筛选，确定了省级和市级森林人家示范点。目前，确定为省级森林人家示范点的有建宁县高峰村、宁化县丰坪采育场、永安青水畲族乡龙头村、沙县大佑山森林公园盖竹村、沙县南霞乡茶坪村、泰宁县杉城镇南会村李家坊等 6 个单位，确定为市级森林人家示范点的有泰宁县梅口乡水际村。同时，各县（市、区）都还在筛选陆续上报要求列入省森林人家示范点，到现在为止已经上报省的有泰宁梅口乡店上自然村、将乐龙栖山生态旅游度假村、永安春谷山庄、明溪黄坑、宝塔山、大田屏山乡溪头村、三元岩前镇黄坑村、清流沙芜乡洞口村、沙县高沙镇龙慈村大际自然村、南阳乡华村等10个点。二是加强示范点建设。按照《福建省森林人家管理暂行办法》、《森林人家准入条件(试行)》和《森林人家建设指导意见》要求，对省、市级森林人家示范点的建设进行认真规划并派人给予现场指导、检查和验收。目前，已授牌的有建宁县高峰村9户、泰宁县梅口乡水际村20户、泰宁杉城镇南会村李家坊4户、泰宁县杉城镇南会村白土组8户、永安清水乡龙头村3户、沙县南霞松柏岩森林人家的钟德衾、罗良森2户共计46户。在建准备挂牌的有宁化县丰坪采育场的当地村民吴应良、苏永新2户、永安清水乡龙头村的陈思清、王秋棠2户共计4户。

二、初步成效

经过几年的努力，三明市森林公园建设和森林旅游业不仅上了轨道，而且不断发展，取得积极成效。全市现有21个森林公园，其中国家级5个、省级16个，总面积23117公顷，比2002年的5个、面积9324公顷分别增长了420%和248%。据统计，2003年到2007年底全市累计投入建设开发资金达1.35亿元，森林人家已建有接待旅客的床位1392个、用餐位4428个；全市共接待森林旅游人数484万人次，旅游收入2.62亿元。其中2007年接待森林旅游人数101.5万人次，旅游收入0.89亿元。

三、意见建议

目前，三明市森林旅游业仍处在起步阶段。全市虽然建有21处森林公园，但已开园营运的仅5处，绝大部分的森林公园可进入性差。森林公园的同质性明显，千园一面以绿为主，需要在特色开发和个性化宣传运作上狠下功夫。森林旅游品牌意识不强，营销力度不够，尚无叫得响、推得开的有较高知名度和美誉度的森林旅游口牌。森林旅游专业人才缺乏。所有这些因素都制约着森林公园和森林旅游的建设与发展。为此，提出以下意见和建议：

1. 注重政府主导

积极争取各级各有关部门把森林旅游业的发展作为推动地方区域经济发展、改善投资环境、建设社会主义新农村、提高人民生活质量的重要途径，在政策上给予倾斜，在资金上给予扶持，在品牌上给予策划，把森林公园和森林旅游开发建设纳入地方经济发展规划中，把森林旅游纳入“大旅游”范畴，形成旅游市场一体化、集团化，并在交通、食宿、通讯等基础设施建设上加大资金投入，不断增强森林旅游的生机与活力。

2. 实施品牌战略

以“三明——中国绿都”为载体，以现有名胜风景区为依托，突出“绿色生态”主题，科学合理开发森林人家、森林养生、森林科普、森林度假、森林文化等产品，创造独具特色的森林生态旅游精品，满足社会公众对森林生态产品的需求。把自然资源、人文资源、社会资源等优势资源整合起来，开发一批有影响力、有竞争力的森林旅游精品项目和精品线路，打造一批叫得响、过得硬、推得出的森林旅游强势品牌，以吸引海内外旅客。把开发旅游精品并打好“山海湖”品牌放在发展海峡旅游的首要位置，通过开发精品，开拓台湾客源市场。重点推出“闽台两山两水亲情游”、“泰宁世界地质公园(大金湖)游”、“客家祖地游”、“邹氏后裔寻根访祖游”、“闽人之源”、“闽台同根游”、“朱子文化游”、“三明森林生态游”等八条精品旅游线路，以泰宁为主，周边联动，赴台湾促销，推动“两水”对接，实现两地市场联动，进一步招徕台湾游客。立足闽台同根同源的基础，发挥宁化客家祖地森林公园优势，制定“打好客家牌、提高知名度，掀起石壁热、发展入境游”的思路，开展“客家祖地祭祖”主题活动，推出“客家祖地专项游”等旅游产品，吸引台湾客属到三明寻根谒祖。

3. 加强招商引资

以海峡两岸(三明)现代林业合作实验区森林生态休闲观光合作区为载体，把森林旅游建设项目作为招商引资的重点之一，并纳入县(市、区)招商引资盘子里，采取“走出去、引进来”的方式，利用各种交易会、招商会、经贸会、投资洽谈会，大力引入外商资本、法人资本、个人资本，开发建设森林公园和森林旅游产品。重点策划包装泰宁峨嵋峰省级自然保护区生态旅游开发项目、清流温泉森林生态旅游开发等项目，加快招商引资步伐，引进台资企业，促进项目生成，突破对台招商引资工作。

4. 保护旅游资源

森林旅游资源好在建设、重在保护。要建立和不断完善森林公园和森林旅游管理制度，设立资源保护、安全与防火警示牌或警示标志和报警、投诉电话，定期组织相关人员对景区景点的资源保护、安全生产、防火设施等项目进行监督检查，切实保护好森林旅游资源。

第五章　林业生态建设

第一节　生态公益林保护工程建设

森林是陆地生态系统的主体，是人与自然和谐的基础。生态公益林作为以发挥生态、社会效益为主的森林，对于涵养水源、保持水土、防风固沙、净化空气、维护生物多样性发挥着重要作用，被形象地喻为“一堵坚固的挡风墙、一座巨大的蓄水池、一台天然的制氧机、一座丰富的基因库”。保护和建设好生态公益林对于改善生态环境、抵御自然灾害、维系国土生态安全、保障经济社会持续发展具有重要意义。三明市委、市政府十分重视生态环境的保护，新世纪初在社会经济发展规划中就提出“生态立市、科学兴市、工业强市”的发展战略，把林业生态建设列入重点项目摆上议事日程，以“政府决策领导，有关部门参与，林业具体实施”为原则，2001 年全面启动生态公益林保护工程建设，开展以沙溪、金溪、尤溪三大流域源头和两岸一重山、自然保护区(小区)、生态脆弱地段的森林为主的生态公益林建设，取得积极的成效。

一、建设规模

三明市按照国家和省确定的生态区位，从 2001 年开始区划界定工作，到 2008 年全市建设生态公益林面积 47.61 万公顷，占林地面积的 25.1%。按事权分：国家级生态林面积 39.05 万公顷，占总面积的 82%，省级生态林面积 8.56 万公顷，占总面积的 18%；按保护等级分：一级保护生态林面积 10.46 万公顷，占总面积的 21.97%，二级保护生态林面积 26.51 万公顷，占总面积的 55.68%，三级保护生态林面积 10.64 万公顷，占总面积的 22.35%。

1. 国家级生态公益林

根据《国家林业局、财政部重点公益林区划界定办法》规定，三明市国家级生态公益林的区位划分：

（1）闽江源头。指闽江干流源头（金溪源头：建宁），自源头起向上以分水岭为界，向下延伸 20 千米，汇水区内江河两侧最大 20 千米以内的林地；流域面积在 10000 平方千米以上的一级支流源头（沙溪源头：建宁），自源头起向上以分水岭为界，向下延伸 10 千米，汇水区内江河两侧最大 10 千米以内的林地。共区划生态林面积 163.99 万亩。

（2）闽江干流一级支流两岸（金溪一级支流：建宁、泰宁、将乐；沙溪一级支流：建宁、宁化、清流、永安、三元、梅列、沙县）。指闽江干流和河长 300 千米以上，且流域面积在 2000 平方千米以上的一级支流两岸，干堤以外 2 千米以内从林缘起，为平地的向外延伸 2 千米，为山地的向外延伸至第一重山脊的林地。共区划生态林面积 167.82 万亩。

（3）以森林和陆生野生动物类型为主的国家级自然保护区（将乐龙栖山自然保护区、永安天宝岩自然保护区、建宁闽江源自然保护区、明溪君子峰自然保护区）以及列入世界自然遗产名录的林地。共区划生态林面积 80.53 万亩。

（4）重要水库。年均降水量在 1000 毫米以上的地区库容 6 亿立方米以上的水库（街面水库：尤溪、大田；池潭水库：泰宁；安砂水库：永安、清流；水口水库：尤溪；沙溪口水库：沙县）。水库周围 2 千米以内从林缘起，为平地的向外延伸 2 千米、为山地的向外延伸至第一重山脊的林地。共区划生态林面积 124.95 万亩。

（5）国防、铁道及生态脆弱区。共区划生态林面积 70.29 万亩。

2. 省级生态公益林

按照《福建省生态公益林建设规划有关技术标准和方法》的规定，三明市省级生态公益林区位的林种有：

（1）特种用途林。包括自然保护区林、环境保护林、风景林、国防林、实验林、母树林（种质资源林）、名胜古迹和革命纪念地林。共区划生态林面积 7.08 万亩。

（2）防护林。包括水源涵养林、水土保持林、防风固沙林、农田防护林、护岸林、护路林。共区划生态林面积 99.56 万亩。

二、主要措施

1. 加强宣传引导

生态公益林建设是一项新的工作，在区划界定中涉及占用国家、集体、个人及企业的森林，在利益上势必产生冲突，因此，加强宣传引导，提高生态保护意识十分重要。三明市主要从两个方面做好宣传引导工作。一方面，积极利用各种媒体，宣传林业法律法规和林业分类经营改革政策，宣传生态公益林保护建设的目的意义，让广大干部群众认识到生态环境建设的重要性、长期性和艰巨性，统一思想，形成共识。如永安市采取多层次多渠道地宣传报道林业生态建设情况，做到电视台有影、电台有声、报刊有字。泰宁县杉城林业站请广告公司制作大型壁画，宣传生态公益林建设，并制作挂历发给农户，做到家喻户晓，为生态公益林保护和建设，营造良好的氛围。另一方面，统一规划设计，建立宣传警示牌。三明市林业局对全市生态公益林大型宣传牌进行统一设计，并根据公路干线分布状况，在12个县(市、区)的国道、省道边统一设置永久性大型宣传牌14块，在县道设置中型宣传牌212块，在生态林区设置小型宣传牌3349块，起到了良好的宣传作用。

2. 明确行政责任

生态公益林的保护、经营管理由各级政府负总责，林业主管部门组织实施。县级林业主管部门、自然保护区、国有林场具体负责本辖区的生态公益林建设、保护和管理活动。实行“一主体、两监督”，即各级林业主管部门的森林资源管理机构和派驻乡镇林业工作站为实施生态公益林保护、管理主体；林政资源管理机构和森林公安负责生态公益林保护、监督和违法案件的查处；计划财务、林业基金管理和内部审计机构负责生态公益林资金使用的管理和监督。几年来，全市围绕“一个目标，两个确保”的总体要求，建立了市、县、乡、村、员五级目标责任体系，确保生态公益林管护责任落到实处。

3. 落实管护责任

行政村为管护责任主体，负责管护责任区的划分、选聘护林员、签订管护合同、组织考核管护成效。

(1)划分管护责任区。在行政区域范围，对生态公益林按分户登记卡片进行公示，将公示无异议的生态公益林再按不同地类、林种、权属划分管护责任区，全市集体生态公益林区共划为1869片，并将管护任务落实到山头地块，落实到林权所有者或经营管理者。

(2)公开选聘护林员。按照事先制定的《护林员管理办法》，采取招聘公示、笔试、面试三个环节严格把关，选聘身体好、责任心强、热爱林业、熟悉山场的村民当选护林员，做到公开、公平、公正，全市共选聘护林员4821人，其中专职护林员4115人，兼职护林员706人。

(3)组织护林员上岗培训。印制生态公益林护林员学习小册子和生态林公益林管理的有关法律、法规和政策，由县林业主管部门和乡镇林业站负责组织护林员上岗技术培训，2006 年来组织培训人数共 6417 人次。

(4)签订管护合同。由村委按划定的管护责任区，与护林员签订管护合同，实行一年一签订，全市共签订生态公益林管护合同 3983 份，其中国家级签订管护合同 2212 份，省级签订管护合同 1771 份。

(5)考核护林成效。各县(市、区)对护林员平时在出勤、森林防火、林木保护、林地保护、森林病虫害防治、野生动物管理等方面的表现进行考核，对群众反映强烈、护林成效差的护林员评定为“不合格护林员”予以调整，近年来被调整的护林员占总护林员人数均在 1% 左右。

4. 提高监测手段

建立以地理信息系统为平台的生态公益林资源监测管理和实施效果评价体系，准确评价生态公益林资源的动态变化，确保生态公益林监管到位。三明市从 2002 年 3 月开始进行林业基本图数字化工作，完成全市林业基本图的转绘和小班矢量化，建立以地理信息系统为平台的省、市、县三级森林资源监测体系，对及时掌握生态公益林分布、数量、质量动态变化，更新其空间、属性数据库，为管护成效评价和兑现补助资金提供科学依据，为生态公益林保护管理提供领导决策平台。

5. 规范资金使用

2001 年以来，共投入生态公益林补偿资金 18606 万元，其中国家财政补助 14967 万元，省财政补助 3639 万元，三明市财政从城市工业用水中提取 420 万元上缴省财政列入下游补上游统筹资金。

(1)实行专户专账管理。各县(市、区)林业局在指定银行设立“生态林补助资金专户”，并单独建立账户核算，专户预留县(市、区)财政局农业股负责人印鉴，补偿资金由银行专户直接列支，并由县(市、区)林业局实行“专户专账”管理。森林生态效益补助资金由市、县财政局通过支农专户直接拨付，县(市、区)财政局将资金一次或分次拨入县(市、区)林业局的“生态林补偿资金专户”。

(2)规范资金拨付程序。补偿资金和护林员工资由县(市、区)林业局在指定银行开立储蓄账户，从专户通过银行划转到个人储蓄卡，管护组织劳务性费用根据管护合同，每年 6 月预付 60%，其余的 40% 待年底有关部门组织检查验收合格后，从专户直接拨入各管护责任主体在银行开立的账户。对国有林业经营单位经营、管护的生态公益林管护费，根据管护进度，直接从专户拨给国有林业经营单位。

(3)加强资金使用监督，每年定期或不定期对生态公益林资金使用情况进行抽查，对存在的问题及时整改，其次建立森林生态效益补偿基金收支情况电讯报告制度，各县(市、区)林业局在每季度后 5 日内，将本年度的森林生态效益补助资金的拨付、支出情况上报市林业局计划财务科，以便及时、全面掌握森林生态效益补助资金的拨付和支出情况。

6. 创新管护机制

为解决林改后生态公益林建设出现的新情况、新问题，进一步探索生态公益林的管护机制，以实现生态效益、经济效益和社会效益的协调发展，2007 年全市启动生态公益林管护机制改革，根据林农对森林的依赖程度，推行“股份均山，联户管护”、“责任承包，专业管护”、“相对集中，委托管护”等模式，建立主体落实、监管到位、补偿合理，责权利相统一的管护机制，充分调动林农保护和建设生态公益林的积极性。

7. 探索补偿机制

针对目前国家和省级财政对森林生态效益补偿标准偏低，不能满足林权所有者的补偿要求，2007 年沙县、永安两县(市)率先探索建立县级生态公益林补偿机制试点工作，取得新突破。沙县政府将生态公益林建设纳入经济和社会发展规划，建立县级森林生态效益补偿制度，从县级财政每年度统筹安排资金 20 万元、木材生产“两费”计征价上浮部分 5%、筹集资金 40 万元以上、从官昌水库、自来水公司等受益单位筹集水源涵养资金 20 万元，全县每年筹集资金 80 万元用于生态公益林补偿。永安市政府按照“政府为主负责，受益单位合理负担”的生态效益补偿原则，试行开征水费附加费 0.01 元/吨、林木采伐 10 元/立方米、旅游风景区门票收入的 8%、水电附加费(指市内小水电部分)0.005 元/千瓦时等征收森林生态补偿费，每年筹集资金 100 多万元用于生态公益林补偿。沙县、永安通过建立县级生态公益林补偿制度后生态公益林每亩每年补偿标准在国家和省补偿的基础上提高了 2 元以上，为全市建立县级森林生态补偿制度开了一个好头。

三、建设成效

通过生态公益林保护工程项目实施，三明市初步建立相对稳定的森林生态系统。

1. 生态环境得到改善

几年来，三明市在保护好现有生态林的同时，完成荒山造林 4408 亩，疏林地林冠下补植4867亩，低效林分改造30937亩，封山育林41101亩，通过营造和改造措施不断提高林分质量，森林生态环境明显好转。生态环境的改善，促进投资环境的转变，客商纷至沓来，带动林业产业的发展。

2. 生物多样性得到保护

生态公益林建设，使全市70%以上的典型森林生态系统和80%以上的野生动植物种得到有效保护，全市有维管束植物201科914属2188种，约占全国总科数的56.6%，有陆生野生动物31目107科600余种，国家重点保护野生动物有92种，省重点保护51种，生态公益林区真正成为野生动物的栖息地和生物多样性的基因库。

3. 自然灾害得到遏制

闽江干流及一级支流源头和两岸一重山以内森林划入生态公益林保护后，森林覆盖率不断提高，涵养水源、抑制水土流失功能增强，自然灾害频率减缓，三明境内库容达6亿立方米以上的4座大型水库两岸林木葱茏，多年来未发生大的山体滑坡，确保水库蓄水、引水、调洪，高山植被保护，增强涵养水源功能，为农业灌溉提供了自然水源，减少农业旱灾。

4. 生态景观更加丰富

境内金溪、沙溪、尤溪流域森林资源保护良好，两岸森林此起彼伏，林冠层层叠叠，极目远眺令人心旷神怡，境内森林景点星罗棋布，典型的森林生态景观有龙栖山自然保护区的野生古红豆杉群、天宝岩自然保护区的高山杜鹃花、闽江源自然保护区的雌雄瀑布、君子峰自然保护区的野生黄腹角雉觅食古刹、九阜山自然保护区的猕猴群戏石壁、格氏栲自然保护区的连片栲树世界凤毛麟角。同时，把生态公益林建设与自然溶洞紧密连接，构成瑰丽多姿的林洞景观，最负盛名的将乐玉华洞素有"神仙洞府"的美誉，为绿色旅游提供了丰富的森林景观和多姿的溶洞景观资源。

四、存在问题

1. 监管力量薄弱

生态公益林保护建设是一项长期的工作，任务重，责任大。目前，除自然保护区以外的生态公益林没有设置专门的管理机构，在监管上主要依托乡镇林业站的力量，而林业站人员编制仅有2~3人，要承担一个乡镇林业全面工作，任务过重，工作上常常顾此失彼，生态公益林监管难以到位。

2. 生态补偿偏低

生态公益林的补偿按区划界定的面积每亩每年补偿标准到2007年为

6.75元，虽然生态公益林的补偿标准逐年有所提高，但随着商品林市场价格的节节攀升，生态公益林的补偿与商品林经营效益对比两者越拉越大，经营者的权益没有得到有效维护，产生了一系列的问题，进一步提高生态公益林补偿标准迫在眉睫。

3. 林农生产受影响

生态公益林区划界定受区位的影响，有的村全部林地圈入保护区，有的村50~80%的林地划为生态公益林，个别地方甚至将村民自留山、企业花钱买来的林木被划为生态公益林，按生态公益林管护规定禁止采伐林木，在一定程度上侵犯了所有者的权益，造成不安定因素。

五、意见建议

1. 成立管理机构

建议在各级林业部门设立管理机构，确定人员编制和专职管理人员，进一步明确工作职责，并充实基层林业站监管人员，确保生态公益林得到有效保护。

2. 提高补偿标准

生态公益林现行补偿标准每亩每年4.75元，加上福建省下游补上游每亩每年2元，每亩每年共补6.75元，由于补偿标准偏低，林权所有者建设和保护生态公益林的积极性不高，并有抵触情绪，造成有部分生态公益林目前还没有界定和落实管护责任，给管护和补偿带来困难，建议进一步提高生态公益林补偿标准，使其逐步达到与经营商品林同等经济效益，确实维护林权所有者的合法权益。

3. 调整保护区内商品林

闽江源和君子峰国家级自然保护区经营范围内有商品林面积167030亩，既不能采伐，又没有得到生态补偿，造成保护区管理难度增大，建议尽快将保护区内商品林调整为生态公益林。

第二节　自然保护区建设

自然保护区是一个国家或地区自然资本最密集的区域，是人类可持续发展最宝贵的资源。三明市作为全国全省的重点林区。多年来，结合集体林区的实际，积极探索自然保护区建设的途径和措施，取得了积极的成效。全市现有省级以上森林和野生动物类型自然保护区11处，其中国家级自然保护区 4 处，省级自然保护区 7 处，保护面积 80317 公顷，占全市土地总面积的 3.5%，占全省自然保护区总面积的 32.2%。同时，有县级自然保护区和保护小区 1060 处，保护面积 95150 公顷。初步建成了布局比较合理、类型比较齐全、功能比较完善的自然保护区网络。

一、主要做法

1. 加强组织领导，有力推动自然保护区建设

三明市各级各有关部门始终把自然保护区建设作为一项重要工作来抓，切实加强领导。从 20 世纪 80 年代中期开始，就不断推进"一县一区"建设。1996 年，市委、市政府大力实施以自然保护区建设为主要内容的生物多样性保护工程。1997 年 7 月市人大常委会就生物多样性保护工程建设作出决议。2002 年市政府把自然保护区建设列为"林业八大工程"之一，认真组织实施。从 2002 年开始，市政府每年下达环境目标责任状，把自然保护区建设作为一项责任内容进行考核。2007 年，市人大常委会对全市贯彻《中华人民共和国自然保护区条例》和《福建省森林和野生动物类型自然保护区管理条例》(以下简称两个《条例》)情况进行专题调研检查。所有这些，都对自然保护区建设起到了很大的推动作用。

2. 成立管理机构，强化自然保护区组织建设

三明市自然保护区均设立了专门的保护管理机构，配备专职管理人员和专业技术人员，逐步建立起较为完善的自然保护区管理体系。其中龙栖山、天宝岩、闽江源等 3 个国家级自然保护区成立管理局，均按副处级管理机构设置。君子峰自然保护区管理局尚在申报审批中。省级自然保护区也设立管理处，均按副科级管理机构设置。按行政隶属关系分，罗卜岩自然保护区由三明市林业局主管，其他自然保护区为所在县(市、区)主管。全市自然保护区核定事业编制 182 人，实际在编人员 113 人，另外聘用工作人员 274 人，实有从业人员合计 456 人。其中国家级自然保护区管理局财政核拨事业编制人员，全部参照公务员管理。同时，市、县两级先后成立 9 个野生动植物保护管理站，编制 24 人，对加强自然保护区建设的业务指导和沟通协调发挥了积极的作用。

3. 实施总体规划，建立健全自然保护区规章制度

全市所有的自然保护区均按照总体规划逐步实施。其中 3 个国家级自然保护区经所在县(市)人大常委会审议通过并实施自然保护区管理办法。自然保护区根据两个《条例》精神，均制定了一系列管理规章制度，如《自然保

护区森林防火管理制度》、《护林员的管理办法》、《护林员管理考核细则》等。进一步规范外来人员进入自然保护区审核登记制度，检查哨卡管理制度，外围保护地带监视制度等，做到有章可循。全市自然保护区管理工作走上规范化、制度化的建设轨道。

4. 多方筹集资金，抓好自然保护区基础设施建设

各自然保护区积极策划项目，争取资金，得到了中央、省上和地方各种渠道的扶持。2002～2008 年，全市自然保护区基础设施建设共投入 3476 万元，其中中央财政投入 1448 万元，省财政(含省发改委)投入 284 万元，本市自筹 1744 万元。通过基础设施建设，自然保护区尤其是国家级自然保护区的基础条件得以完善，管护能力得到很大提高。在做好基本建设的同时，想方设法筹措业务经费。2002～2008 年，全市累计投入业务经费 1482 万元，使自然保护区的业务工作能够正常开展。从 2001 年国家开始实行生态公益林补偿资金以来，全市自然保护区共有 55933 公顷的山林(其中国家级 49800 公顷，省级 6133 公顷)纳入生态公益林补偿范围，到 2007 年底累计获得生态公益林补偿资金 1851 万元。这些资金除每亩提留 0.5 元用于森林防火、病虫害防治和防止乱砍滥伐外，其他都用于林权所有者补偿和护林员的管护资金。

5. 贯彻两个条例，加强自然保护区的执法和管理

三明市严格执行《中华人民共和国自然保护区条例》的规定，严禁在核心区和缓冲区开展旅游和生产经营活动，严格控制实验区内的各种开发建设活动。建立约束机制，不随意调整保护区范围或功能区，如确实因国家项目建设需要调整，均按规定程序申报。如大田大仙峰省级自然保护区，因涉及到国家交通项目用地问题，按规定程序办理了审批。对涉及自然保护区项目的规划和建设项目从严把关，做到“核心区管死，缓冲区管严，实验区科学合理利用”。同时，强化资源保护的监管职责，通过下达年度防火责任状及其量化考核办法，层层建立目标管理责任制。长期以来，三明市自然保护区没有发生过森林火灾和重大乱砍滥伐案件。

6. 服务新农村建设，积极构建和谐社区

自然保护区建设与当地群众有着密不可分的关系。为妥善处理好自然保护区内群众的生产生活问题，推动社区经济社会稳步发展，各自然保护区根据自身能力和条件，因地制宜，采取形式多样的扶持措施：一是将自然保护区试验区内的毛竹林承包给当地的村民经营，增加他们的经济收入，并将省级自然保护区的毛竹采伐下放到县林业主管部门审批，简化毛竹采

伐审批手续。二是筹措资金，修复区内道路，改善交通条件，方便社区村民的生产生活。三是根据自然保护区实际状况和居民要求，天宝岩、君子峰、九阜山、牙梳山等自然保护区为社区村民建设沼气池提供了资金补助。四是自然保护区护林员优先聘用当地村民，施工项目尽量使用当地劳力，生态旅游在聘请导游时优先考虑当地农民的子女。同时，有3个自然保护区开辟"森林人家"旅游项目，并列入省级示范点，每个示范点获得省林业厅扶持资金20万元。这些扶持措施，促进了当地经济的发展，并为当地群众增加了就业机会。

7. 推进移民搬迁，从根本上解决自然保护区建设问题

自然保护区所在地多为老区、贫困山区，经济条件本就落后。建立自然保护区后，当地群众生产条件受到制约，赖以生存的林木资源不能采伐，农作物还遭受野生动物的侵害，同时保护建设带来许多不便。从2008年开始，三明市按照省政府的部署要求，着手开展自然保护区的移民搬迁工作。各县(市、区)设立移民领导小组和工作机构，制定搬迁工作方案，对搬迁对象全部进行了摸底调查。同时，三明市确定宁化牙梳山自然保护区为移民搬迁试点单位，正在开展试点。取得经验后，将在各自然保护区全面推行。

二、初步成效

1. 保护了生物多样性

三明位于中亚热带，野生动植物资源非常丰富，保留许多史前珍贵的"孑遗植物"，是中国森林植物亚区的一个核心部分。区内维管束植物种类有228科899属2268种，其中国家I级保护植物有南方红豆杉、水杉等4种，国家II级保护植物有金钱松等33种，省重点保护植物56种；已知的陆生脊椎动物有88科338种，其中国家I级保护动物有豹、华南虎等13种，国家II级保护动物有穿山甲等79种，省级重点保护动物51种。森林和野生动物类型自然保护区是陆地生态系统中结构最完善、功能最稳定、物种最丰富的部分，是野生动植物尤其是珍稀、濒危物种生存栖息和繁衍的重要场所。自然保护区保护了全市大约80%以上的陆生珍稀、濒危野生动植物物种，70%以上的典型森林生态系统。

2. 发挥了涵养水源的作用

三明市的自然保护区保护了辖区内90%以上的主要江河源头森林植被。闽江是福建的母亲河，流域面积60992平方千米，约占全省陆地面积的一

半，其中三明境内的沙溪、金溪和尤溪是闽江上游三条重要支流，流域面积24430平方千米，占闽江流域面积40.05%。三明辖区人均水量是全国的3.55倍、全省的2.1倍，这得益于江河源头森林植被的良好保护。降水通过森林的拦截、吸收和蓄积，涵养了大量的水源，为闽江水系提供的蓄水量相当于2.7亿立方米水库的蓄水量。

3. 提供了优良的生态环境

自然保护区为当地经济社会发展提供了良好的环境，生态和社会效益日益显现。凡是建立自然保护区的地方，没有发生过地质灾害。自然保护区开辟的森林旅游项目，成为人们休憩、娱乐、回归自然的重要场所。2003~2006年全市共接待森林旅游人数382.4万人次，森林旅游收入1.73亿元。

4. 成为科学考察和科普宣传教育的重要基地

自然保护区为科学考察、监测、研究提供了固定的基地。全市自然保护区接待科研院所、高等院校进行考察和合作研究约3000人次，出版各类综合科考报告和单项科考报告18本。龙栖山、天宝岩2个国家级自然保护区建立了野生动植物标本馆，闽江源自然自然保护区的标本馆正在建设中。省级自然保护区也采集了所分布物种的全部标本。自然保护区也是福建省及三明市开展“国际湿地日”、“爱鸟周”、“地球日”、观鸟活动、学生实习等活动的重要基地，接待参观科普宣传达到2万多人次。明溪县夏阳乡是国际候鸟的中转站，每年冬夏季，成群的候鸟在这里栖息停留，村民过去长期有捕鸟卖鸟的陋习，自然保护区建立后，通过宣传活动，村民彻底改变了陋习，爱鸟护鸟蔚然成风。

三、意见建议

三明市自然保护区经过20多年的建设，已经形成规模。但受到山区经济条件的制约以及集体林区固有特点的影响，仍存在着许多困难和问题，有的还比较突出。一是地方财政对自然保护区的投入不足，投入与实际需求差距大。国家级自然保护区的基础设施建设有国家支持，但业务经费短缺；省级自然保护区基础设施建设资金投入不足，缺乏科研、监测、通讯设备和交通工具，保护管理工作仅局限于护林防火与防止乱砍滥伐，其他科研监测工作无法开展。二是自然保护区内群众生产生活受到较大影响。全市自然保护区现有61333公顷林地，其中集体林39333公顷，占64%，都是无偿划入，林权所有者得不到补偿，当地农民收入减少，生产发展空间受到制约。三是自然保护区建立后，区内野生动物的种群数量有了很大的增长，野生动物危害农作物给周边群众每年造成的经济损失达3000多万元，由于地方财政困难，农民损失得不到补偿。

当前和今后一个时期，三明市自然保护区的规模和面积应保持稳定，不再追求数量的扩张，工作重点从过去的扩充保护范围、申报晋级转移到解决遗留问题和提高管理能力上来，逐步减少自然保护区内居住的人口，减轻管护压力，推动自然保护区建设与社区经济协调发展。

1. 合理利用生态资源和生物资源

自然保护区的优势和最重要的资本是生态资源和生物资源，这两种资源在保护良好的状态下可以持续利用。一是做好科学规划，发展森林旅游。鼓励自然保护区内群众集资入股，并吸引社会资金参与开发，积极兴办“森林人家”。二是合理开发毛竹资源，提高毛竹经营水平，增加经营者收入。三是积极开发林下种养业，如种植草珊瑚、雷公藤等中草药，发展高山茶叶、竹山养羊、养鸡、养鹿等项目，有效引导区内群众增收致富。

2. 加强自然保护区的能力建设

按照自然保护区建设工程实施的要求，将全市现有省级自然保护区管理水平提升到效益型的中级管理阶段，将国家级自然保护区提升到科学化的高级管理阶段。为此，一是提高管理水平，使自然保护区管理走上科学化、规范化的管理轨道。二是逐步改善自然保护区工作人员的工作和生活条件，稳定人员队伍。三是创新工作管理机制，建立健全各项管理制度和工作制度，将自然保护区建设推上一个新台阶。

3. 加大公共财政对自然保护区的投入力度

自然保护区建设是纯公益事业，需要政府的扶持和全社会的积极参与。一是开辟自然保护区的经费来源渠道，将自然保护区管理机构纳入财政全额拨款事业单位管理，根据权责划分，业务经费分别列入各级财政预算。二是积极争取中央和省级财政资金扶持，积极筹措配套资金。三是加大对自然保护区发展项目贴息贷款扶持，每年安排一定专项资金用于贴息贷款，扶持区内群众开发与自然保护区发展的项目，解决保护区的发展后劲问题。

4. 稳步推进自然保护区居民的移民搬迁

搬迁是解决自然保护区群众生产生活问题的有效方法，不仅要解决区内群众“搬得出”问题，更要解决“稳得住、逐步能致富”问题。先期对位处地质灾害点的群众实施搬迁，逐步解决自然保护区核心区群众的搬迁问题。对愿意迁出自然保护区的群众，每户给予5万元补助，对计生户再增加1万元补助。对缓冲区和实验区群众按照“造福工程”，就近解决。同时，对保护区内各村实施“阳光工程”，开展有针对性的务工技能培训，积极引导区内群众输出劳动力，减少区内人口。对于符合退耕还林条件及自然保护区内群众搬迁确需占用的基本农田，国土部门和农业部门应予支持调整。

5. 扶持自然保护区群众生产生活建设项目

交通管理部门应对自然保护区各村的道路硬化工程建设优先安排，同时提高补助标准。扶植自然保护区各村的沼气建设项目，对愿意修建沼气池的群众优先安排沼气建设，补助资金适当提高标准。扶植自然保护区各村的“人饮工程”项目，在投资上予以适当倾斜，解决区内群众的饮水问题。

6. 建立野生动物损害赔偿机制

按照《中华人民共和国野生动物保护法》、《福建省实施〈中国人民共和国野生动物保护法〉办法》，积极探索建立野生动物保护发展基金和野生动物损害赔偿补偿机制，将补偿专项基金纳入同级财政预算，以保障受野生动物危害的林农获得经济补偿。

第三节　城乡绿化一体化和绿色通道建设

随着人们物质生活水平的不断提高、城市工业化的快速发展和城镇化的高度集中，生态环境问题日益突出，天更蓝、地更绿、水更清、空气更洁净，人与自然的关系更和谐，已成为经济社会可持续发展追求的目标。以人为本的发展观、人与自然和谐的价值观，已成为人们共同的价值取向。

一、建设背景

党中央、国务院历来十分重视生态建设，《中共中央、国务院关于加快林业发展的决定》指出“加强生态建设，维护生态安全，是二十一世纪人类面临的共同主题，也是我国经济社会可持续发展的重要基础”。党的十七大做出了建设生态文明的战略决策，并明确提出到2020年要使我国成为生态环境良好的国家，为生态建设指明了发展方向。林业是生态建设的主体，城乡绿化一体化和绿色通道建设是林业生态建设的重要组成部分，建设生态更加文明，生态环境更加优良，人居环境更加优美，是时代赋予林业的历史重任。三明地处林区，境内物种资源丰富，森林覆盖率高，林业生态建设具有特殊的优势。多年来，三明市始终把城乡绿化一体化和绿色通道建设作为林业生态建设的主体，坚持以人为本，最大限度地满足人民群众对绿化、美化、改善生态和人居环境迫切需求为理念，城市绿化按照“城市园林化、郊区森林化、道路林荫化、庭院花园化”，农村绿化按照非规划林地大种珍贵树，促进农民增收，改善农村群众生产、生活环境的需求，城乡联动，以城促乡、统筹推进城市和农村绿化，绿色通道按照构建高速公路、国省道、铁路水网两旁及一重山绿色长廊为重点，实施绿色通道建设。经过多年的努力，如今的三明已是绿化程度高，景观效果好，森林覆盖率高的美丽山城。

二、主要措施

1. 以创建“国家园林城市”为契机，推动城市绿化建设

1996 年，三明市委、市政府做出创建“国家园林城市”的决定，为绿化工作注入了强心剂，掀起了全民动手、社会参与、全民搞绿化的高潮。针对创城主要指标，三明市实施以扩大绿量为重点的绿化建设，做到科学规划、全面推进，重点抓公共绿地和单位庭院的绿化建设，采取破墙透绿、见缝插绿、拆违建绿、治脏变绿等形式，千方百计扩大绿量，城市的绿化面貌发生根本性的变化，初步形成了城市园林绿化网络。1997 年三明市荣获“省级园林城”，1999 年荣获“国家园林城市”称号。

2. 以巩固“国家园林城市”为目标，提升城市绿化品位

2000 年以来，三明市的城市绿化把提升城市绿化品位作为巩固“国家园林城市”成果的重要工作来抓，结合地处山区林木物种资源丰富和原有的自然景观，把自然景观与园林绿化景观结合在一起，以“城在林中，人在景中”为理念，实施城区园林景观绿化工程。经过多年建设，形成以沙溪河两岸景观绿化带为骨架，以周边一重山森林为背景，以主干道，公共绿地为网络，以单位庭院绿化为节点，富有林区特点的城市绿化景观。目前，已建成沙溪沿河两岸景观绿化带 21. 5 千米，市区共种植各类树木 200 多种，10. 7 万株，市区周边森林一重山改造面积 1 万多亩，市区的园林绿化品位得到了较大的提升。如荣获全国绿化模范单位的三钢集团有限公司把建设花园式工厂作为企业文化的重要内容不抓，高起点规划，高标准建设，每年用于绿化投入 100 多万元，厂区内可绿化率达 100%，绿化覆盖率达 45%，如今的钢城已成为绿树成荫、绿草如茵、四季飘香、景色宜人的花园式工厂。

3. 以“创建绿色家园　建设富裕新村”为平台，促进农村绿化

从 2006 年开始，三明市结合社会主义新农村建设，成立由市委宣传部、

市委精神文明建设领导小组办公室、市绿化委员会、市林业局、团市委创建领导小组，精心制定创建行动工作方案，加强组织领导，协调服务，做到工作有计划、有部署、有落实，制定“六到位”的工作责任机制，即宣传到位，规划到位，技术服务到位，管护到位，统计到位，督查到位。创建成员单位团市委、市妇联在全市农村开展“保护母亲河——清洁家园”和创“巾帼绿色家园”活动，发动团员、青年、农村妇女绿化美化家园。两年来，三明市以非规划林地植树造林为抓手，以政府带动、示范推动、整村推进的新农村绿化模式，发动和鼓励农民大种珍贵和优良乡土树种，兴建农村休闲公园绿地和乡村道路绿化。全市共完成非规划林地植树造林600多万株，其中种植桂花、香樟、罗汉松、红豆杉等珍贵树种300多万株，新建农村休闲公园绿地10多万平方米，乡村道路绿化100多千米，改变以往三明农村“山上满目青山，村内树木稀少”的乡村绿化落后状况，改善农村群众生产、生活环境。如荣获“全国绿色小康村”的泰宁县朱口镇音山村，村主干道两旁种植杜英、香樟，房前屋后种植桂花、配套园林小品，兴建3.5万平方米的园林绿地，公共绿地面积1.2万平方米，绿地率达28%，绿化覆盖率达32%，村容村貌呈现“亮、洁、绿、美”。

4. 以部门绿化分工负责制，推进绿色通道建设

三明市制定《三明市2001年至2010年绿化通道工程建设方案》。林业、交通、公路、高速、水利、铁路等相关部门充分发挥职能部门作用，各司其职，密切配合，在铁路、高速公路、公路、水网两旁大力植树造林，已完成境内福银高速公路、国道、铁路主要河流两岸的绿化，及沿线一重山景观改造面积1.6万亩，占改造任务数的57.8%。从2003年开始，三明市实施主要旅游景区道路绿化改造工程，突出进出景区沿线道路园林景观效果，已建成泰宁大金湖、将乐玉华洞、永安桃源洞、三元格氏栲森林公园等主要旅游景点的沿线道路景观绿化带。2006年以来，三明市公路部门实施“构建绿色长廊，和谐公路”工程，加大国道、省道公路绿化改造力度，完成国道沙县—永安，省道三明—清流公路沿线的绿化改造，共开辟路肩绿地50万平方米，种植乔木10多万株，灌木8万多株，设置园林绿化景观点达30余处，形成与路旁一重山森林相呼应的公路绿化景观带。

三、初步成效

到2007年，三明市区共有园林绿地面积899公顷，公共绿地面积224公顷，绿化覆盖率42.8%，绿地率37.37，人均公共绿地9平方米，分别比2000年增长63.9%、61.3%、17.5%、19.4%、27.5%。1999年，三明市

获得“国家园林城市”荣誉称号，永安、沙县先后荣获“国家园林城市”、“省级园林城”。2007 年，永安、泰宁被全国绿化委员会授予“全国绿化模范县”，全市有 3 个单位荣获“全国绿化模范单位”，4 个村荣获“全国绿色小康村”，50 个“省级花园式单位”，14 个“省级园林式乡(镇)”，16 个“省级园林式村庄”。三明境内的福银高速公路、国道、铁路、河流两岸可绿化率达 100%，省道可绿化率达 80%。

四、意见建议

三明市在推进城乡绿化一体化和绿色通道建设中，也存不少困难和问题，主要有：一是受经济条件制约，绿化资金缺口较大，投入不足，生态优先的绿化意识有待进一步提高。二是三明市林木物种资源丰富的优势没有充分体现，表现在城市绿化乡土树种所占比例较小，不到 50%，外来树种、地被植物及草坪偏多，较侧重于园林景观布局设置，片林少，林带少。三是周边一重山森林树种单一，针林多，阔林少，针阔比例约为 8∶2，纯林多，混交林少，生态功能较为脆弱；开花树种少，林木季相单调，景观效果较差。四是乡村绿化绿量不足，全市农村绿化覆盖率不到 20%，公共绿地偏少。五是尚有约 20% 的省道及 40% 县乡道还未完全绿化。为此，提出如下意见和建议：

1. 以生态优先为原则，加快城市森林建设进程

以布局合理，功能完善、效益显著的城市森林生态系统为重点，因地制宜、科学规划、部门推动、政府实施、全民参与、加快城市森林建设，改善城市生态环境，实现“城在林中、居在林中、动在林中”的人与自然和谐的良好城市生态环境。一是科学制定城市森林建设总体规划，树立以人为本，人与自然和谐相处的理念，科学制定与社会、经济发展相协调，与自然景观、人文景观相融合的城市森林建设总体规划。二是加强和加大市(城)区周边一重山森林保护和林分树种改造力度，进一步提升周边一重山森林生态防护和生态景观效果。三是加强市(城)区的林地及绿地保护，积极和挖掘林地空间，增加城市森林面积和总量。四是加强市(城)区生物多样性，充分利用本地林木物种丰富的优势，大力种植乡土树种，提高乡土树种在园林绿化树种的比例。五是加强名木古树的保护，采取社会、个人认养形式，筹措资金，保护好、管理好古树名木。

2. 深入开展“创绿色家园，建富裕新村”行动，扎实推进农村绿化

加大创建绿色家园工作的扶持力度，增加投入。继续采取以苗木补助

为主的形式，扶持农户在“四旁”等非规划林地大种珍贵和优良乡土树种。进一步做好宣传发动工作，向广大农民群众广泛宣传非规划林地植树造林的优惠政策和种植珍贵树的经济价值，激发农民主动种植珍贵树的积极性，由“要我种”向“我要种”转变。加快农民公园等休闲绿地建设，使农村绿化规模和水平有明显的提高和改善，农民的收入有显著增长。

3. 加大道路绿化力度，构建生态优良、景观优美的绿色长廊

认真贯彻落实三明市政府《关于绿色通道建设的实施意见》，按照市绿色通道工程指挥部编制的《三明市绿色通道工程规划》，突出重点，分步实施，增加投入，全面推进。继续实施高速公路、国省道沿线一重山的森林景观改造工程，科学规划，选好树种，尽早形成绿化景观。加快三泉高速公路三明境内路段的绿化建设，做到高起点规划，高标准建设。加大省道、县乡道道路两侧绿化的力度，及早完成道路两侧绿化。加大国道、省道和重要旅游景点道路绿化改造力度，建设一批景观优美的示范路段。加强管护，巩固绿化成果。借助创绿色家园平台，大种珍贵树和优良乡土树种，加快乡村道路绿化进程。

第六章　海峡两岸林业交流合作

第一节　海峡两岸(三明)现代林业合作实验区建设

2005年6月14日，国家林业局批复同意设立海峡两岸(三明)现代林业合作实验区(以下简称实验区)，这是目前全国唯一的两岸林业交流合作平台。三年来，三明市紧紧围绕实验区建设的总体目标，突出对台，突出项目，突出特色，扎实推进实验区建设，总体进展顺利。

一、设立背景

20世纪90年代开始，国家及有关部委陆续在海南、山东、黑龙江、陕西、福建、广东、广西、上海、湖北、四川等省(市、区)建立海峡两岸农业合作实验区，在福建、江苏、山东、重庆等省(市)创办台湾农民创业园，并取得明显成效。林业作为大农业的重要组成部分，两岸交流与合作日益活跃，但在全国范围内尚无林业领域的合作平台。三明是1988年国务院批准设立的全国集体林区改革试验区，是福建省重点林区，森林资源较为丰富，生态体系比较完善，产业基础相对扎实，是祖国大陆最靠近台湾的一个重点林区。台湾林业经过数十年的经营，在家具制造、木工机械及木竹精深加工、林产品市场营销、种质资源交流、生物医药提取、生物多样性保育、森林休闲观光旅游开发等领域，具备较高的水平。三明与台湾自然条件十分相似，林业发展的共性相同、互补性强，两地有明显的互补优势，开展交流与合作，潜力巨大，前景广阔。为此，搭建专门平台，开展两岸林业交流合作，具有重要的意义和作用。

1. 有利于巩固和扩大集体林权制度改革成果

集体林权制度改革只是理顺林业生产关系这个核心问题，林权明晰到千家万户后，利益直接，群众欢迎，短期内会促进林业的发展。但这种分散经营的格局，不能适应林业规模经营和现代林业发展的客观要求，不利于林业生产力水平的提高，必须搭建新的平台，引导林农联合起来，主动与市场对接，实行规模化、集约化经营，提高经济效益，增加经济收入，从而保证林农积极性的持续高涨，使集体林权制度改革的成效得到充分发挥。

2. 有利于推动林业产业升级

三明市现有木竹加工企业普遍存在“规模小、布局散、档次低”的问题，急需技术引领、资金扶持，急需龙头企业示范、骨干项目带动。引进台湾先进的项目、技术和经营管理理念，不仅可以促进现有木竹加工企业的整合布局、优化结构、扩大规模、打造品牌，而且可以形成一批“公司+基地+农户”的龙头企业，通过工业化带动林业产业化，通过市场国际化带动林业产业高端化，从而促进林业经营模式和增长方式的转变，带动林农持续致富、地方经济持续发展。

3. 有利于林业体制、机制和政策创新

1988年，国务院批准建立三明集体林区改革试验区以来，三明市按照“近期做示范，长远探路子”的要求，进行大量的实践探索，取得了明显的阶段性成果。在新的历史时期，必须进一步发挥试验区的突破功能，通过海峡两岸林业合作交流，更新林业经营理念，改革林业管理体制，创新林业工作机制，拓宽林业发展领域，搞活林区经济，争取在林政资源管理、林业投融资体制、林业社会化服务、生物多样性保护、林木种质资源研究开发等方面取得新的成果，让“老”试验区不断焕发新的生机。

4. 有利于融入海峡西岸经济区建设

林业是三明市的一大特色、一大支撑、一大潜力、一大保障，是扬长避短、发挥优势、加快发展的长远之计，也是主动融入海峡西岸经济区建设的重要举措。随着高速公路、干线铁路、机场等基础设施条件的不断改善，三明将成为福建省沿海连接内陆腹地的交通枢纽和物流集散中心之一。在此基础上，建立海峡两岸林业合作实验区，必将全面提升三明林业的地位，有利于三明加快融入全省全国经济社会发展大局，有利于在“两个先行区”建设中更好地发挥三明的“前锋、基地、枢纽、支撑”作用，为促进海峡两岸和平发展作出积极的贡献。

正是基于以上分析，三明市委、市政府于2005年初，在全国率先提出设立海峡两岸现代林业合作实验区的构想，并得到福建省委、省人民政府和国家林业局的肯定与支持。2005年6月14日，国家林业局正式批复同意设立海峡两岸（三明）现代林业合作实验区。

【链接】国家林业局关于海峡两岸（三明）现代林业合作实验区总体方案的批复（林策发［2005］88 号，2005 年 6 月 14 日）

福建省林业厅：

《福建省林业厅、三明市人民政府关于呈报海峡两岸（三明）现代林业合作实验区总体方案的请示》（闽林综［2005］50 号）收悉，经研究，我局同意设立海峡两岸（三明）现代林业合作实验区，并对《海峡两岸（三明）现代林业合作实验区总体方案》进行了部分修改（见附件）。请你们按照总体方案，抓紧开展工作。

海峡两岸（三明）现代林业合作实验区是全国农村改革试验区的重要组成部分，是新时期推进集体林区改革试验的重要探索，是以实验促进生态建设与产业协调发展。因此，对实验区的建设要予以高度重视，大力做好各项工作。如有新情况，请及时向我局报告。

二、建设规划

1. 指导思想

根据中央关于统一祖国的基本原则以及福建省委、省政府提出建设海峡西岸经济区的战略决策，按照“优势互补、互惠互利、共同发展”和“同等优先、适当放宽”的原则，加强闽台林业交流与合作，加快林业改革创新，调整优化林业经济结构，联手拓展国内国际市场，提高林产品市场竞争力，提高林业综合生产能力，提高林业可持续发展能力，推进林业现代化建设，构建和谐社会，为海峡西岸经济区建设和祖国统一大业做出积极的贡献。

2. 发展目标

通过实验区的建设，搭建两岸林业交流与合作平台，创新林业体制、机制和政策，促进林业生态体系与林业产业体系协调发展，做到林业生态、经济和社会三大效益的有机统一，实现森林资源持续增长，生态功能持续增强，林业经济持续增效，林农收入持续增加。到 2010 年，全市森林覆盖率稳定在现有的水平，活立木蓄积量达 1.2 亿立方米，林业产业总产值年均增长 15%、达 220 亿元，农民人均林业收入占纯收入的 1/3 以上。到 2015 年，建成比较完备的生态体系、发达的产业体系、开放的市场体系和完善的保障体系，基本实现林业现代化。

3. 主要任务

开展对台林业科技交流和经贸合作，承接台湾林业产业转移，不断优化林业产业结构，促进产业升级；探索创新林业体制、机制和政策，巩固和提升集体林权制度改革成果，加快林业发展，推进海峡西岸社会主义新农村建设。

4. 具体规划

建设“六区一园一会”，即：林产品加工、生物医药开发、森林食品加工、生物多样性保育、森林生态休闲观光、林业科技开发等6个合作区、台湾农民创业园，举办海峡两岸（三明）林业博览会（以下简称林博会）。其中：

林产品加工合作区。规划以省级高新技术产业开发区沙县金沙园和永安尼葛园为平台，辐射周边区域，重点发展人造板、纸制品及其他林产品的精深加工产业，着力产业结构调整和优化升级。

生物医药开发合作区。规划以三元荆东、明溪十里阜、宁化翠江等生物医药、生物技术产业园为平台，重点发展红豆杉、雷公藤、茄尼醇、石蒜等天然药物提炼和生物技术产业群。

森林食品加工合作区。以梅列瑞云工业园区和我市山地资源为主要平台，着力发展笋制品、果蔬类食品、高山优质有机茶、食用菌等绿色食品加工业。

生物多样性保育合作区。规划以现有自然保护区和自然保护小区为平台，重点开展生物多样性保育工程合作交流，培育发展珍稀、特色花卉苗木产业。

森林生态休闲观光合作区。规划以现有国家级、省级的森林公园、自然保护区和我市自然生态资源为平台，加快景区、景点综合开发，着力培育旅游品牌，推进现代大旅游产业体系构建。

林业科技开发园区。规划与台湾科研机构、社团机构建立合作关系，重点开展台湾新品种、新技术引进推广，加强与台湾农林产销班对接，重点推进我市农林产销一体化合作经济组织建设。

台湾农民创业园。规划建设面积17万亩，建立金星加工区、花卉苗木产业区、特色养殖区、名优茶果种植区、生态休闲旅游区等“五区”，成立清流台商联谊会。

海峡两岸（三明）林博会。作为实验区标志性项目和对台交流合作重要平台，每年11月6~9日在三明市举办，已从第三届起升格为国家级专业会展，由国家林业局和福建省人民政府共同主办，国台办、商务部为林博会支持单位（详见本章第2节）。

5. 实施步骤

计划分三个阶段进行。制定规划阶段。2005年上半年，研究编制“海峡两岸(三明)现代林业合作实验区”建设规划和总体方案，上报国家林业局审批。同时，筛选、策划生成一批技术含量高、创新能力强、市场空间大的生产性项目及林业科技攻关课题，作为闽台林业合作的抓手和载体。

组织实施阶段。2005 年 6 月底，举办第一届林博会，正式授牌成立海峡两岸(三明)现代林业合作实验区，并通过第一届林博会的举办，促成一批台资和外资项目的签约和落地，为闽台林业合作开好局、起好步。从 2005 年下半年起，全面启动海峡两岸(三明)现代林业合作实验区建设，做好“六区一园”的具体实施，展开林业体制、机制和政策创新，加快林业改革与发展步伐。

总结提升阶段。经过 3～5 年的实践探索，在取得阶段性成果后，对实验区建设的做法和经验进行全面概括、系统总结，邀请两岸的专家和学者，从理论上加以归纳、提炼和升华，形成比较成熟、配套的成果，以更好地指导实践，不断创造新的经验，为全国全省林业改革与发展提供借鉴和参考，发挥实验区的窗口、示范和辐射作用。

【链接】

1.《海峡两岸(福建)农业合作试验区发展规划》。规划提出：建立三明闽台林业合作示范区。“十一五”期间，重点推进林产品加工、生物制药、木竹生化利用、苗木花卉及珍贵树种繁育、森林食品加工、森林生态休闲观光旅游和林业科技等领域的交流合作，并发挥示范区的辐射带动作用，促进现代林业产业体系建设。

2. 中共福建省委、省人民政府《关于深化集体林权制度改革的意见》(闽委发[2006]19 号)。意见要求：大力推进海峡两岸(三明)现代林业合作实验区建设，允许实验区在政策、体制、机制上探索和创新，逐步将实验区建设成为全国林业对台交流合作的示范窗口。

三、主要措施

1. 加强领导

实验区设立后，及时成立由三明市委、市政府和省林业厅主要领导任组长、副组长，各县(市、区)政府及市直有关部门主要负责人为成员的领导小组，把实验区工作摆上各级各部门重要议事日程。3 年来，领导小组已先后召开 7 次成员会议，研究部署各阶段工作。三明市委、市政府和福建省林业厅主要领导多次进京向国家有关部门沟通汇报实验区工作，多次率团赴北京、广东、江苏、上海、浙江以及福建沿海地区等台商集中区和台湾本岛考察，拜会台湾相关商会、行业协会、林业科研院校等机构和知名台商，开展宣传推介、项目对接和招商引资，为实验区建设的顺利推进提供了强有力的组织保证。

2. 创新机制

重点通过项目的引进、实施，推动机制创新，进而带动实验区建设。实验区设立以来，实行“一名领导挂帅、一套工作班子、一个实施方案、一个工作制度、一笔工作经费”的工作机制，并配套建立了领导小组成员单位职责分工、联席会议、督查考评等工作制度，确保实验区各项工作落到实处。同时，市政府先后下发《关于强化资源配置实行利益共享加快林产工业产业集群建设的实施意见》等一系列政策性配套文件，对林业管理的机制、体制和政策进行了一系列创新，为优化对台林业交流与合作，加快推进实验区建设，提供了更有力的政策支撑和发展平台。

3. 形成合力

采取“市县协作、部门配合、各有侧重”的办法，按照区域布局和工作职责，对“六区一园”建设任务进行分工，指定市几套班子领导负总责，分别由6个市直部门牵头负责，并明确31个市直部门和12个县(市、区)各自的工作职责。各合作区工作组、各县(市、区)按照实验区建设总体方案和市委、市政府的部署要求，依据各自实际，认真研究制定了实验区“十一五”发展规划和年度工作实施方案，工作目标明确，落实推进措施有力。同时，市里设立实验区正式工作机构——实验区领导小组办公室(目前仅漳州、三明和莆田三个设区市设立试验区专门工作机构)，以强化全市的统筹协调力度。做到举全市之力、聚全市之智，群策群力，合力推进实验区建设。

4. 发挥优势

三明市立足丰富的土地资源、木竹资源和药用植物资源、森林生态休闲观光旅游资源，在制定实验区建设发展规划中，明确定位以林业为对台合作的主体，并以人造板为主的林产品精深加工、生物医药为主的生物技术开发、森林绿色食品加工、森林生态休闲观光旅游开发等产业，作为对台交流合作的重点领域，加强对接，加快突破，重点推进。

5. 突出项目

在推进实验区建设过程中，三明市始终把项目作为实验区建设的主轴来抓，加强项目策划、项目推介和项目招商，做好项目跟踪服务，并通过具体项目特别是大项目的策划、引进和建设，促进土地、税收、金融、林业等一系列政策的创新和突破，加快两岸科技交流和经贸合作。

四、初步成效

1. 合作平台建设加快推进

全市已引进涉林台资企业 61 家，总投资 1.62 亿美元，合同利用台资 1.25 亿美元，实际到资 4420 万美元。其中实验区成立以来新批办台资企业 32 家，总投资 1.42 亿美元，合同利用台资 1.06 亿美元，实际到资 2975 万美元。目前，正在洽谈对接的还有郁慕明先生牵头拟投资 10 亿元的格氏栲森林公园景区综合开发、陈嵩雄先生牵头拟投资 1.1 亿元的土壤改良“复活宝”开发等一批大项目。其中：

林产品加工合作区。累计有 21 家台资企业落户，其中实验区设立以来新引进 9 家。台资企业的生产领域从原来单一的人造板向木工机械、木竹家具、体育运动器械、木竹工艺品、小木屋等多方向发展。台商吴建亿先生对清流县的创业环境和区位条件情有独钟，拟投资 3000 万美元在该县创办家具城和一条高档家具生产线。目前公司已落户该县，并完成土地征用。

生物医药开发合作区。累计已有台资企业 6 家，其中实验区设立以来新引进三明益菇生物、新联葛业、金宝树等 4 家台资企业。重点从事珍贵药材培育基地建设，并有银杏、红豆杉萃取等台资项目正在对接深化。同时，为配套生物技术产业发展，全市已建有红豆杉、厚朴、雷公藤、铁皮石槲等药材基地 20 万亩，并有泰宁雷公藤、九节茶和明溪红豆杉、建宁莲子列入福建省地道药材 GAP 示范基地建设。台商陈新发先生 2006 年第一次应邀赴宁化县考察后，被该县的丰富的资源和良好的投资环境所吸引，毅然决定在该县投资创业，并利用其人脉关系，邀请一帮志向相投的台商朋友组成投资团组，分阶段筹资 30 亿元共同创建 1 万~2 万亩的生物技术生态产业园，开发建设生物技术产业集群，现开发园区近 500 亩，并有 3 家台资企业落户。

森林食品加工合作区。累计已有 26 家台资企业落户，其中实验区设立以来新引进 10 家。台资企业投资经营领域涉及果蔬、茶叶、鲜笋以及其他优质农作物、绿色植物的种植、加工和市场营销。台商林寿兴先生在建宁县投资创办的绿色食品加工企业——兴辉食品有限公司，经过几年的经营发展，已成为三明市最大水果加工企业，在当地建有自己的水果基地，2006 年被评为全国经济林产业化首批龙头企业，2008 年产值预计突破 7000 万元，主打产品“山雪牌”猕猴桃汁畅销全国，并根据市场需求陆续开发出果片、纯净水等“山雪牌”系列产品。

生物多样性保育合作区。实验区设立以来新引进沙县八晁林业科技、清流富贸生物科技、清流阳光花卉等3家台资企业，开展苗木花卉种植。海峡西岸沙县林木种苗繁育中心已完成选址确认，规划建设面积1800亩，正在与台商进行合作洽谈之中。八晁林业科技有限公司主要业务是引进推广台湾超级白杨新品种，需要较多水肥条件好的土地，季节要求高，三明市林业局和沙县政府急台商所急，利用各种资源和手段，在最短时间内帮助台商协调落实近1000亩土地，使该公司育苗、种植等生产得以正常顺利开展。

森林生态休闲观光合作区。泰宁大金湖与台湾日月潭实现了“两水”对接；以客家文化、族亲宗亲文化为主题的文化旅游互动交流也正在积极展开，已先后接待台湾客人1.2万多人次，其中文化交流220多人；宁化石壁客家世界祭祖大典及其学术研讨会、海内外巫氏文化节等活动正在积极筹备中。泰宁世界地质公园与台湾日月潭、台湾野柳地质公园互接旅游团组等合作项目正式签约，“台湾—香港—厦门—泰宁—武夷山—福州”等3条旅游精品线路的合作项目正在对接洽谈。台商杨文华先生十分看好清流县的创业环境和生态旅游市场潜力，决定投资750万美元开发清流大丰山森林公园景区资源。为加快工程建设进度，争取早日建成运营，杨先生除重大节日回台探亲和处理重大业务外，绝大部分时间把自己锁在山上，亲自领导景观改造、娱乐服务及基础设施建设。

林业科技开发园区。与台湾原住民族产业发展协会、台湾嘉义大学校友会、台湾嘉农农业发展基金会等社团组织签订海峡两岸农林科技系列合作协议，重点开展农林合作经济组织与台湾产销班对接培训与定点帮扶和科教文化、森林旅游开发与经营管理等交流合作。成立闽台林业研究所、闽台林业科技培训中心、三明市嘉农农林发展有限公司和三明市林木选育中心，开展精致农林产销班培训，累计引进台湾新品种、新技术174个，推广面积13.8万亩。台商王振陆先生为更好地落实有关合作事项，沟通和推动两岸林业科技交流，2007年决定在三明设立了嘉农农林发展有限公司，重点开展产销班等台湾农业技术和先进经营理念的传授、指导。在该公司和王振陆先生的帮助指导下，一年多来，三明市参照台湾农业模式和做法，创建了24个竹业、茶业、果蔬、休闲旅游等农林产销班和专业合作社。

清流台湾农民创业园。“五区一会”建设进展顺利，其中金星工业园区已完成投资3500多万元，平整土地1500亩，种植苗木、花卉6万亩。目前，创业园已有28家企业落户，其中台资企业14家，利用台资2200多万美元(含非林项目)。清流县委、政府高度重视创业园建设，在土地规划征用、前期资金投入、基础设施建设等，做了大量工作，制定和落实了系列优惠政策，加快了创业园建设步伐，入驻的台资企业位居三明市之冠。

2. 对台交流合作不断加强

积极邀请两岸三地媒体尤其是台湾媒体前来采访，以专题、专版等形式宣传报道实验区设立、建设进展和林博会举办盛况，在海内外产生较大的反响，引起台商、外商的兴趣。加强与台湾社团组织、大陆各地台协会的联系对接，实验区设立以来，全市共邀请接待台湾参访、观光人士1.42万多人次，其中来明开展项目投资考察洽谈的台商1600多人次。与此同时，我市共组织11个团组168人次赴台参访考察，其中农林科技人员80人次。特别是2006年7月和9月，分别由市委、市政府分管领导率农林界和涉台部门专家、科技人员、企业负责人两次赴台，广泛接触拜会台湾社团组织、知名人士和台商台资机构，大力宣传推介我市的投资环境和交流合作项目，提升三明在台湾岛内的影响力。此外，2006年以来，市政府10多次组织赴北京、广东、江苏、上海、浙江等台商投资集中区，开展林产加工、家具制造、生物医药等大型招商推介活动，市直有关部门和各县(市、区)政府也纷纷组团前往以上地区和其他经济发达地区，开展小分队招商推介活动，取得积极的成效。迄今为止，三明市已先后同台湾中华自然资源保育协会、中华两岸农渔牧经贸暨科技文化发展促进会、台湾区木材工业同业公会、台湾区家具工业同业公会、财团法人中华农业发展基金会、台湾金马两岸交流协会、台湾省旅游商业同业公会、台湾嘉义大学校友总会、台湾嘉农农业发展基金会、台湾原住民族产业发展协会等10多家社团组织建立协作机制。与上海浦东、江苏昆山、广东东莞和福建福州、厦门、漳州等地台协会、开发区管委会建立了委托招商协作关系。同时，建立了100多个大陆台协会、1000多位台商及相关台资企业档案库和联系渠道。特别是新党主席郁慕明先生对三明林业兴趣很大，第二届林博会后，多次派助手来三明作前期综合性考察，并在第三届林博会期间，就投资开发格氏栲森林公园景区及周边休闲旅游资源达成协议，项目总投资10亿元。目前正在进行项目的前期规划，进一步对接洽谈相关合作事项。

3. 交流合作领域逐步扩大

积极推进对台林业科技交流和软科学领域的合作。在第二届林博会期间，三明市与台湾有关社团组织签订系列合作协议，其中与台湾嘉义大学校友会签订海峡两岸农林科技合作协议，计划在引进台湾农林新品种、新技术、新工艺，经营高优林业项目等领域，全面开展合作。与台湾嘉农农业发展基金会合作，达成农业产销班与农林合作经济组织对接、定向培训、定点监测的合作协议，2007年1月举办第一期培训班，邀请嘉义大学等5位台湾专家授课，市县乡三级林业部门业务骨干和部分林业经济合作组织负责人150多人受训。此后，又先后举办4期专门培训班，受训人员近400人，收效明显。2007年4月和2008年8月，台湾原住民族产业协会两度组团来我市观光访问考察，并与实验区办公室、闽台林业科技交流中心、永安青水乡签订了5个合作协议，拟在森林生态休闲观光旅游开发、中药材种植、产销班对接、发展精致林业、高山地区民族村镇"结对子"帮扶、科技文化交流等方面开展合作。

五、存在问题

由于受区位交通条件、对台合作基础以及现行政策等因素的制约，实验区建设面临不少问题和困难，对台合作还没有大的突破。具体表现在以下五个方面：

1. 思想认识还不够统一

虽然实验区设立已3年，全市上下对建设实验区重要性的认识仍不尽统一，存在"上面热、下面冷"和"领导热、一般干群冷"的现象。一些部门和一些人甚至认为开展对台交流合作在三明没有基础，近的竞争不过福建沿海地区，远的竞争不过珠江三角洲、长江三角洲地区，进而在主观上对抓好实验区建设信心不足。

2. 工作重点还不够明确

尽管各合作区、各县(市、区)都制订了实验区建设"十一五"规划和年度工作目标，但一些地区和部门没有科学分析自身优势和特点，思路不够清晰，目标不够实际，重点不够突出，造成力量分散，疲于应付。

3. 保障措施还不够有力

2005年9月底以来，市、县两级虽然相继成立实验区领导机构和各合作区工作组，但实验区工作的实际执行机构不配套，工作机制一直还没有很好建立起来，特别是各县(市、区)的实验区日常工作基本上由林业局承担，力量比较薄弱，工作经费不足，推进措施不够有力。同时，实验区统筹协调机制还没有很好理顺，市县间、部门间沟通协作不够，影响了实验区工作的整体快速推进。

4. 合作基础仍比较薄弱

由于历史的原因和区位交通条件影响，三明对台交流起步晚，起点低，台湾对三明的了解比较有限，来明旅游、观光或考察投资的台湾人士还较少。全市现有涉林台资企业规模偏小，而且在明涉林台资企业大多从事种植业和林产品初级加工，产品科技含量不高，辐射带动作用及影响力比较有限。

5. 政策创新突破难度大

三明作为全国唯一的对台林业合作实验区，尚无法真正开展先行先试，对现行的一些政策规定的突破创新难度很大。目前，实验区的政策就是与其他非实验区相比，也不具任何优势，更无法同广东、江苏和福建沿海等台商投资集中区相提并论，实验区对台招商引资缺乏足够的吸引力。

六、意见建议

2008 年以来，台海局势发生积极的变化。胡锦涛总书记提出“建立互信，搁置争议，求同存异，共创双赢”的发展两岸关系的指导思想。福建省委、省政府提出建设“科学发展先行区、两岸人民交流合作先行区”的战略举措。三明市作为全国全省林业对台交流与合作平台，面临的任务更重、更艰巨。当前及今后一个时期，应借两岸关系的和煦春风，乘势而上，加强突破，加快推进。结合三明实验区实际，应着力做好“一个突破、两个机制、三个平台”工作：

1. 加快“一个突破”

即在对台合作项目上有大的突破。围绕林业可持续发展的目标，按照现代林业发展的理念、模式和要求，突出项目，突出特色，主动对接，力争对台合作有新突破，推动我市林业产业加快升级。大力扶持青山纸业、永安林业、大亚木业、南方生物等一批骨干龙头企业，开展技术创新，争创品牌，延伸产业链，做大做强产业集群，为明台产业的全面对接与合作夯实平台。重点跟进郁慕明先生牵头投资 10 亿元三元格氏栲景区综合开发、台商吴建亿投资 3000 万美元建设年产 5 万套高档出口家具生产线、台商陈松雄先生牵头投资 1.1 亿元开发土壤改良复活宝等项目，争取重大台资项目有新的突破和进展。主动对接台湾林业产业转移，重点开展人造板、松香、纸制品、林业机械、生物技术、森林旅游等产业深度开发项目的研究、策划、储备和招商，努力争取引进一批重量级的台资项目，推动我市家具及其配套产业、精细化工产业、林业机械制造产业、生物医药等生物技术产业、森林生态旅游产业加快发展，力争在延伸产业链，拓展产业发展领域，促进产业优化升级上有新突破。

2. 完善“两个机制”

一是完善服务机制。构建市、县两级对台林业交流与合作工作体系，健全工作机构，配足、配强工作力量，落实工作经费，强化实验区建设与对台交流合作的工作责任机制。完善涉台项目服务机制，特别是对重点涉台项目、企业，要强化跟进落实工作责任制，在对台项目(企业)的引进批办、用地规划、原料供应、技术创新、品牌创建、产品进出口以及政策落实等环节，全程跟踪跟进，努力做好各项服务工作，尽可能帮助台商、台资企业解决生产、生活中的困难和问题，尽快扶大做强一批台资企业。二是完善两岸交流机制。进一步完善两岸交流方式，拓宽两岸交流渠道，推动和加强两岸民间的互动交流，特别是要重点开展两岸林业企业、商会以及其他各类专业协会、高校、科研机构、学术团体、传统文化以及亲朋好友之间的各种民间交流活动，为两岸民间往来交流与接触，提供更多平台和机会。抓好台商库建设，注意收集和完善台商、台资企业相关信息资料，加强对台商、台资企业的联系沟通对接工作，争取让更多的台商走进三明，了解三明，投资三明。

3. 建好“三个平台”

一是建好两岸科技交流合作平台。要充分利用林博会国家级会展平台的影响，尽可能邀请台湾有实力的林业院校、科研机构参与联办论两岸林业合作论坛，并吸引台湾林业科技新成果参会、参展；闽台林业研究中心、闽台林业科技交流培训中心要主动联系对接台湾有关院校、科技机构、人才教育中心，定期组织学术交流活动，联手开展科研项目协作攻关，积极推进两岸林业新品种、新技术的交流、推广，加强两岸师资建设、人才培育、教育管理等方面的经验交流和人才互动。当前，重点将借鉴台湾农业合作社、产销班建设、休闲和精致农业发展的经验，加快推进农民专业合作社等农林合作经济组织的建设。二是建好台湾同胞投资创业平台。继续支持清流台湾农民创业园和三元荆东、明溪十里埠、宁化、泰宁等生物技术产业园区建设，进一步完善园区规划，加快园区基础设施建设，促其尽快形成特色、形成规模。加紧规划建设林业台商投资集中区，以解决目前三明台资企业分散和征地难的问题。并通过集中区的建设和产业导向，努力争取引进若干大的家具和林业机械制造等台资企业，加快推动三明林业产业转型升级。三是建好经贸活动平台。学习借鉴广交会、“9·8”投洽会等大型会展经验，探索和创新林博会的办会机制、办会形式，争取邀请境内外林业跨国公司或有实力的台资企业、台湾会展商参与实质性的联办和会展运作，提升办会水平，提高办会实效，努力把林博会办成以商品贸易为主的专业会展。同时，启动并逐步强化会展公司运作功能，组织开展承办各类展览会和技术交流会，积极培育会展物流产业，通过几年努力，做出影响，形成品牌，打造成海峡两岸现代林业合作交流中心、海峡西岸重要的综合性经贸活动平台。

【链接】中共福建省委、省人民政府关于建设两岸人民交流合作先行区的实施意见。要求：牢牢把握两岸关系和平发展的主题，抓住两岸关系出现新变化的机遇，坚持以“直接、双向，互利、双赢”为取向，充分发挥“五缘”优势，持续拓展“六求”作为，着力在推动闽台经贸合作、两岸全面交流、人员直接往来、政策率先实施上先行一步，形成闽台之间更紧密、更直接、更深入、更全面的交流合作态势，使海峡西岸经济区成为拓展两岸经贸合作的紧密区域、推动两岸直接往来的综合枢纽、加强两岸文化交流的重要基地和落实惠台政策的示范地区，在促进两岸关系和平发展上迈出新步伐，在密切两岸合作交流上取得新进展，在建设两岸人民交流合作先行区上实现新突破。并要求：加快推进海峡两岸（三明）现代林业合作实验区建设，重点抓好林产品加工、生物医药开发、森林食品加工、生物多样性保育、森林生态休闲观光、林业科技开发等六个合作区及清流台湾农民创业园建设，不断提升闽台林业交流合作水平。

第二节　海峡两岸（三明）林业博览会举办

海峡两岸（三明）林业博览会（以下简称林博会）是海峡两岸（三明）现代林业合作实验区的标志性项目，已连续成功举办三届，取得了丰硕成果，有力推动两岸交流合作和海峡两岸（三明）现代林业合作实验区建设，促进三明经济社会的发展，林博会的影响和作用日益凸显。

一、林博会的由来

2005 年 6 月，海峡两岸（三明）现代林业合作实验区成立后，三明如何进一步增强改革动力、提升改革层次、发挥更大作用；如何充分利用明台林业的互补优势，主动承接台湾林业产业转移，促进林业产业升级，推动两岸林业科技交流，促进现代林业发展；如何在海峡西岸经济区建设中更好地发挥“前锋、基地、枢纽、支撑”作用，真正将三明建成全国对台林业交流与合作和现代林业建设的重要窗口、示范基地，必须搭建一个新的平台。三明市委、市政府立足于基本市情和实验区建设要求，决定搭建一个以林业为主要元素、海峡两岸业界共同参与的综合性交流合作平台，于2005年6月26~28日举办第一届林博会。从第二届起，邀请部分台湾社团机构和境内外知名企业参与联办，参展参会的综合性越来越强。经过前两届的成功举办，2007年正式升格为国家级专业展会，由国家林业局和福建省人民政府共同主办，国务院台湾事务办公室和国家商务部为支持单位。

二、举办情况

根据海峡两岸(三明)现代林业合作实验区建设和对台林业交流合作的要求，林博会从第一届起，将“以林为桥，沟通两岸，加强合作，共同发展”确立为办会的指导思想，大会活动内容包括开幕式、展示展销、项目推介及洽谈签约、两岸林业合作论坛、商务考察、文艺晚会等10余项。前三届林博会的举办情况是：

1. 第一届林博会

2005年6月26~28日在三明市举办，全称为“海峡两岸(三明)林业合作暨投资贸易洽谈会”。由福建省林业厅、省政府台湾事务办公室、省对外贸易经济合作厅和三明市人民政府共同主办，支持单位为国家林业局木材行业管理办公室和台湾区木材同业公会。参会参展嘉宾客商940人，其中台商89人。签约合同项目91个，合同利用外资和市外资金15.2亿元，其中台资合同项目7个，合同利用台资1064万美元。林产品等商品交易额5.67亿元。本届林博会同时举行“海峡两岸(三明)现代林业合作实验区”授牌仪式，标志着实验区建设正式启动，引起两岸宾客的关注。

2. 第二届林博会

2006年11月6~8日在三明市举办，全称为“海峡两岸(三明)林业博览暨投资贸易洽谈会”。由海峡西岸福建省林业厅、省台办、省外经贸厅、海峡两岸(福建)农业合作试验区领导小组办公室、三明市人民政府和海峡东岸台湾区木材同业公会、台湾区家具行业同业公会、财团法人中华农业发展基金会、中华两岸农渔牧经贸暨科技文化发展促进会等9家单位(社团)联合主办。参会参展嘉宾客商1028人，其中台商252人。签约合同项目101个，合同利用外资和市外资金17.8亿元，其中合同台资项目13个，合同利用台资2740万美元。林产品等商品交易额8.07亿元。本届林博会首次由海峡东、西两岸联合主办，特别是新党主席郁慕明等一批台湾知名人士、重要台商莅会，在海峡两岸引起较大反响。

3. 第三届林博会

2007年11月6~9日在三明市举办，全称为“海峡两岸(三明)林业博览会”。由国家林业局和福建省人民政府共同主办，国台办、商务部为支持单位，具体由福建省林业厅、省台办、省外经贸厅、省海峡办和三明市人民政府承办，邀请中华两岸农牧渔经贸暨科技文化发展促进会、台湾区家具工业同业公会、台湾原住民族产业发展协会、台湾嘉农农业发展基金会、金马两岸交流协会等5家社团机构联办，全省8个兄弟设区市人民政府和3家企业协办。参会参展嘉宾客商1680人，其中台商42个团组486人；签约项目223项，利用外资和市外资金149.28亿元，其中台外资项目26项，总投资2.44亿美元，合同利用台外资1.51亿美元。本届林博会展现出新特点、新亮点、新提升。

一是规格高。全国政协副主席张克辉等国家领导人和新党主席郁慕明等一批台湾知名人士出席林博会，美国惠好等7家跨国公司和省内外众多知名企业参展，美国耶鲁大学、上海复旦大学等国内外知名高校26位专家教授莅临论坛和研讨会，参会参展国外客商、专家达125人。

二是规模大。展馆面积达10950平方米，参会参展来宾、客商达1680人，参会的台商从上届的252人增加到486人，参展的台资企业从上届的22家32个展位增加到62家74个展位。

三是亮点多。项目对接领域广，涉及林产品精深加工、生物医药、资源培育、旅游开发、花卉苗木等领域的项目达152个，占签约项目总数的68.2%；展示展销特色鲜明，福建馆突出展示绿色海西和两岸合作主题，三明12个县(市、区)突出“一县一特色”；市民参会踊跃，有近6万市民参与林博会各项活动，综合展示展销馆的开馆时间从原定4天延长到6天。

四是影响广。美国等13个国家，广东等14省(市、自治区)，台湾及大陆10个台协会22个团组，中国科学院和耶鲁大学等10多家科研院校代表参会；国内外50多家主流媒体参与林博会宣传报到，发稿总量达120多篇(条)，在海峡两岸引起较大的反响(表6)。

表6　海峡两岸(三明)林业博览会第1~3届举办情况

数据指标	第一届	第二届		第三届	
	总数	总数	比增(%)	总数	比增(%)
展馆面积(平方米)	6000	6000	0	10950	82.5
国标展位(个)	146	186	27.40	436	134.41
参展企业(个)	157	226	43.95	272	20.35
客商总数(人)	940	1028	9.36	1680	63.42
其中台商(人)	89	252	183.15	486	92.86
合同项目个数	91	101	10.99	161	59.41
合同项目总投资(亿元)	16.8	21.8	29.76	119.1	446.33
利用外资（亿元)	15.2	17.8	17.11	109.8	516.85
商品交易额(亿元)	5.67	8.07	42.33	10.95	35.69

三、意见建议

前3届林博会虽然成功举办，并取得积极的成效，但由于受历史原因、区位交通条件、办会条件、办会经验等因素的制约，仍存在许多不足，特别是与厦门“9·8”投洽会和广交会等大型展会相比较，在办会机制、办会模式和会展运作及效果等方面仍存在较大差距。今后，三明市应通过不断的创新运作总结和学习借鉴，逐步形成独具一格的展会特色。建议从以下几方面进行探索。

1. 突出会展特色

从全国看，会展活动主要有商品交易、项目投资两大类。商品交易中最典型、最成功的是广交会和一些专业订货会(如服装、家具、药品等)，这类会展活动的市场化程度比较高，具有很强的生机活力，应当成为林博会的努力方向和办会目标。全国各地大量举办的各类经贸活动，多为项目投资性质，其显著特征是政府推动、行政主导，目前的林博会属这种类型。林博会之所以在短短的三年内迅速崛起、引人注目，主要在于对台交流合作与地方林业特色的融合突显。离开了这一点，就会变得平淡无奇。因此，今后林博会无论如何变化、内容怎样拓展，但其林业的主题特色不仅不能弱化，还应进一步突出。

2. 创新会展机制

在活动组织方面，开幕式、招待酒会、展示展销、合作论坛、参观考察、项目推介签约等活动，仍主要由政府负责筹办，林产品展销、茶文化、文艺晚会活动内容，可采取完全市场化方式运作，交由民间社团机构或公司具体筹办，或通过冠名方式争取社团机构、公司赞助，由政府部门组织实施。在嘉宾和客商邀请方面，除出席大会的重要领导、嘉宾、台湾知名人士、重要客商、论坛专家由政府负责邀请外，一般的参会参展客商邀请和落实工作，交由民间机构或会展公司通过市场化方式运作。总的来说，林博会的会展机制在经过几年的总结探索和运作后，最终应过渡到市场化运作，通过市场的机制，来提升林博会的会展的功能，促进林博会的展会产业发展。

3. 提升会展功能

重点要突出会展的“转变、拓展、提升”。转变，就是合作方式要由名义联办向实质联办转变，争取让联办、协办单位参与林博会的实际筹办运作。拓展，就是合作领域由比较单一的林业领域向更加广泛的大农业、工矿业、建筑业、医药业、旅游业、物流业等领域拓展。提升，就是要不断总结提炼办会经验，进一步提升林博会的层次、水平和影响。同时，适当整合三明市现有的办会资源，采取“一会多节”的形式，将永安笋竹旅游文化节、沙县小吃文化节、泰宁生态旅游节等，调整为林博会的配套活动，安排在林博会期间或前后进行，以达到丰富内涵、资源共享、集中展现、扩大影响的目的。

4. 强化展会运作

目前，林博会的筹办业务由政府主导，应是创会初始阶段的一个必要手段，也是当今培育会展业的普遍做法。但是，一个成功的展会终究要走市场化运作的途径，通过市场的机制来增强会展的功能，提升会展的水平，扩大会展的影响，培育会展的品牌。就林博会而言，就是要通过林业会展公司的市场化运作，不断扩大展会业务，做长展会链，做大会展产业。

附　录

三明市集体林区改革试验区20年大事记

1988年

1月16日，三明市委常委会研究决定，以明委[1988]2号文向福建省委、省政府呈报《关于将三明市集体林区列入全国农村改革试验区的报告》。

1月20日，福建省委、省政府以闽委[1988]综字02号文向中共中央、国务院提出《关于将三明市集体林区列入全国农村改革试验区的报告》。

1月21日，林业部部长高德占给中共中央书记处农村政策研究室主任杜润生写信，建议将"三明市办成林业综合改革试验区，列入全国农村改革试验区的序列"。

4月22日，国务院以国函[1988]65号文下发《关于福建省建立三明市农村改革试验区报告的批复》，同意将三明市集体林区列入全国农村改革试验区。

5月25日，福建省政府副省长苏昌培率省农委、省林业厅等有关部门负责人到三明，共同研究制定《三明集体林区改革试验的总体方案》。

5月25日，三明市委以明委[1988]12号文发出《关于成立三明市集体林区改革试验区领导小组的通知》。决定由市委书记、市人大常委会主任周厚稳任组长，市委副书记、市政府市长李立士任第一副组长，市委常委、市政府常务副市长陈世泽任常务副组长，市政协主席郑成辽任顾问；各县(市、区)委书记、县(市、区)长以及市直有关部门负责人为成员。领导小组下设办公室，市林业委员会主任张寿标、副主任刘炳麟、陈万美、杨利贞分别兼任办公室正副主任。

6月8日，中共中央书记处农村政策研究室主任杜润生接见参加全国农村试验区第四次工作会议的福建代表，就《三明集体林区改革试验的总体方案》的制订，向三明市政府市长李立士、省林业厅副厅长包应森提出了原则意见。

6月13日，林业部副部长徐有芳召集各司(局)负责人听取三明试验区《总体方案》稿的汇报，并作了讲话。

6月12~13日，林业部部长高德占考察三明林区，在听取三明市委、市政府关于改革试验总体设想的汇报后，要求三明试验区把林业的资源、资产、资金、体制四个方面作为改革试验的重点。通过试点，既对长远改革探索政策，又对当前林业工作树立样板；既作试验区，又作示范点。

6月14~18日，中共中央书记处农村政策研究室副主任朱厚泽考察三明林区。

6月14日，福建省政府副省长苏昌培听取李立士、包应森关于全国农村改革试验区第四次工作会议主要精神的汇报。

6月20日，三明市委召开常委(扩大)会，传达贯彻中共中央书记处农村政策研究室、林业部和福建省委、省政府领导对三明试验区的重要指示，进一步研究修订《三明集体林区政改革试验的总体方案》。

6月21日，三明市政府以明政[1988]综241号文向省政府正式上报《三明集体林区改革试验的总体方案》。

6月24日，三明市委、市政府研究决定，从市直机关抽调10名、市林委抽调15名干部组成三明市集体林区改革试验区领导小组办公室，办公地点设在市林委。

7月7~12日，三明试验区召开第一次工作会议，并举办首期干部培训班，传达学习有关文件精神，动员部署改革试验工作，并培训改革试验的内容、方法和要求。各县(市、区)政府分管领导、林委主任、试验区办公室人员共85人参加。

7月22日，三明试验区召开首批改革试验项目讨论会，确定第一批试验项目、试验地点、项目负责人及时间要求。

8月1日，福建省政府省长王兆国主持召开省政府常务会议，专题研究《三明集体林区改革试验的总体方案》。

8月3日，中共中央书记处农村政策研究室发出中农研[1988]47号明传电报，同意《三明集体林区改革试验的总体方案》。

8月21日，福建省政府以闽政[1988]综226号文下发《关于同意三明集体林区改革试验的总体方案的批复》。

9月8日，三明试验区召开“速生丰产商品材基地建设示范”、“创办三明市林业技术、管理培训中心”、“普及推广改燃节柴、改灶节柴”、“创办三明林业信托投资公司”等试验项目论证会。随后，市政府分别以明政[1988]综310、311、312号文作出批复，同意前三个试验项目组织实施。

9月24~28日，三明市委、市政府在大田县召开全市林业、科技、教育工作会议。

10月25日，三明市林业技术管理培训中心正式成立，培训中心地点设在三明林校。

11月10日，三明试验区召开“林业股东会管理制度和章程探索”、“林纸结合探索"、"创办森林市场探索"等试验项目论证会。随后，市政府分别以明政[1988]综358、362、363号文批复同意实施。

11月16日，三明试验区向省林业厅上报《关于建立三明市林业基金制度的请示》，并提交《三明市林业基金管理暂行办法》。省林业厅于1989年3月21日以闽林财字[1989]16号文批复同意实施。

12月8日，福建省委办公厅以闽委办[1988]41号文发出《关于成立福建省三明市集体林区改革试验区领导小组的通知》，决定由省政府副省长苏昌培任组长，省林业厅厅长赖纪锐、省农委副主任戴永善、三明市委书记周厚稳任副组长，省直有关部门负责人为成员。下设联络组，省林业厅副厅长包应森任组长，省林业厅政策研究室主任张琅、省农委农村政策研究室主任赵可旺任副组长。

12月13日，全国人大常委会副委员长倪志福视察三明林区。

12月26日，三明市委常委、市政府常务副市长陈世泽在参加全国农村改革试验区第五次工作会议期间，向中共中央书记处农村政策研究室汇报三明集体林区改革试验区工作进展情况。中共中央书记处农村政策研究室的评价是：三明试验区做法规范，起点高，工作进展比较快。

12月29日，林业部部长高德占、副部长徐有芳在林业部听取三明试验区工作情况汇报。

1989年

1月10日，三明市编委以市编[1989]04号文核定市试验区办公室事业编制12人，为正处级单位，内设秘书科、综合科、项目监测科。

1月19~28日，福建省委书记陈光毅率省直有关部门负责人在三明林区开展调查研究，得出福建的优势、潜力在于山，兴旺、希望在于林，提出大力发展林业的构想，并勉励三明试验区在林业改革与建设上要走在全省前头。

2月17日，在三明市委、市政府召开的全市两个文明建设工作暨表彰大会上，市试验区办公室被评为全市先进单位。

2月18日，三明试验区召开第二次工作会议，总结1988年工作，部署1989年任务，同时表彰在改革试验中成绩突出的8个先进单位、27名先进个人。

3月20日，三明市林委党组任命黄清练为试验区办公室秘书科科长，苏文亭为秘书科副科长，杨稚平为综合科科长，陈岩、雷醒为综合科副科长，潘子凡为项目监测科科长，林剑峰为项目监测科副科长。

4月12~16日，中共中央书记处农村政策研究室副主任刘堪到三明开展调查研究，对三明试验区工作予以肯定，他认为，三明试验区领导重视，行动快，组织健全，材料规范。

4月27日，三明试验区在永安市召开《建立毛竹行业管理新体制》改革试验项目论证会。随后，三明市政府以明政［1989］综70号文批复同意实施。

5月18～22日，福建省委、省政府在三明召开全省林业工作会议。参加会议的有省委、省顾委、省人大、省政府、省政协的领导同志，各地（市）、县党政主要领导和林业局长以及省直有关部门的负责同志共450人。会议提出了“全党动员，全民动手，狠抓七年，绿化八闽”的奋斗目标，各地（市）、县党政领导与省党政领导签订造林绿化责任状，形成《加快造林绿化、大力发展林业的决定》。会上，三明市委书记周厚稳作了题为“努力把三明建成南方现代林业基地”的发言，详细介绍三明集体林区改革试验的进展情况。

6月15日，三明试验区在尤溪县召开“林纸结合——林纸一体化探索”“食用菌行业管理新体制探索”试验项目论证会，全省有关部门80多位专家、学者参加评审。随后，三明市政府以明政［1989］综116、117号文批复同意实施。

7月3～7日，林业部在三明召开南方十五省（区）森林防火、国有林定权发证工作会议。会后，林业部副部长刘广运视察三明试验区，认为三明的林业改革与建设以及山区开发经验十分丰富，而且比较完整。

8月9～11日，南方十省（区）林业厅长联席会议代表考察三明试验区。

8月25日，三明市委、市政府召开全市林业、教育、科技会议，提出“树木又树人，建设文明城”，要求继续紧锣密鼓、扎扎实实地推进集体林区改革试验。

9月8日，三明试验区在将乐县召开“创办‘绿色企业’——村林业合作社林场章程探索”试验项目论证会。随后，三明市政府以明政［1989］综164号文批复同意实施。

9月8日，在厦门召开的福建省外商投资洽谈会上，三明试验区推出中幼林115片、53.59万亩，宜林荒山36片、3.52万亩，供外商投资开发，引起很大反响。

9月17～18日，三明试验区召开第三次工作会议，市政府市长李立士作了题为“继续紧锣密鼓，扎扎实实地推进我市集体林区改革试验”的讲话；常务副市长陈世泽作了题为“认真贯彻党的十三届四中全会精神，把集体林区改革试验搞得更稳更快更好”的报告。

10月14日，三明试验区在建宁县召开“建立林业基金制度”试验项目研讨会，着重讨论修定《三明市林业基金管理暂行办法实施细则》。

10月14日，三明市政府以明政[1989]综177号文下发《关于加快普及推广改燃节柴改灶节柴的意见》，对改燃改灶节柴提出具体的任务、时间要求，并制定了奖惩措施。

10月16日，三明试验区在泰宁县召开“林纸结合探索”试验项目实施研讨会。

10月26日，三明试验区在三明林业学校召开“创办三明林业技术、管理培训中心”试验项目阶段性成果评估会。专家认为培训中心主要经验是：领导重视，工作进展快，效果好；办学指导思想明确；教学内容实用性强；学员素质较好，资金基本落实；教育管理和组织领导比较健全。在对277名培训学员的问卷调查中，对培训中心评价好的占70.8%，较好的占23.1%，一般的占6.1%，差的没有。该项目获三明市1988~1989年度科技星火三等奖。

10月28日，林业部部长高德占在北京听取三明市政府常务副市长陈世泽关于三明试验区进展情况汇报后指出，三明市林业改革和建设有三个明显特点：一是领导重视，真抓实干；二是思路开阔，目标明确；三是工作扎实，效果显著。

10月30日，中共中央书记处农村政策研究室试验区办公室代主任杜鹰、副主任陈枫等领导听取三明市政府常务副市长陈世泽的汇报。他们认为，三明试验区领导重视，工作抓紧，抓得好，在体制改革和发展上选择关键项目，搞得有声有色，试验虽然起步晚了一年，但有后来居上的感觉。

10月31日，林业部部长高德占主持召开部机关副处级以上干部大会，请三明市政府常务副市长陈世泽介绍三明市集体林区改革试验进展情况。

11月6日，三明试验区以明林试办[1989]046号文《关于建立三明市集体林区改革试验区林政管理示范点的请示》上报林业部。

11月10日，三明试验区在永安市召开“建立毛竹行业管理新体制”试验项目交流研讨会。

12月10日，三明试验区在沙县召开“建立林业科技推广网络”试验项目论证会。

12月12~14日，三明试验区在尤溪县召开“食用菌行业管理新体制”和“速生丰产商品材基地建设示范”项目实施现场研讨会。

12月23~28日，在全国农村改革试验区第六次工作会议上，三明试验区选送的6篇论文全部入选，其中《林业股份合作经济的探索》《关于森林市场的探索》《区域性综合改革试验的设计、方法、操作》等3篇论文分别获二等奖、三等奖和特别奖。

1990年

1月20~21日，三明试验区召开《普及推广改燃改灶节柴》试验项目鉴定会。截止1989年底，全市完成农村“双改”35.8万户，普及率达到98.2%，热效率达到31.3%，经济和社会效益显著，获三明市1988~1989年度科技星火一等奖。三明试验区还因此被国家计委、农业部评为“全国农村节能先进单位”。

2月6日，在三明市委、市政府召开的全市两个文明建设工作暨表彰会上，三明市及尤溪县、沙县、永安市试验区办公室被评为全市先进单位。

2月16日，林业部办公厅以函资字[1990]8号文批复同意将三明列为全国森林资源和林政管理示范点。

3月2~13日，三明试验区组织对全市木材采购站、国营林业采育场的改灶节柴成果进行验收，经测试各项指标均达到国家规定标准。

3月2日，林业部部长高德占在“三明市建立林业科技推广网络”试验项目书和调查报告上批示林业部科技司负责人：“三明市的做法很好，请吴博、刘效章同志仔细研究，看看如何介绍他们的做法。”

3月5日，三明试验区在大田桃源国营林场召开“杉木、马尾松大径材培育”试验项目论证会。随后，三明市政府以明政[1990]综合056号文批复同意实施。

3月22日，三明市林委党组任命陈岩为试验区办公室秘书科科长。

4月9日，三明市林委党组任命季丽华为试验区办公室秘书科副科长，苏文亭为综合科副科长。

4月10~19日，林业部政策法规司司长陈根长到三明试验区调查研究。

4月12~13日，三明试验区在三元区召开“集体林区森林防火体系建设”改革试验项目论证会。随后，三明市政府以明政[1990]综118号文批复同意实施。

4月14~15日，三明试验区召开第四次工作会议。三明市政府市长李立士作了题为“勇于探索、勇于创新，努力把集体林区改革试验提高到新水平”的讲话，常务副市长陈世泽作了题为“扎实搞好林区改革试验，促进林业生产上新台阶”的报告，林业部政策法规司司长陈根长和省试验区联络组副组长张琅也在会上讲了话。

4月16~17日，三明试验区举办第二期干部培训班。林业部政策法规司司长陈根长等五位领导分别为培训班作了改革试验理论和监测方法的专题讲座，市、县两级试验区办公室人员71人参加培训。

5月12~16日，全国政协常委、林业部原副部长马玉槐考察三明林区。

5月24~30日，中共中央顾问委员会、林业部原部长雍文涛考察三明林区。

6月14日，三明市政府以明办[1990]50号文下发《关于加快林业科技推广网络建设的通知》，要求各县(市、区)加快组织实施。

6月28~30日，三明试验区在永安市召开"永安市森林资源和林政管理示范点建设"改革试验项目论证会。

7月1~10日，三明试验区在全市开展节柴灶巩固情况复查。抽查1550户的结果为：巩固率84.9%；回潮率8.9%，破损率6.1%。

7月4~17日，三明试验区一行20人，由领导小组副组长林去存带队赴黑龙江苇河试验区学习考察。

9月12~22日，福建省试验区联络组副组长张琅、赵可旺到三明试验区检查指导工作。

9月24日，林业部办公厅以厅函资字[1990]32号文函复福建省林业厅，原则同意三明试验区《关于森林资源和林政管理示范点建设方案的请示》。

11月4~24日，福建省政府造林绿化检查组到三明市检查验收，确认1989~1990年两年，全市人工造林201.7万亩，造林成活率95.5%，生长达标率98.2%，面积确准率100%。并确认三明市及所属12个县(市、区)提前一年在全省率先基本消灭宜林荒山。

11月21日，三明市政府以明政[1990]综288号文下发《关于加快森林资源和林政管理示范点实施工作的通知》。

11月26~27日，三明试验区召开改革试验项目监测工作会议。

1991年

1月26~30日，在三明市委、市政府召开的全市两个文明建设工作暨表彰会上，三明市及永安市、沙县、明溪县试验区办公室被评为全市先进单位。

3月5~7日，三明试验区召开第五次工作会议。参加会议的有各县(市、区)分管试验区工作的副县(市、区)长、试验区办公室主任及市试验区领导小组成员共65人，省试验区联络组组长、省林业厅副厅长包应森同志到会指导。市政府市长李立士作了题为"以党的十三届七中全会精神为动力，坚定不移地把我市集体林区改革试验更加健康地推向前进"的讲话。常务副市长陈世泽作了题为"近期做示范，长期探路子，使我市林区改革试验再上一个新台阶”的报告。会议对3年来的改革试验工作进行了全面的回顾，并提出1991年的改革试验工作要在巩固、完善、提高、配套的基础上，要有新的起点、新的进展、新的突破。

4月1日，三明市政府任命刘炳麟为试验区办公室主任。

5月2~3日，三明试验区召开改革试验三年成果总结座谈会。会后，福建省政府经济研究中心、三明试验区办公室和三明市林业委员会共同组织力量成立专题调研组，开展调查研究，形成了三明试验区改革试验阶段性成果综合调研报告及10个专题报告，编写了13份经过实践检验的规章制度和24篇典型经验，共35万字，汇编成《林区改革探索》一书，由中国林业出版社出版。

5月6日，湖南省怀化试验区党政领导一行20多人，由地委书记带队到三明试验区考察。

6月12~17日，福建省顾问委员会、三明市委原书记邓超考察三明试验区。

6月17~21日，福建省政协常委、省林业厅原厅长戈锐考察三明试验区。

9月1~15日，三明试验区组织人员赴浙江省温州市、宁波市、安吉县等地学习考察股份合作制企业制度建设、纸厂建设资金筹集、毛竹行业管理及集约经营经验，并赴南京林产化工研究所收集有关制浆造纸新技术资料等。

9月8~10日，日本“中国农村研究会”课题组负责人中兼和津次(东京大学经济教授)、田岛俊雄(东京大学社会科学研究所研究员)等一行4人到三明试验区考察。

10月11~17日，全国林科教结合现场经验交流会在三明召开。林业部教育宣传司司长汪毓峰作报告，省林业厅副厅长王立勋、三明市政府副市长周申到会讲话，会议肯定三明试验区开展林科教结合所取得的成果。

10月21~23日，美国耶鲁大学森林资源与环境学院院长戈登·吉巴里和威廉·汤姆金斯教授一行考察三明试验区。

11月1~3日，三明试验区在明溪县召开“速生丰产商品材基地建设示范”改革试验项目阶段性成果评估会。该项目成果获三明市科技进步、效益一等奖，项目负责人获5万元奖金。

12月17~20日，三明试验区在尤溪县召开“食用菌行业管理新体制”改革试验项目阶段性成果评估会。该项目成果获林业部科技进步三等奖。

12月26~27日，三明试验区办公室与市委宣传部、市咨询委员会、市林业委员会、市社会科学界联合会联合举办三明市林业产业发展战略研讨会，共收到论文35篇，评选出《发展三明林业产业及其产业政策的探讨》等8篇为优秀论文。

1992年

1月7~9日，三明试验区召开第六次工作会议，各县(市、区)委书记、分管副县(市、区)长，林委主任、试验区办公室主任及市直有关部门负责人共80多人参加。市委书记周厚稳、市长李立士、常务副市长陈世泽出席会议并分别讲话。同时决定聘请龚人左、王善扬为三明试验区顾问。

1月20日，在三明市委、市政府召开的全市两个文明建设工作暨表彰会上，三明市及永安市、尤溪县、沙县试验区办公室被评为全市先进单位。

3月15~17日，林业部原副部长杨天放考察三明试验区。

5月5~9日，福建省试验区联络组副组长张琅、赵可旺到三明试验区检查指导工作。

7月23~31日，印度尼西亚材源帝集团董事、经理吴继贤考察三明试验区，并就投资开发森林资源达成意向。此后，三明试验区组成《森林资源有偿转让规范制度研究》课题组，深入明溪等县进行调研，形成了关于提供给外商投资开发森林资源的方案。

8月7日，三明市政府任命杨利贞为试验区办公室主任。

8月24~27日，三明市政府常务副市长陈世泽、试验区办公室主任杨利贞在福州向省政府及省林业厅汇报关于印度尼西亚材源帝集团投资开发森林资源的方案。

9月3~21日，印度尼西亚材源帝集团主席黄双安考察三明试验区，并与三明市政府就开发森林资源进行具体洽谈，签订了备忘录。

10月9日，三明市林委党组任命季丽华为试验区办公室秘书科科长。

10月16日，三明试验区在永安市召开“探索组建林业股份制企业集团”改革试验项目立题研讨会。

11月9~15日，全国林业改革试验区联席会在三明召开，林业部政策法规司司长陈根长主持会议并讲话。

11月12日，福建省政府以闽[1992]352号文下发《关于加快三明集体林区改革试验的若干政策措施》。

11月30日，三明试验区委托中国林科院开展的“三明发展林业产业经济研究”完成。

12月4日，三明市政府任命肖芳堃为试验区办公室副主任。

1993年

2月10日，在三明市委、市政府召开的全市两个文明建设工作暨表彰会上，市试验区办公室被评为1992年完成责任目标显著单位，永安市、明溪县、尤溪县、三元区试验区办公室被评为全市先进单位。

2月10~27日，三明试验区林业考察团一行15人，由市长李立士带队赴印尼考察林业及林产品深加工的情况。

3月14日~4月3日，三明试验区"探索组建林业股份制企业集团"项目组在永安开展调查研究，完成《永安林业集团总公司股份制改革预可行性研究报告》，并对股份制改革的有关问题进行了专题研讨。

4月4~6日，全省林业改革座谈会暨三明试验区第七次工作会议召开，参加会议的有省林业厅领导，全省各地、市林业局领导和三明市各县(市、区)政府分管领导、林委主任、试验区办公室主任等共65人。三明市政府市长陈世泽作了《加快步伐，大胆试验，把三明集体林区改革试验推向深入》的讲话，省林业厅厅长赖纪锐作了《借鉴三明林区改革经验，把全省林业改革工作向深层推进》的讲话。林业部部长徐有芳、副部长沈茂成分别给会议发来贺电。

5月20日，三明试验区完成林业股份合作制、食用菌行业管理新体制探索、速生丰产商品材基地建设示范、三明市林业技术与管理人才培训改革试验项目材料及永安市森林资源和林政管理办法等汇编，共约47万字。

6月25日，福建省体改委批复同意永安市林业集团总公司股份制改革立项。

8月2~15日，由福建省农委、省林业厅、三明试验区办公室和尤溪县组成工作组，进驻尤溪县团结乡东村开展深化林业股份合作制改革试点。

8月25~27日，三明试验区在尤溪县召开深化农村林业股份合作制改革现场会，并讨论修改《三明市深化农村林业股份合作制改革的实施意见》。

10月16日，福建省体改委以闽体改[1993]131号文批复同意设立"福建省永安林业(集团)股份有限公司"。

12月30日，福建省永安林业(集团)股份有限公司正式成立。

1994年

1月5日，三明市林委党组任命蔡以蛟为试验区办公室综合科科长，张俊钦为项目监测科副科长。

2月22日，在三明市委、市政府召开的全市两个文明建设工作会议暨表彰会上，尤溪县、永安市、明溪县试验区办公室被评为全市先进单位。

3月22~23日，亚洲国家林业部门市场经济改革研讨会代表39人到三明试验区考察。

4月15~19日，三明市政府副市长陈刚挺参加全国农村改革试验区第八次工作会议。会上，三明试验区潘子凡、黄春水、杨金铼三位同志被评为全国农村改革试验区优秀干部。

5月28日~6月8日，林业部副部长沈茂成考察三明试验区。

8月16日，三明市委以明委综[1994]12号文发出《关于调整三明市集体林区改革试验区领导小组的通知》。决定由市委书记、市人大常委会主任周厚稳任组长，市委副书记、市长陈世泽任第一副组长，市委常委张运祥、市政府副市长张鸿文、市林委主任刘炳麟任副组长。

8月30日，全国农村试验区办公室下达三明试验区重点项目两个，即"培育和完善森林市场"和"组建规范化林业股份制企业集团"。

11月18~20日，三明试验区召开第八次工作会议，市领导陈世泽、张运祥、陈刚挺、张鸿文及试验区领导小组成员、各县(市、区)长、分管林业的副县(市、区)长、林委主任、试验区办公室主任及有关部门负责人80多人参加会议，福建省林业厅副厅长吴炳清、原副厅长王立勋及省农委领导专程参加会议。市政府副市长张鸿文作了题为"深化改革层次，加大改革力度，把三明集体林区改革试验工作推向新阶段"的工作报告，市长陈世泽作会议总结。

1995年

1月3~6日，三明试验区在泰宁县召开"林纸结合""推行竹业管理新体制"两个改革试验项目阶段性成果评估会。

1月21~25日，三明市政府副市长张鸿文专程到福建省林业厅汇报改革试验工作。

2月11~12日，在三明市委、市政府召开的全市两个文明建设工作暨表彰会上，尤溪县、沙县、永安市试验区办公室被评为全市先进单位。

2月27日，中共中央政策研究室农村组艾云航局长到三明试验区调研。

3月26~27日，三明试验区在尤溪县召开"深化林业股份合作制改革"试验项目阶段性成果评估会。福建省林业厅党组书记包应森、厅长刘德章到会指导。

4月22日，三明市林委党组任命蔡以蛟为试验区办公室秘书科科长，潘子凡为综合科科长，陈绍煜为项目监测科副科长。

5月13日，三明市委、市政府以明委发[1995]12号文下发《关于进一步深化集体林区改革试验工作的通知》。

5月15日~6月10日，三明试验区组团13人，由市政府副市长张鸿文、市委秘书长周华永带队，前往广东韶关、湖南怀化、四川宜宾、贵州黔东南、湖北武汉等兄弟林业改革试验区学习考察。

8月5日，福建省政府省长陈明义深入沙县水南国有林场考察“林木抚育间伐配套政策”改革试验情况。

9月5~6日，三明试验区在大田县召开“宜林山地使用权拍卖”课题研讨会。

10月17~21日，三明市政府副市长张鸿文参加全国林业改革试验区第七次工作会议。会上，三明试验区被林业部授予“全国林业改革试验区先进集体”，陈发光、张和谐、陈绍煋等三位同志被林业部授予“全国林业改革试验先进个人”荣誉称号。

11月9日，三明市政府代市长何团经、副市长张鸿文向林业部汇报永安林业(集团)股份有限公司股票上市的情况。

11月28~30日，福建省委、省政府在福州召开全省林业工作会议。会上，省委书记贾庆林、省政府省长陈明义和林业部部长徐有芳等领导充分肯定三明试验区所取得的成绩以及在全省全国林业发展中所发挥的作用。三明市委副书记黄顺乐作了题为“积极探索，不断创新，扎实推进集体林区改革试验”的发言。

11月29~30日，林业部部长徐有芳到三明试验区考察，认为三明试验区很有特点，达到了近期做示范，长远探路子的目标。

12月24日，三明市委书记黄贤模主持召开市委常委会，研究贯彻全省林业工作会议精神，深化林区改革试验，加快林业产业发展的意见。

1996年

2月6日，三明试验区召开年终考评会，评出泰宁县、三元区、永安市为1995年度集体林区改革试验工作先进单位。

5月7日，三明市委、市政府召开全市林业工作会议。参加会议的有各县(市、区)委书记、分管副县(市、区)长、林委主任、试验区办公室主任，各乡镇党委书记，市直各有关部门负责人，共250多人。福建省林业厅厅长刘德章、三明市委书记黄贤模、市政府市长何团经出席会议并讲话。会后，市委、市政府以明委发[1996]31号文下发《关于贯彻〈中共福建省委、福建省人民政府关于巩固绿化成果，发展绿色产业，建设林业强省的决定〉的意见》。

5月8日，林业部确定三明为全国林业分类经营改革试点。

6月14~19日，林业部党组成员、纪检组长李昌鉴到三明试验区考察。

7月24日，三明市政府以明政[1996]综144号文发出《关于开展林业分类经营改革试点工作的通知》，同时成立三明市林业分类经营改革领导小组。

9月5日，三明市政府任命卞贞策为试验区办公室主任，王怀毅为副主任。

11月15~16日，国务院法制局副局长徐玉麟在林业部政策法规和体制改革司司长陈根长、林业部经济发展研究中心副主任张蕾陪同下，到三明开展《森林法》(修正案)的调研。

11月21日，三明市机构改革领导小组办公室、市机构编制委员会办公室以明机改办[1996]7号文核定三明市集体林区改革试验区领导小组办公室行政编制8名，工勤人员事业编制1名，合计9名。

11月25~26日，《三明市林业分类经营总体规划》及《永安市林业分类经营规划纲要》编制完成，三明市政府以明政[1996]36号《关于林业分类经营总体规划情况及实施意见的报告》上报林业部。

12月6日，永安林业(集团)股份有限公司发行的“永安林业”股票在深圳证券交易所挂牌上市。

12月6日，林业部副部长刘于鹤考察三明试验区。

12月7日，林业部党组成员、中国林业科学研究院院长江泽慧考察三明试验区。

1997年

1月25日，三明试验区召开年终考评会，评出永安市、三元区、泰宁县为1996年度集体林区改革试验先进单位。

2月26~27日，三明市政府召开全市林业工作会议。市政府市长何团经作了题为“深化林区改革，壮大产业经济，全面加快林业强市的建设步伐”的主题报告，市委副书记黄顺乐作了题为“进一步深化集体林区改革试验，迎接三明试验区建立十周年”的讲话，副市长吴金容作会议总结讲话。

3月5日，三明市政府副市长吴金容在北京向林业部汇报关于“进一步深化集体林区改革、迎接三明试验区创办十周年及十周年会议筹备”的情况。林业部副部长刘于鹤及各司(局)负责人听取了汇报。

3月24日，泰宁县被全国山区综合开发领导小组列入第二批全国山区综合开发试点县。

4月10日，三明试验区以明试办[1997]04号文印发《三明市集体林区改革试验区项目管理试行办法》。

4月11日，全国人大常委会副委员长布赫一行视察三明试验区，检查三明林区《森林法》执行情况。

4月12日，林业部副部长李育材考察三明试验区。

4月14日，三明市政府办公室以明政办[1997]81号文批复同意《三明市集体林区改革试验区领导小组办公室职能配置，内设机构和人员编制方案》。同意内设综合科、监测科、政策法规科；核定机关行政编制8名，其中主任1名(兼)、副主任1名、科级领导职数4名，工勤人员事业编制1名。

4月15日，三明试验区以明林试办[1997]05号文下发《关于表彰1996年度改革试验优秀成果的通知》，有永安市“组建规范化林业股份制企业集团”“完善毛竹经营承包责任制”、沙县“探索中幼林抚育间伐政策措施”和三明市胶合板厂“债权转股权改革”等8个项目，被评为优秀成果。

4月23~26日，三明试验区召开第九次工作会议暨第三期干部培训班。农业部农村改革试验区办公室副主任关锐捷、林业部政策法规和体制改革司副司长汪绚及省林业厅政策法规处处长李祖贻等出席会议，并为培训班授课。三明市政府副市长吴金容到会讲话。

6月20日，三明试验区在沙县水南国有林场召开“建达标场创小康户”改革试验项目论证会。

7月22日，福建省政府在福州召开泰宁县山区综合开发“九五”规划评审会。参加评审的有全国山区综合开发专家咨询组专家、研究员陈统爱，专家、教授研究员王幼臣，省林业厅高级工程师高兆蔚、陈伙法，省水利水电厅高级工程师郑友然和省政府办公厅、省农业厅、财政厅、水产厅、交通厅、省计划委员会、省科学技术委员会、省脱贫工作领导小组办公室及三明市政府等有关部门和单位的专家、领导共26人。评审获得一致通过。

7月25日，泰宁县森林资源资产评估事务所成立。

8月3日，在三元区荆西镇建设的三明市木竹交易中心开业，并举办全市林业投资贸易洽谈会。

8月22日，三明试验区在建宁县枫源国有林业采育场召开“建达标场创小康户”改革试验项目论证会。

8月27日，中国森林工程学会学术年会在三明召开。三明试验区选送的“组建规范化林业股份制企业集团”改革试验项目阶段性成果总结报告被评为优秀论文一等奖。

9月13日，三明试验区召开“十年成果总结汇编”咨询会，福建省政府经济研究中心、省林业厅、福建林学院等单位的专家、领导共15人参加。

9月15日，三明市委以明委[1997]53号文发出《关于调整三明市集体林区改革试验区领导小组成员的通知》。决定由市委书记黄贤模任组长，市政府市长何团经任第一副组长，市委副书记陆志华、市委常委张运祥、市政府副市长吴金容、市林委主任陆火生任副组长。成员由市直各有关部门和县(市、区)主要领导组成。

9月18日，三明市林委党组任命张俊钦为试验区办公室监测科科长，雷醒为政策法规科科长，蔡以蛟为综合科主任科员，苏文亭为政策法规科副科长。同时，市林委机关进行内设机构调整，共设置办公室、林政科、营林科、产业科、计财科、人教科和科技科等7个科室，核定工作人员37人。

9月28~29日，三明市政府召开全市林业生产现场会，各县(市、区)分管领导及林业局长参加。与会代表参观永安市、三元区、沙县林木抚育间伐和毛竹培育示范点建设情况。

10月1日，永安市深化毛竹行业管理新体制改革，经永安市政府批准同意对笋、竹产品实行按面积、分地类源头征收税费。

10月26日，永安林业(集团)股份有限公司兼并三明人造板有限公司(原三明市胶合板厂)。

11月1日，三明试验区在沙县召开“探索林木抚育间伐配套政策措施”等改革试验项目阶段性成果评估会。

11月6日，三明试验区在三元区召开“吉口国有林业采育场建达标场创小康户”改革试验项目阶段性成果评估会。

11月10日~12月3日，三明试验区组团赴粤、桂、云、贵、湘五省区林业改革试验区学习考察。

12月1日，三元区格氏栲自然保护区在门票、住宿、娱乐等项目中探索开征森林生态效益补偿费。

12月29日，三明试验区在永安国有林场召开“林业分类经营”改革试验项目论证会。

1998年

1月14~15日，三明试验区召开年终考评会，评出三元区、泰宁县、沙县试验区办公室为1997年度集体林区改革试验先进单位。

3月3日，三明市委、市政府召开全市林业工作会议，市委副书记张添根、市人大常委会副主任陆火生、市政府副市长郑国仁对深化集体林区改革试验，迎接三明试验区建立十周年作了部署。

3月3日，三明试验区以明林试办[1998]5号文件发出《关于表彰1997年度改革试验优秀成果的通知》，有“泰宁县山区综合开发试点县建设”、

“三元区建达标场创小康户”、“永安市深化毛竹行业管理新体制改革”等13个项目被评为优秀成果。

3月9日，三明市委以明委[1998]17号文决定调整三明市集体林区改革试验区领导小组。由市委书记苍震华任组长、市长蔡奇任第一副组长，市委副书记张添根、市人大常委会副主任陆火生、市政府副市长郑国仁任副组长。

3月12日，林业部副部长王志宝及有关司(局)领导听取三明市政府市长蔡奇关于三明试验区十年改革与发展的情况汇报。

4月9~10日，三明试验区在尤溪县召开全市集体林经营体制改革调研会，参加会议的有各县(市、区)政府分管领导、林业局长、试验区办公室主任及市直有关部门负责人，共60多人。市委副书记张添根、市人大常委会副主任陆火生、市政府副市长郑国仁作了讲话。与会代表还参观学习尤溪县全面推行集体林家庭承包经营责任制的经验。

4月14日，三明试验区办公室以明林试办[1998]7号文下发《关于下达1998年集体林区改革试验项目计划的通知》，确定集体林经营体制改革、木材流通体制改革、林业企业改革、林业分类经营改革等项目的主要内容和承担单位。

4月17日，三明市政府市长蔡奇到市林委、市试验区办公室调研，对三明林业改革与发展提出要求，并研究部署三明试验区十周年活动。

4月22日，由三明试验区办公室、三明市林业委员会编写的《三明集体林区十年改革试验》一书脱稿，国家林业局局长王志宝作序，交付中国林业出版社出版。

5月27~28日，三明试验区办公室在宁化县召开“深化集体林经营体制改革试验项目”评审会。

6月5日，三明市政府以明政[1998]文118号，向国家林业局呈报《三明市林业分类经营实施方案》的请示。

6月5日，三明试验区邀请国家林业局政策法规司江机生、周金锋，福建省林业厅政策法规处李祖贻、林政管理处黄端芳等领导同志，对“沙县木材生产经营体制改革”阶段性成果进行评估。

6月5~7日，国家林业局政策法规司处长江机生和省林业厅政策法规处处长李祖贻等一行在三明试验区调查研究。

6月24日，三明市委书记苍震华主持召开市委常委会，研究《市委、市政府关于集体林经营体制改革的意见》稿，并形成纪要。

7月15日，三明试验区办公室召开集体林经营体制改革汇报会，各县

(市、区)林业局、试验区办公室和三明市林委领导和市试验区办公室全体人员共32人参加。各县(市、区)汇报改革进展情况后，市人大常委会副主任、市林委党组书记陆火生和市试验区办公室主任卞贞策分别作了讲话。

9月24日，国家林业局副局长李昌鉴接见三明市政府市长蔡奇、副市长张志南及秘书长刘振郁一行，并听取蔡奇关于三明试验区十周年活动筹备有关情况汇报。

10月6~23日，三明试验区组织人员深入各县(市、区)，就集体林经营体制改革试点情况进行专题调研。10月27日，试验区办公室以明林试办[1998]14号文，向市委、市人大、市政府、市政协呈送《关于集体林经营体制改革试点情况的调查报告》。

11月4~10日，三明试验区办公室拟定《关于集体林经营体制改革的实施意见》修改稿，报请市委、市政府研究。

12月2日~12月30日，三明试验区办公室先后对"永安市洪田村集体林经营体制改革"、"永安市造林体制改革"、"永安市间伐材经济体制改革"、"三元区楼源村集体林经营体制改革"、"泰宁县探索发展林业第三产业——森林旅游"等改革试验项目阶段性成果进行评估。

12月29~30日，三明试验区办公室副主任王怀毅前往昆明参加国家林业局政策法规司召开的"关于1999年实施林业分类经营工作指导意见"座谈会。

1999年

1月19日，三明市委、市政府召开三明市集体林区改革试验区十周年座谈会。国家林业局发来贺信，并委派政策法规司政策和改革处处长谭光明莅临会议；福建省林业厅厅长刘德章、副厅长陈家东、厅政策法规处处长李祖贻、副处长翁小杰亲临会议；市委副书记张添根、市人大常委会副主任陆火生、市政府副市长郑国仁、市政协副主席林去存参加会议。还有曾经参与组织或从事过集体林区改革试验工作的老领导；各县(市、区)分管副县(市、区)长、试验区办公室主任；市林业委员会、市试验区办公室领导及各科室负责同志，共60多人。会上，刘德章、陈家东、张添根、郑国仁分别作了讲话，卞贞策通报十年改革试验的主要成果。

1月19~20日，三明试验区办公室召开年终考评会，各县(市、区)试验区办公室主任或专职副主任共22人参加，评出永安市、三元区、清流县试验区办公室为1998年度集体林区改革试验先进单位。同时，评选"尤溪县集体林经营体制改革项目推广"、"永安市间伐材经营体制改革"和"沙县木材经营体制改革"等15个项目为优秀成果。

3 月 2 日，以明林试办[1999]6 号文发出通知，对 1998 年度试验区 3 个先进单位和 15 个优秀成果给予表彰和奖励。

3 月 9 日，三明试验区办公室以明林试办[1999]7 号文下发《关于下达 1999 年三明市集体林区改革试验项目计划的通知》。

3 月 19 日，吉林省梅河市政府市长助理、市农办主任赵文等一行 6 人，到三明学习考察集体林经营体制改革情况。

4 月 1~10 日，三明试验区办公室组织人员深入尤溪、明溪、清流、永安等县(市)，就林业政企分开有关问题开展调查研究，并形成《关于林业政企分开有关问题的调查报告》。

6 月 16 日，三明试验区办公室主任卞贞策主持召开试验办全体人员会议，听取王怀毅副主任参加在辽宁省大连市举办的全国农村改革试验区第十三期干部培训班学习情况通报和潘子凡同志关于市委、市政府研究《关于深化集体林经营体制改革的意见》修改稿情况汇报。

7 月 12 日，三明市政府办公室以明政办[1999]134 号文转发市林委、市试验区办公室《关于推行源头预征林业金费改革的实施意见》的通知。

7 月 21 日，三明市委、市政府以明委发[1999]15 号文下发《关于深化集体林经营体制改革的实施意见》。

8 月 9~12 日，联合国粮农组织首席技术顾问科劳德·海默先生，在国家林业局经济发展研究中心副主任孔明、研究员刘璨陪同下，就亚洲国家林业市场化改革项目到三明考察。

8 月 16~21 日，三明试验区办公室有关人员参加“兴林富民”课题调研。11 月 4 日，市政府以明政[1999]文 256 号文下发了《关于认真做好兴林富民工作的通知》。

9 月 6~12 日，三明市政协领导及部分委员听取市试验区办有关情况汇报后，分 2 个组深入沙县、梅列、三元、尤溪等地开展集体林区改革实施情况调研活动。

9 月 20 日，三明市林业委员会、三明市集体林区改革试验区办公室以明林委[1999]23 号文联合下发《关于深化集体林经营体制改革的实施办法》。

9 月 23 日，三明市委、市政府召开全市深化集体林经营体制改革会议。会议总结交流一年多来的试点工作经验，要求认真贯彻落实市委、市政府《关于深化集体林经营体制改革的意见》，全面加快集体林经营体制改革步伐，推进林业新一轮创业。市委副书记张添根、市政府副市长郑国仁作了讲话。各县(市、区)分管副(市、区)县长、林业局长、试验办主任和市直有关部门负责人共60多人参加会议。

10月19日~11月23日，三明试验区办公室组织人员深入县(市、区)了解集体林经营体制改革工作进展情况，以明林试办[1999]10号文向市政府呈报《三明市集体林区改革试验区近期工作安排及进展情况的报告》，并拟定《三明市人民政府关于进一步深化集体林区改革试验的实施方案》稿。

11月27日~12月11日，三明试验区办组织有关县(市、区)试验办人员9人，前往湖北武汉市，河南信阳市、郑州市、兰考县，山东五莲县，江苏徐州市等地学习考察。

12月15~16日，国务院体改办产业与市场司副司长蒋跃一行3人到三明试验区调研林业税费和林地管理等工作。

2000年

1月11日，福建省林业厅副厅长陈家东及政策法规处处长李祖贻等一行4人，到三明试验区检查指导工作。

1月17~18日，三明试验区办公室召开年终考评会，评出永安市、梅列区试验区办公室为1999年度集体林区改革试验先进单位。同时评选《建宁县推广集体林经营体制改革》、《永安市探索制定短周期工业原料林优惠政策改革》等12个项目为1999年度集体林区改革优秀成果。2月15日，以明林试办[2000]4号文发出通知，对1999年度试验区2个先进单位和12个优秀成果给予表彰和奖励。

2月1日，三明市政府以明政[2000]21号文下发《关于印发进一步深化集体林区改革试验方案的通知》。

3月30日，三明试验区办公室以明林试办[2000]5号文《关于下发2000年度集体林区改革试验工作计划的通知》。

4月16~23日，三明试验区办公室监测科科长张俊钦、三元区试验办主任苏文良赴贵州省贵阳市参加全国农村改革试验区第十四期干部培训班学习。

7月2~3日，三明市委、市政府召开全市林业改革工作交流会，参加会议的有各县(市、区)政府分管领导及林业局长、试验办主任，永安、清流、尤溪、明溪、将乐等县(市)林业(集团)总公司负责人和其他7个县(区)林业局分管副局长共80多人，市政府副市长郑国仁作了讲话。会上，各县(市、区)汇报交流林业改革情况，并对《关于深化集体林木材经营体制改革的意见》和《关于深化国有森工企业改革的实施方案》两个文件稿进行讨论。

7月12日~8月20日，三明试验区组织人员开展林业改革工作督查。

8月31日，三明市政府办公室以明政办[2000]136号文转发市林委、市试验办《关于林业政企分开改革若干意见》。

9月5日，三明试验区办公室以明林试办[2000]11号文向国家林业局政策法规司呈报《关于三明市集体林区改革试验进展情况的报告》，以明林试办[2000]12号文向国家林业局林业分类经营办呈报《三明市林业分类经营改革进展情况的报告》。

9月15日，三明试验区办公室召开专题座谈会讨论《关于集体林经营体制改革工作考核验收的具体办法》。9月20日，市林业委员会、市试验办以明林[2000]6号文正式下发。

9月21日，三明市政府办公室以明政办[2000]151号文转发市林业委员会、市试验办关于开展集体林经营体制改革督查情况报告的通知。

11月16~23日，三明试验区办公室政策法规科科长雷醒和尤溪县林业局党委书记兼试验办主任陈家治前往湖南省长沙市参加国家林业局举办的全国森林分类区划界定研讨班。

12月14~15日，三明市委副书记陈则生、市试验办主任卞贞策前往北京参加全国农村改革试验区工作会议。

12月21日，三明市林委、市试验办在三明召开全市森林分类区划界定工作会议，传达贯彻农业部在北京召开的全国农村改革试验区工作会议和国家林业局在湖南省长沙市举办的全国森林分类区划界定研讨班的主要精神。

12月21日~2001年1月10日，三明试验区组织尤溪、永安、梅列、明溪、沙县、宁化、建宁、泰宁等县(市、区)试验区办主任共12人，赴云南省华坪县、湖南省怀化市学习考察森林分类区划界定工作经验。

2001年

2月16日，三明试验区办公室评选永安市、三元区、泰宁县试验区办公室为2000年度集体林区改革试验先进单位。

1月15日~4月16日，根据三明市委、市政府要求，市林委、市试验办会同市委政研室、市农办、市体改委组成考核验收组，对各县(市、区)集体林经营体制改革工作分批进行考核验收。三元区、梅列区、永安市、将乐县、泰宁县、建宁县、沙县、清流县、宁化县、明溪县等11个县(市、区)集体林经营体制改革成果先后通过考核验收。

4月19~26日，国家林业局政策法规司副司长汪绚先后深入尤溪、沙县、三元和永安等县(市、区)的6个村，与村干部、林农代表和当地政府及林业部门领导座谈，调研三明市集体林经营体制改革、生态公益林区划界定和林业发展情况。

5月24日~6月1日，三明试验区办公室政策法规科副科长苏文亭、清流县试验办主任王维峰赴陕西省西安市参加全国农村改革试验区第十五期干部培训班学习。

6月15日，三明市政府以明政[2001]文122号下发《关于集体林经营体制改革工作验收的通报》，决定对三元、永安、尤溪、清流、泰宁、宁化、明溪、建宁、将乐、梅列、沙县等11个县(市、区)的集体林经营体制改革成果予以认定，并通报、表彰奖励。

6月18日，三明试验区办公室以明林试办[2001]4号文下发《关于表彰集体林经营体制改革成果的通知》，根据考核验收评定的改革质量情况，决定对三元区、永安市予以一等奖奖励，尤溪县、清流县、泰宁县、宁化县、明溪县、建宁县、将乐县、梅列区、沙县予以二等奖奖励。

7月13日，三明市政府以明政[2001]文146号下发《关于深化集体林木材流通体制改革的意见》，要求从2002年1月1日起，全面推行木材自主经营、产销直接见面。

10月29~31日，三明市林委党组成员、市试验办副主任王怀毅、市林委党组成员、纪检组组长苏逸强等一行6人，对大田县集体林经营体制改革成果进行考核验收，并按考核验收方案予以成果认定。

10月29日~11月14日，三明市林委和市试验办领导班子成员，以挂钩联系各县(市、区)作为调研点，组织23人先后前往12个县(市、区)对集体林经营体制改革运行情况进行"回头看"调研，并提出完善意见。

11月19日，根据《中共三明市委、三明市人民政府关于三明市级党政机构改革的实施意见》(明委[2001]67号)，三明市林业委员会更名为三明市林业局，加挂三明市绿化委员会办公室牌子；三明市集体林区改革试验区领导小组办公室的职能并入三明市林业局，保留牌子。

11月27日，三明市委任命市林委党组副书记、副主任、市试验办主任卞贞策为市委农办副主任(正处职级)。市委、市政府分别任命原市林委党组成员、市试验办副主任王怀毅为市林业局党组成员、副局长。市政府任命市试验办综合科原科长潘子凡为市林业局助理调研员，市林业局党组安排潘子凡分管市试验办工作。同时鉴于机构改革，三明试验区不再聘请龚人佐和王善扬同志担任顾问。

12月12日，三明市全面完成生态公益林区界划工作，并通过国家和省林业主管部门的抽查认定。当年6月底，全市12个县(市、区)及龙栖山国家级自然保护区完成区划任务，共区划界定生态公益林7302227亩，占林地总面积的25.7%，其中国家生态公益林5695528亩，占78%，省级生态公益林1606699亩，占22%，成为全省第一个完成生态公益林区划界定的设区市。7月23~27日，通过省林业分类经营办公室对泰宁、清流两县的抽查认定。11月21日至12月12日，通过国家林业局委托西北林业调查规划院对泰宁县的抽查认定。

2002年

1月15~16日，三明市林业局召开全市集体林区改革试验区年度工作总结暨机构改革座谈会。参加会议的有各县(市、区)试验办主任和林业局人教(政工)股长。会上，市林业局党组书记、局长唐连惠就今后试验区工作作了讲话。同时，评选永安、尤溪、泰宁等3个县(市)为2001年度集体林区改革试验先进单位，并评选表彰"尤溪县木材流通体制改革"、"三元区木材运输管理改革"、"永安市木材流通体制改革"等3项为2001年度集体林区改革试验优秀成果二等奖，"大田县林地林权改革"等9项为2001年度改革试验优秀成果三等奖。

3月2~3日，财政部和国家林业局调研组到泰宁县开展森林生态效益补助资金试点工作调研。

4月，福建省林业厅批准三明仙人谷森林公园为省级森林公园。

5月18~19日，三明市在福州召开2002年三明(福州)林业投资贸易洽谈会。

7月，中央电视台、《中国绿色时报》等17家国内新闻媒体采访团到永安市对竹业开发进行采风活动。

8月，尤溪县生态公益林保护工程被列为全国农(林)业标准化示范县。

8月13~16日，国家林业局驻福建森林资源监督专员办事处周华永专员一行到泰宁县检查监督森林资源保护管理工作。

10月14~17日，国家林业局在三明召开南方集体林区自然保护区和自然保护小区管理工作座谈会，参加会议的有江西、广东、浙江、福建等7个省林业厅(局)、甘肃白水江、福建陇栖山等7个自然保护区管理局共39名代表。

10月23~29日，省人大常委会部分委员到三明开展《福建省森林条例》执法检查。

11月8日，三明市政府在永安市召开全市林权登记发换证工作会议，参加会议的有各县(市、区)政府分管领导及林业局长。

是年，三元区国家森林公园和梅列区瑞云山森林风景区被评为第二批国家"4A"旅游景区，将乐县龙栖山国家级自然保护区被列为省级有机食品基地建设试点单位。

2003年

3月18~21日，福建省林业厅厅长黄建兴率计划财务处、林政资源管理处、林权登记管理办公室、林木种苗总站等负责同志到三明调研，调研认为三明市集体林权制度改革成效是显著的。

3月25日，财政部、国家林业局检查组对永安市、梅列区森林生态效益补助金试点工作进行检查指导。

4月，泰宁县被中国特产之乡推荐及宣传活动组委会命名为“中国锥栗之乡”和“中国竹笋之乡”称号。

5月，永安林业（集团）股份有限公司所属的永安人造板厂被国家林业局、中国农林水利工会全国委员会授予“技术革新先进集体”荣誉称号。

6月6日，永安市天宝岩省级自然保护区晋升为国家级自然保护区。

6月24日，三明市林业局在福州市举办2003年福建·三明林业投资贸易洽谈会。

8月，永安林业（集团）股份有限公司“蓝豹牌”强化木地板通过中国环境标志产品认证及2003年度监督审核。

11月，在湖北省咸宁市举办的第四届中国竹文化节，永安市参展的“竹神”牌笋食品、根雕工艺品被评为金奖产品。

11月，国家林业局授予清流、泰宁、建宁等3个县森林病虫害防治检疫站为“森林病虫害防治检疫标准站”称号。至此，全市有三明市及尤溪、永安、梅列、将乐等7个站获得森林病虫害防治检疫标准站称号。

1996~2003年，三明市共有46项林业科研课题通过福建省科技厅、省林业厅和三明市科技局组织的验收、鉴定，其中获国家林业局科技进步奖1项、省政府科技进步奖13项、省林业厅科技进步奖5项、市政府科技进步奖5项。

2004年

1月13日，永安林业（集团）股份有限公司8万立方米中密度纤维板技术改选项目竣工投产。投产后，中密度纤维板年产量可达12万~14万立方米。

1月14日，三明仙人谷森林公园、将乐天阶山森林公园升格列为国家级森林公园。至此，三明市共有三元、泰宁猫儿山等4家国家级森林公园。

2月23~25日，福建省人大常委会农村委主任陈世泽到三明调研集体林权制度改革和生态公益林管护落实情况。

2月24~25日，美国惠好公司国际林地公司总裁格瑞·卓耐克先生一行3人到三明市及永安考察林业投资环境，三明市政府市长张健等领导会见并接待外宾。

3月27日，全国政协原副主席、中国企业联合会、企业家协会会长陈锦华在省政协副主席叶家松等领导陪同下，到三明三元国家级森林公园考察。

3月31日~4月1日，三明市政府在尤溪县召开全市竹业开发现场会。参加会议的有各县(市、区)政府分管领导、林业局长、竹业开发站负责人、29个竹业发展重点乡镇长、企业代表共110人。

4月1~30日，根据国家林业局和福建省林业厅的部署和要求，三明市组织开展2000年以来的林地征占用清理整顿情况大检查。

4月9~12日，永安市政府、三明市林业局、永安林业(集团)股份有限公司、永安市林业局领导赴江苏大亚科技集团和上海新高潮木业集团参观考察，开展定向招商引资。

4月23日，国家林业局报经国务院领导同意，决定将福建省三明市和黑龙江省伊春市确定为全国林业产权制度改革试点。8月23日，国家林业局以林资发[2004]143号文批复同意三明市及永安、尤溪2个县(市)林业产权制度改革试点方案。

4月23~25日，中国林场协会会长、原林业部副部长沈茂成一行4人，在福建省人大常委会委员、省林业厅党组原书记包应森陪同下，到三明调研珍贵优质用材林基地建设情况。

4月25日，三明市委明委干[2004]28号文任命王怀毅任市林业局党组书记。4月29日，三明市人大常委会第十二次会议(明人大[2004]4号文)决定任命王怀毅为市林业局局长。

5月1日，三明市委书记叶继革率市直有关部门的领导，到三福高速公路建设工地调研，并查看沿途一重山绿化美化和森林保护工作。

5月1~16日，国家林业局检查组对清流县2003年度采伐限额执行暨林地征占用审批情况进行抽查。

5月23日，永安市成立林权登记管理中心。

5月26~28日，三明市委书记叶继革、市政府市长张健分别会见大亚集团木业公司刘于文副总裁一行，就投资建设人造板项目有关问题进行商谈，并达成投资意向。

5月27日~6月4日，国家林业局检查组到永安市、明溪县检查2003年营造林工作，经检查，造林更新面积核实率、造林成活率等各项考核指标达标。

5月31日，三明市政府副市长吴俊慰率市林业局负责同志赴福建省林业厅汇报《三明市集体林区林业产权制度改革试点方案》。省林业厅领导黄建兴、柴喜堂、黄家铭听取汇报并提出修改意见。

6月5日，永安市制定出台林权证抵押贷款贴息的优惠政策。规定：凡永安境内林权所有者以林权证抵押贷款，贷款资金投资林业的，林业部门给予贴息。

6月8日，宁化县治平畲族乡投资700多万元动工建设笋竹产品专业批发市场，占地面积1800平方米，建筑面积9000平方米。

6月10~13日，国家林业局副局长雷加富率森林资源司司长肖兴成、林业工作总站总站长马广仁等一行，由福建省林业厅厅长黄建兴、国家林业局驻福州森林资源监督专员周华永陪同，到永安市调研集体林权制度改革工作。6月13日，三明市委书记叶继革主持召开书记办公会议，传达雷加富在三明调研的讲话精神，研究贯彻落实意见。6月14日，叶继革主持召开市委常委会，研究形成[2004]30号市委常委会议纪要，要求贯彻落实雷加富在三明调研的讲话精神，

6月17日，国家林业局天然林保护管理中心主任张志达一行4人到三明调研集体林权制度改革情况。市委庄奕贤、市政府李家荣和永安市刘道崎等领导先后陪同调研。

6月21日，三明市委常委会听取市林业局关于大亚人造板项目引进情况汇报。

6月23日，三明市委、市政府以明委[2004]30号文件下发通知，决定成立三明市全国集体林区林业产权制度改革试点工作领导小组，由市委书记叶继革任组长、市政府市长张健任第一副组长，市委副书记庄奕贤任常务副组长，市人大常委会副主任黄作文、市政府副市长吴俊慰、市政协副主席张来水任副组长，23个市直部门领导为成员。领导小组下设办公室挂靠在市林业局。

6月23日，三明市按照财政部和国家林业局颁发的《国家生态公益林区界定办法》，对全市生态公益林进行为期20多天的区位调整规划，共调整区划387万亩。

6月28~29日，福建省林业厅和三明市政府在浙江省宁波市滕头联合举办2004年福建·三明(宁波)林业投资贸易洽谈会。会上，全市共签约项目83项，总投资17.3亿元，其中利用外资和区外资金15.8亿元。

7月1日，三明市林业局会计核算中心成立，局属23个单位财务纳入

会计核算中心统一管理。是年，此举被市纪委评为廉政建设创新奖。

7月1~5日，三明市委、市政府抽调市直有关部门人员组成5个调研督查组，分赴各县(市、区)开展集体林权制度改革调研督查工作。

7月3日，大亚科技集团董事长兼总裁陈兴康先生、执行总裁陈建华女士到三明考察投资兴办人造板项目，三明市政府市长张健、副市长吴俊慰等领导陪同考察。

7月19日，三明市政府市长张健主持召开市长办公会，听取市林业局关于大亚人造板项目引进的情况汇报，经分析研究，拟同意引进。

7月20日，三明市委书记叶继革主持召开常委会，研究同意引进大亚人造板项目。

7月22~23日，三明市委、市政府在永安召开全市集体林权制度改革工作现场会，参加会议的有各县(市、区)委、政府分管领导、林业局长、市林权制度改革试点工作领导小组成员会议。市委书记叶继革看望与会代表，省林业厅吕月良副厅长到会指导，市委副书记庄奕贤、市政府副市长吴俊慰分别作了讲话。

7月24~25日，国家林业局森林资源管理司司长助理陈优秀率征占用林地清理整顿检查组，对沙县、大田等县征占用林地清理整顿大检查工作进行检查指导。

8月3日，福建省政府副省长刘德章到三明开展抗旱和集体林权制度改革工作调研。

8月5日，三明市委决定由市几套班子领导带队分赴各县(市、区)开展集体林权制度改革调研督查。市委办、市政府办随即下发《关于市领导分赴挂钩联系的县(市、区)开展集体林权制度改革调研督查活动的通知》。8月16至9月22日，市几套班子有21位领导亲自带领有关人员深入12个县(市、区)开展调研督查。9月23日，市委副书记庄奕贤、市政府副市长吴俊慰召开专题会议，听取赴各县(市、区)调研督查情况。

8月11日，三明市委、市政府召开全市林业工作会议，市政府市长张健主持会议，市委副书记庄奕贤作工作报告，市委书记叶继革和福建省林业厅厅长黄建兴作了讲话。

8月22日，三明市政府副市长吴俊慰率市林业局有关人员赴省林业厅汇报《中共三明市委、三明市人民政府关于加快林业发展，建设绿色三明的决定》征求意见稿。省林业厅厅长黄建兴、纪检组长柴喜堂、副厅长黄家铭及有关处室领导参加汇报会，并提出修改意见。

8月26日，福建省林业厅厅长黄建兴率有关处室人员到三明检查指导集体林权制度改革工作。

8月27~29日，农业部农村改革试验区办公室副主任宋洪远到三明调研集体林区改革试验区工作，对三明试验区工作给予充分肯定，并对深化改革试验工作提出希望和要求。

9月3~6日，三明市人大常委会副主任黄作文率调研组到市林业局、梅列区、沙县调研笋竹产业工作进展情况，并于11月9日向市人大常委会主任会议汇报调研情况。

9月5日，泰宁峨嵋峰省级自然保护区被中国人与生物圈国家委员会核准列入中国生物圈保护网络。

9月15日，中央文明办常务副主任翟卫华，在福建省委副书记黄瑞林、三明市委书记叶继革陪同下，到三明市林业局大院调研社区精神文明建设。

9月27日，福建省林业厅厅长黄建兴率有关处室一行13人，到大田县2个挂点村调研。

9月28日，三明市委、市政府召开全市集体林权制度改革工作电视电话会议。市委副书记庄奕贤讲话，市政府副市长吴俊慰主持。

10月1日，三明市委书记叶继革、市政府市长张健率市直有关部门领导视察三福高速公路建设情况，并对沿途一重山森林保护和森林植被改选提出要求。

10月11~14日，福建省政府副省长刘德章率省农村工作办公室、发展改革委员会、财政厅、农业厅、林业厅、水利厅等部门领导，到三明市及永安、清流、明溪等地调研集体林权制度改革和农村农业工作。

10月31日至11月1日，福建省林业厅在永安召开全省林业系统学习贯彻党的十六届四中全会精神，推进林业改革与发展研讨会。

11月6日，福建省政府副省长叶双瑜在参加2004三明投资贸易洽谈会暨商品展销会开幕式后，深入到三元国家级森林公园、万寿岩旧石器时代遗址考察。

11月6日，大亚科技集团投资7000万美元兴建年产45万立方米刨花板项目，在2004三明投资贸易洽谈会暨商品展销会上正式签约。

11月7日，三明市委书记叶继革主持召开市委常委会，研究《中共三明市委、三明市人民政府关于加快林业发展，建设绿色三明的决定》(送审稿)。11月8日，市委、市政府以明委发[2004]14号文正式印发《关于加快林业发展，建设绿色三明的决定》。

11月19日，福建省林业厅发出关于表彰征占用林地清理整顿大检查工作先进单位的通知，三明市林业局被评为全省先进单位，列第一名。

11月13~14日，国家林业局经济发展研究中心主任张蕾到永安调研集体林权制度改革工作。

11月13日，福建三明林业学校举行建校20周年校庆。全国政协常委、原林业部副部长刘于鹤，福建省林业厅厅长黄建兴、纪检组长柴喜堂和三明市领导叶继革、兰德明、黄作文、吴俊慰、李荣显等到校祝贺。

11月15日，国家林业局授予三明市森林病虫害防治检疫站为“全国森林病虫害防治工作先进单位”。

11月15~16日，美国惠好公司比尔·科宾副总裁一行4人到三明考察林产工业情况。

11月23日，福建省监察厅与省林业厅组成联合执法监察工作组，对将乐、明溪两县开展集体林权制度改革执法监察。

11月29日，国家林业局副局长祝列克到永安调研集体林权制度改革工作。

12月6~7日，福建省委农村工作领导小组在永安召开全省集体林权制度改革现场会，省委副书记梁绮萍作主题报告，省政府副省长刘德章作总结讲话。会上，三明市委书记叶继革致辞，市委副书记庄奕贤、永安市委书记刘道崎作典型发言。

12月7日，永安市国有资产投资公司与国家开发银行福建分行签订开发性金融合作暨林业贷款合作协议，首期贷款额度为1765万元，用于开展林权抵押贷款。

12月8日，大亚科技集团年产45万立方米刨花项目在三明市高新技术产业开发区金沙园动工建设。福建省政府副省长刘德章、省林业厅厅长黄建兴、三明市委书记叶继革、市政府市长张健等领导和大亚集团执行总裁陈建华女士一同参加项目开工奠基仪式。同日，张健在沙县主持召开大亚项目原料组织供应和原料林基地建设座谈会，吴俊慰做具体部署，各县(市、区)领导参加会议。

12月15日，三明市委书记叶继革主持召开市委常委会，研究关于全省集体林权制度改革现场会精神的贯彻落实意见，形成[2004]58号常委会议纪要下发到各县(市、区)及市直有关部门，要求抓好落实。

12月17日，《三明市“十一五”林业发展规划》编制完成。

12月29日，福建省委组织部授予三明市林业局离退休党支部为“全省先进离退休干部党支部”荣誉称号，党支部书记蔡海煌应邀赴榕领奖。

是年，浙江省、江西省及鹰潭市、安徽省安庆市、湖南省怀化市、辽宁省本溪市和朝阳市、云南省西双版纳州、贵州省及黔东南州、本省福州市等林业考察团，由政府主要领导或分管林业领导带队，先后到三明及永安市学习考察集体林权制度改革等工作。

2005年

1月12日，中国集体林政策国际研讨会的专家、学者到永安市考察集体林权制度改革情况。

1月16日，福建省林业厅厅长黄建兴到尤溪县检查指导集体林权制度改革。

1月27日，《人民日报》以“改革林权发展林区富裕林农”为题整版报道永安集体林权制度改革情况。

2月2日，三明市林业局召开保持共产党员先进性教育动员大会。

3月25~27日，中央农村工作领导小组副组长徐有芳、国务院研究室农村司副司长叶兴天、国家林业局副局长张建龙等领导一行，由福建省委农办主任徐登峰、省林业厅厅长黄建兴、国家林业局驻福州森林资源监督专员孙国吉陪同，到永安市调研中央一号文件贯彻及集体林权制度改革工作。

3月29日，国家林业局党组副书记、副局长李育才在福建省林业厅厅长黄建兴陪同下，到永安市调研集体林权制度改革工作。

4月1日，三明市政府召开全市竹业开发现场会。中国工程院张齐生院士、中国林业科学研究院亚热带林业研究所首席科学家萧江华研究员等国内著名的竹子研究与开发利用专家作学术讲座，推介最新科研成果。

4月18日，福建省林业厅、三明市政府以闽林综[2005]50号文联合向国家林业局上报《关于呈报海峡两岸(三明)现代林业合作实验区总体方案的请示》。

4月26~27日，国家林业局科技司副司长胡章翠带领中国林科院专家到永安市开展送科技下乡活动。专家们先后到福建竹子现代科技园区、黄泥家桉树丰产林培育示范基地、林业要素市场等开展技术咨询和技术培训。

6月14日，国家林业局林策发[2005]88号文《关于海峡两岸(三明)现代林业合作实验区总体方案的批复》，同意设立海峡两岸(三明)现代林业合作实验区。

6月26~28日，海峡两岸(福建三明)林业合作暨投资贸易洽谈会在三明举办。国家林业局副局长张建龙、福建省政府副省长王美香、福建省政协副主席邹哲开、中国人民大学副校长王新清，以及中央和国家机关有关司局、省直有关部门，11个省林业厅(局)领导出席开幕式。张建龙代表国家林业局为“海峡两岸(三明)现代林业合作实验区”授牌。

6月26~27日，中国集体林权制度改革研讨会在三明召开。国家林业局副局长张建龙作了主题讲话，福建省政府副省长王美香、三明市委书记叶继革致辞。参加研讨会的有国家林业局、国家有关部委、20个省(自治区)代表共181人。

7月11~14日，国家林业局森林资源管理司副司长苏春雨和林业工作站管理总站副总站长米海生，到三明调研森林资源管理和林业站建设工作。

7月14~15日，福建省监察厅、省林业厅联合组织的执法督查组，对清流县集体林权制度改革工作进行执法督查。

8月24~25日，福建省林业厅、三明市林业局在三明林业学校举办全省首期林技员培训班，培训人数100人。

8月26日，三明市委、市政府召开全市林业工作电视电话会议，重点部署集体林权制度改革及配套改革、海峡两岸(三明)现代林业合作实验区和林产工业产业集群建设。市领导叶继革、程立双、陆火生、吴俊慰、李茂胜等出席会议，省林业厅党组成员、纪检组长柴喜堂到会指导。

9月12~14日，受福建省政府的委托，省市林改检查验收组一行14人，对永安市集体林权制度改革进行省市联合抽查验收工作，并获得通过。

9月23~25日，国家林业局林业工作站管理站总站长马广仁到三明调研林业工作站建设和管理工作。

10月11日，海峡两岸(三明)现代林业合作实验区领导小组召开第一次全体成员会议。福建省林业厅厅长黄建兴、市领导叶继革、程立双、池秋娜、吴俊慰、陈有极等出席会议。

11月2~3日，福建省民主评议行风指导组组长陈碧珍一行三明检查指导林改行风建设和民主评议行风工作。

11月5~8日，国家林业局经济发展研究中心主任张蕾一行到三明调研集体林权制度改革工作，并慰问参与林改工作的一线干部职工。

11月17~18日，中国红豆杉可持续发展国际论坛在三明举办，美国红豆杉保护协会主席 Mr. Scher，国家林业局资源管理司司长寇文正、国家林业局驻福州森林资源监督专员办专员孙国吉、国家濒危物种进出口管理办公室副主任周亚，及有关专家代表出席了会议。

12月5日，海峡两岸(三明)现代林业合作实验区领导小组召开第二次成员会议。市领导程立双、吴俊慰、林俊德、朱昌贤出席会议。

12月7日，海峡两岸(三明)现代林业合作实验区林产品加工区沙县园区正式挂牌。

是年，永安林业(集团)股份有限公司被评为2005~2007年度福建省百家重点工业企业，名列2005年度福建省企业集团100强和集团资产100强。

2006年

1月23日，海峡两岸(三明)现代林业合作实验区网站正式开通。

2月14日，三明市委书记叶继革主持召开海峡两岸(三明)现代林业合作实验区领导小组第三次成员会议。

2月23日，建宁县闽江源自然保护区升格为国家级自然保护区。

3月1日，国家林业局经济发展研究中心邀请南京林业大学副校长施季森、福建农林大学副校长洪伟等专家学者，组成海峡两岸(三明)现代林业合作实验区建设规划专家组到三明调研。

3月15日，三明市委、市政府召开全市林业工作电视电话会议，部署集体林权制度配套改革工作。

3月28日，福建省林业厅和中国人民银行福州支行在永安市召开全省林权流转市场建设与金融服务现场会。福建省委常委、常务副省长刘德章，国家林业局副局长李育才，中国人民银行总行金融市场司副司长曹子娟，福建省政府副秘书长刘明、省林业厅厅长黄建兴和三明市政府市长张健、副市长吴俊慰等出席会议，各设区市金融机构和林业部门领导共计150人参加会议。

4月16日，国家林业局林业工作站管理总站李近如副总站长率调研组一行4人到三明调研集体林权制度改革和林业工作站建设。

5月13~14日，国家林业局、福建省政府、中央党校、中国人民大学联合在三明市举办全国集体林权制度改革高峰论坛。全国人大常委会副委员长乌云其木格，国家林业局局长贾治邦，中央农村工作领导小组办公室主任陈锡文，福建省人民政府省长黄小晶等领导出席开幕式，参加论坛的领导、专家和学者共180人。

5月28日，大亚木业(福建)有限公司年产45万立方米刨花板生产线竣工试投产。

5月28日，由中国林产工业协会主办的海峡西岸林业产业发展论坛在沙县举行。中国林产工业协会会长张森林主持论坛研讨。国家林业局木材行业管理办公室常务副主任孙建，中国工程院院士、南京大学教授张齐生，福建省林业厅副厅长黄家铭，中国林业科学研究院木材研究所所长，首席科学家叶克林等出席论坛并发表演讲。

6月1日，福建省铙山纸业集团有限公司的“铙山”牌商标被认定为“中国驰名商标”。永安林业(集团)股份有限公司“永林蓝豹”牌木地板被认定为“中国名牌产品”。

6月9日，中国资产评估协会杨松堂秘书长和国家林业局计划财务司副司长刘金富一行，到永安调研森林资源资产评估。

6月26日，全国政协副主席、致公党中央主席罗豪才在北京听取福建省及三明市集体林权制度改革情况汇报。

7月，台资企业建宁县兴辉食品有限公司被国家林业局评定为“全国经济林产业化龙头企业”。

8月，三明市全面启动森林资源规划设计调查和森林经营方案编制工作。

11月3日，三明市科协、市林业局联合举办“明台林业合作与科技论坛”暨2006年科协学术年会。

11月5日，福建省林业厅组织有关专家在福州召开永安林业、青山纸业、三明市国有林场森林经营方案评审会，并获审定通过。

11月6~9日，第二届海峡两岸(三明)林业博览会暨投资贸易洽谈会在三明举行。福建省人大常委会原主任袁启彤，省委常委、常务副省长刘德章，省政协副主席陈家骅，新党主席郁慕明等领导林博会开幕剪彩。

11月12日，《海峡两岸(三明)现代林业合作实验区森林生态旅游发展规划》由福建省林业厅、省旅游局、国家林业局华东调查规划设计院、福建农林大学和福建师范大学等有关专家、学者组成的专家组进行评审，获得通过。

12月13日，全国林业种苗繁育标准化示范区在尤溪县建成并通过专家组验收。

2007年

1月5日，海峡两岸(三明)现代林业合作实验区领导小组暨集体林权制度改革领导小组召开成员会议。

1月23~24日，三明市林业局在三明林校举办第一期“三明市农林产销培训班”，各县(市、区)分管副局长、林改业务主办、实验区办业务、1~2个林业站业务主办、2~3个比较成型的林农合作经济组织负责人共120人参加培训。

1月31日，三明市委、市政府召开全市深化集体林权制度改革工作会议。市领导几套班子领导出席会议，福建省林业厅厅长黄建兴、国家林业局驻福州森林资源监督专员办专员孙国吉到会指导。会议总结集体林权制度改革工作，部署深化改革的目标、任务和措施，并表彰了全市集体林权制度改革先进单位和先进个人。

4月24日，深化集体林权制度改革专题报告会在三明市委党校举行，福建省林业厅厅长黄建兴应邀作专题报告，参加报告会的有市几套班子领导及党校师生200多人。

4月24~25日，国家林业局在永安市召开全国林业贴息贷款项目管理业务工作会。

5月，永安天宝岩国家级自然保护区被国家林业局确定为全国首批野生动物保护科普教育基地。

5月26日，《海峡两岸(三明)现代林业合作实验区林业有害生物防治体系建设》项目在福州通过专家论证。

5月29日，海峡两岸(三明)现代林业合作实验区领导小组召开第六次成员会议。

7月，由中央宣传部、国家林业局组织的中央新闻媒体采访团，先后对三明市集体林权制度改革情况进行采访报道。

8月，福建省林业厅、省财政厅联合发文公布2007~2008年度“福建省林业产业化龙头企业”名单，三明市有尤溪三林木业有限公司、永安大地竹业有限公司、建宁孟宗笋业有限公司、泰宁金湖炭素有限公司、福建南方生物技术有限公司等16家林业企业榜上有名。

8月29~31日，福建省委组织部、省林业厅共同举办的全省深化集体林权制度改革专题研讨班在三明举办。

9月，中央宣传部、中央文明办、全国绿化委员会、国家林业局联合授予永安市“全国绿色小康县”，泰宁县朱口镇音山村、尤溪县城关镇埔头村、将乐县万安镇万安村、沙县夏茂镇俞邦村、将乐国有林场为“全国绿色小康村”，明溪县胡坊镇胡西村黄忠茂等60个农户为“全国绿色小康户”。

9月17日，三明市林业局、市监察局在三明首次联合举办林木采伐指标听证会，有15位正式陈述代表和28位正式旁听代表到会。中国林业科学研究院、福建省林业厅、三明市人大、市政府、市政协等单位的嘉宾应邀参加了听证会。

9月21~23日，国家林业局在永安市召开支持集体林权制度改革促进林业产业发展投融资现场会，参加会议的有各省(市、自治区)林业厅(局)计财处长和产业处长，并邀请中国人民银行总行、中国银行业监督管理委员会和国家开发银行、中国农业发展银行、中国工商银行、中国农业银行、中国银行、中国建设银行等金融机构，以及中国资产评估协会的代表共120人。国家林业局党组副书记、副局长李育材出席会议并讲话。

9月25~28日，联合国粮农组织在北京召开参与式国家林业进程国际研讨会。三明市作为会议唯一的基层代表，在会上就参与式森林采伐管理制度改革试点项目开展情况作了交流发言。

10月4~6日，全国人大常委会华侨委员会主任委员、福建省委原书记陈光毅，华侨委员会副主任委员、广东省人大常委会原主任张帼英，华侨委员会副主任委员、福建省人大常委会原副主任王建双到三明调研林业改革情况。

11月6~9日，升格由国家林业局和福建省政府联合主办的第三届海峡两岸(三明)林业博览会在三明举行。全国政协副主席张克辉，中共中央政治局原候补委员、全国人大常委会原副委员长王汉斌，新党主席郁慕明，国家林业局副局长李育材，福建省委常委、常务副省长张昌平等出席开幕式。

2008年

1月23日~2月13日，建宁、泰宁、宁化、明溪、清流和将乐等高海拔地区遭受持续低温雨雪冰冻灾害，林业损失惨重。全市受灾森林面积299.37万亩，林业生产生活设施设备也受到不同程度的损毁，合计直接经济损失33.97亿元。

2月6日，福建省林业厅副厅长吕月良深入冰灾最严重的建宁县指导抗灾工作。

2月15~16日，福建省林业厅副厅长张福寿率造林处、林政处、种苗总站、森防总站、科技推广总站等部门领导专家一行，到先后到建宁、泰宁、宁化县察看灾情，并指导灾后恢复生产。

2月27~29日，国家林业局经济发展研究中心副主任周少舟一行深入建宁、泰宁、宁化县开展林业灾情调查，指导灾后恢复生产工作。

3月16~19日，中国中医科学院中药研究所所长、世界卫生组织传统医学(中药)合作中心主任黄璐琦博士等专家一行6人，应三明市政府的邀请，到明溪、三元、泰宁、沙县等4个县(区)实地考察调研，并在三明市作了学术报告。

3月28日，三明市政府召开全市林业工作暨森林防火指挥长培训会议。

4月10日，海峡两岸林业科技培训交流中心在三明林业学校正式成立。福建省林业厅副厅长兰思仁、三明市政协副主席张来水出席授牌仪式。

4月17日，福建省林业厅在泰宁县召开全省林业雨雪冰冻灾后恢复重建现场会。会议传达贯彻全国林业灾后恢复重建现场会和省委、省政府关于林业抗灾救灾的部署要求，研究部署林业灾后恢复重建工作，并组织与会代表参观泰宁、建宁2个县受灾林木、毛竹灾后生产恢复现场。

4月22~24日，海峡两岸(福建)农业合作试验区工作领导小组办公室、福建农林大学、省社会科学院、省农业科学院、省海峡研究院等单位领导和专家一行12人，到三明市开展《福建省促进闽台农业合作条例》立法调研。

5月5日，中国林科院金旻副院长一行17人，深入到永安市洪田村开展科技服务林改调研。

5月29日，福建省林业厅厅长吴志明、副厅长张明接率厅有关处室领导一行11人，到三明市调研林业工作。

6月2日，黑龙江省政府副省长黄建茂一行20人，到三明市学习考察集体林权制度改革工作。

6月5~6日，三明市政府副市长洪明德赴京向国家林业局汇报集体林权制度配套改革工作，国家林业局副局长张建龙主持汇报会并作了讲话。

6月18日，三明市委书记黄琪玉、市政府市长刘道崎在福州会见新党主席郁慕明。双方就林博会举办及林业产业发展等情况进行沟通，并就相关合作项目作了磋商。

6月30日，上半年全市有大亚木业(福建)有限公司、福建三和食品集团有限公司、三明鸿伟木业有限公司、尤溪县三林木业有限公司等8家企业新创福建名牌产品。永安林业(集团)股份有限公司获得FSC森林可持续经营认证。

7月10~11日，以福建省监察厅副厅长、正厅级监察专员林文奇为组长的调研组，到三明调研深化集体林权制度配套改革和公共资源市场化配置工作。

7月17日，中国人民武装警察部队三明市森林支队成立，下设梅列、泰宁、泉州3个大队。这标志着三明和泉州2个设区市拥有了一支森林防火灭火的专业武装力量。此前，泰宁大队首批70余名官兵入驻。

8月11~13日，国家林业局经济发展研究中心主任张蕾、政策法规司副巡视员江机生等一行6人，到三明及永安调研森林资源流转情况。

8月20日，福建省首次评选认定50个农产品为2008年福建名牌农产品，其中三明市有5个产品入选，尤溪县沈郎食用油有限公司出品的“沈郎乡”商标山茶籽油、三明健盛食品有限公司出品的“明健盛”商标水煮笋榜上有名。

8月28日，福建省委常委、省政府常务副省长张昌平主持召开专题会议，听取三明市政府市长刘道崎关于第四届林博会筹备情况汇报，研究确定省上支持解决的有关事项。

福建省三明市概况

三明市位于福建省中部，土地总面积2.29万平方千米，占福建省陆地面积的18.9%。现辖1市、2区、9县，总人口270万人，其中农业人口200万。改革开放以来特别是近年来，三明市经济持续较快增长，2007年全市生产总值551亿元，规模以上工业产值636亿元，农林牧渔业产值200亿元，全社会固定资产投资363亿元，财政总收入53亿元，社会消费品零售总额149亿元，城镇居民人均可支配收入14246元，农民人均纯收入5141元，综合实力进入全国地级以上城市100强。三明市有以下主要特点：

一、自然资源丰富

全市耕地面积250万亩，林地面积2842万亩，其中森林面积2645万亩，森林覆盖率达76.8%，活立木蓄积量1.15亿立方米，竹林储量3.88亿株，是全国全省的重点林区；境内已探明储量并可供开发利用的金属和非金属矿49种，其中重晶石、钨、锰等在全国占有重要地位；水力资源丰富，三大河流径流量达216亿立方米，人均水量是全国的3.5倍；旅游景点多、密度大，现有1处世界地质公园，3处国家重点风景名胜区，4处国家4A级旅游区，4处国家级自然保护区，5处国家森林公园，2处国家地质公园。

二、文化积淀深厚

三明是福建省最早有人类活动的区域之一，在市郊万寿岩发掘的旧石器时代遗址把福建省有人类活动的历史推至18万年前。宁化县石壁是“客家祖地”和世界客属寻根谒祖的朝圣中心。宋代大儒朱熹、杨时、罗从彦，清代画坛“扬州八怪”之一的黄慎、书法大家伊秉绶等都出生在三明市。

三、重点革命老区

12个县(市、区)中有11个是老区。第二次国内革命战争时期，中央苏区23个县，三明市占7个(宁化、建宁、泰宁、清流、明溪、将乐、沙县)，其中宁化县是红军长征4个出发地之一。毛泽东、周恩来、朱德、彭德怀、叶剑英等老一辈无产阶级革命家都曾在这里从事过重要的革命实践。

四、产业基础扎实

全市初步形成冶金及压延产业、林产工业、机械及载重汽车产业、矿产品加工业和生物医药业等“4+1”产业集群，集聚了全省最大的钢铁、化肥、造纸、化纤、农药等生产企业，拥有4家上市公司和51家大中型工业企业。其中冶金及压延产业、林产工业产值集群跻身全省26个产值超百亿元的产业集群行列。同时是福建重要商品粮基地、农作物主产区、全国重要优质烟叶产区，粮食、水果、木材、人造板、松香、烟叶的产量居福建省前列。

五、区位优势明显

现代化交通网络正在形成，国道205线和鹰厦铁路贯穿三明境内。福(州)银(川)高速公路三明段建成通车，只需2个多小时就可到达省会福州；泉(州)南(宁)高速公路三明段将于2008年底具备试通车条件，3小时可到达闽南经济圈；长(春)深(圳)高速公路三明段已动工，建成后将实现2小时到达广东界，4小时到达“珠三角”经济圈；永(安)宁(化)高速公路已动工，建成后到江西赣州只要3.5小时。向(塘)莆(田)快速铁路已动工，建成后实现1.5小时到达湄洲港、福州港。三明机场加快建设。集高速公路、铁路、机场、航运为一体的海峡西岸三明综合交通枢纽加快实施，三明的区位与作用日趋凸显。

六、城市特色鲜明

山中有城，城在林中，城中有水，山水城交相辉映，是全国创建文明城市工作先进城市、中国优秀旅游城市、国家园林城市、国家卫生城市、全国双拥模范城市、全国集体林区改革试验区、海峡两岸(三明)现代林业合作实验区、全国水土保持生态环境建设示范城市。

后　记

在福建省三明市集体林区改革试验区建立20周年之际，三明市集体林区改革试验区领导小组办公室组织人员开展20年成果综合调研。本书是这次调研成果的汇编。

本书篇目和编写提纲由王怀毅、潘子凡牵头拟定，其中各章节主要执笔人分别为：王怀毅、潘子凡（第1章）；谢锦斌（第2章第1节），林春彪（第2章第2节），黄伟明、黄芳（第2章第3节），蔡丽丽（第2章第4节），陈先中（第2章第5节）；黄琦（第3章第1节），李家华（第3章第2节），庞闽志、黄芳（第3章第3节）；温国良（第4章第1节），高岗峰（第4章第2节），廖国华、连华萍（第4章第3节），李家华（第4章第4节），杨式金（第4章第5节）；周财荣（第5章第1节），刘国初（第5章第2节），傅瑞青（第5章第3节）；林剑峰（第5章第1节），林剑峰、王乃炜（第6章第2节）。20年大事记由徐开枝搜集编写，链接的重要文件由林镇斌搜集整理。全书由王怀毅、潘子凡统稿。

在成果调研和本书编写过程中，我们对集体林区改革与发展有了更深刻的认识与体会。这种认识与体会来自于三明广大干部群众对林业改革与发展的孜孜以求、大胆创新、勇于实践，来自于国家和省上对三明林业改革与发展的长期关心、高度重视、大力支持。正因为如此，我们在调研编写中既担心遗漏了广大基层干部群众的各种创新，又顾虑讲了过头话。但无论如何，改革无止境，发展是永恒，作为阶段性的回顾总结以及对未来的美好展望，我们交出了一份答卷，希望能够对集体林区的改革与发展有一点借鉴作用。同时，我们由衷希望所有关心我国林业事业发展的读者对本书提出批评，并与我们交流。

编　者

2008年8月